§ A l'heure des SMS et des réseaux sociaux, des crises internationales et de l'hystérie des marchés, nous avons besoin de recul sur notre époque, de prendre le temps d'observer le monde. De retrouver l'esprit positif des découvreurs, l'enthousiasme des grands voyageurs. De favoriser le « long » par rapport au « court ». C'est-à-dire la pensée, la poésie et l'imagination – de préférence au globalisé, au formaté.

Long Cours est né de ce constat et compte renouer avec un journalisme hors des sentiers battus. Pour mettre en avant des sujets rarement traités, négligés par des médias en prise avec une actualité stressante, en boucle et déformante. Donner à voir – et à comprendre – un monde infiniment riche, sans idées préconçues, en évitant les clichés.

Ouverte sur le large, avec cette vision « au long cours », la revue fait appel à des défricheurs : grands reporters non blasés, aventuriers érudits, écrivains nomades, photographes éclairés, dessinateurs philosophes... Elle leur laisse le temps (d'observer, de réfléchir, d'enquêter) et leur donne la place (de raconter une histoire).

Long Cours publiera des reportages tout-terrain, des textes d'hier et d'aujourd'hui, des enquêtes de longue haleine, des récits de voyages originaux, des nouvelles inédites d'auteurs étrangers et des images anciennes ou nouvelles, rapportées non pas des quatre, mais des mille et un coins de la planète.

Ses deux cents pages vous raconteront, à chaque saison, des pays méconnus, des sociétés en ébullition, des cités perdues où fourmillent pourtant les initiatives, sans omettre les traditions en voie de disparition ou les miracles de la nature menacés par le développement.

Invitation à l'évasion, mais aussi à la réflexion, Long Cours entraînera les lecteurs sur des routes insoupçonnées, dans la lignée du temps, au carrefour de l'aventure humaine, des sciences, de l'histoire et de l'utopie positive. **Tristan Savin**

***Reinaldo**, 57 ans, et **Angela**, 49 ans, petits éleveurs, joignent difficilement les deux bouts. Leur grand projet : améliorer leur maison de planches au sol de terre battue.*

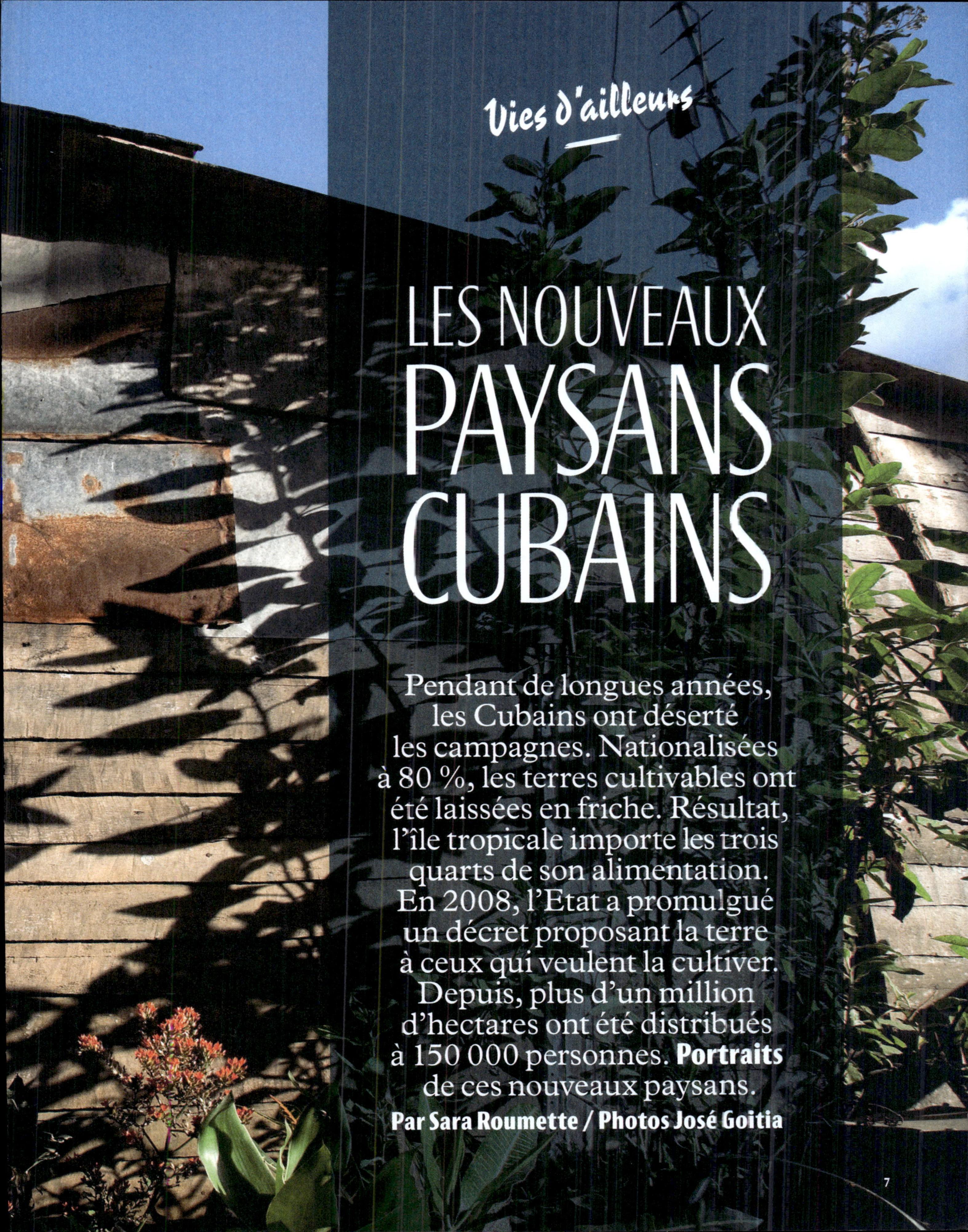

LES NOUVEAUX PAYSANS CUBAINS

Pendant de longues années, les Cubains ont déserté les campagnes. Nationalisées à 80 %, les terres cultivables ont été laissées en friche. Résultat, l'île tropicale importe les trois quarts de son alimentation. En 2008, l'Etat a promulgué un décret proposant la terre à ceux qui veulent la cultiver. Depuis, plus d'un million d'hectares ont été distribués à 150 000 personnes. **Portraits de ces nouveaux paysans.**

Par Sara Roumette / Photos José Goitia

__Reinaldo__, comme tous les nouveaux paysans cubains, a obtenu pour dix ans, en usufruit, sa parcelle de quatre hectares.

De la campagne à la campagne, en passant par La Havane, tel est le parcours insolite de Reinaldo et sa femme Angela. Tous deux ont grandi à Cueto, village posé au pied de sierra Maestra, chanté notamment par Compay Segundo. Il y a trente ans, Reinaldo a quitté sa province pour monter à La Havane, et travailler un temps comme policier, dessinant ainsi le trajet classique de l'exode rural cubain. Puis il s'est lancé dans l'élevage de vaches laitières au sein d'une coopérative agricole. Chaque jour, il doit vendre trois litres de lait à l'Etat, à deux pesos cinquante le litre. C'est peu, mais l'Etat, au moins, paye désormais, après des années passées à accumuler les dettes auprès des paysans (une des causes de l'abandon général des campagnes). *« J'avais déjà cinq hectares, le décret m'en a donné quatre de plus en usufruit, à une heure de marche d'ici. Chaque matin, je pars avec mes cinq vaches, qui paissent jusqu'au soir. »* Angela, elle, reste toute la journée dans leur cabanon de planches (d'où l'on entend le périphérique de La Havane) et garde leurs lapins, leur truie et leurs poules. En tant qu'éleveur, Reinaldo peut construire une maison sur sa parcelle. Ce qui n'est pas le cas des simples cultivateurs, malgré les nombreux vols de récolte. Une interdiction qui souligne les contradictions du décret n° 259, qui veut encourager le retour à la terre mais n'autorise pas les conditions minimales de sécurité.

NORTHERN KARAT
Bully proo

***Sonia**, 43 ans, et ses deux filles, Lucila et Sonia, 14 et 12 ans. Sonia a quitté son emploi citadin dans l'espoir d'une vie meilleure pour sa famille.*

C'**est la nécessité** qui a poussé Sonia à faire la demande d'une parcelle. Ancienne assistante sociale dans un hôpital de La Havane, Sonia a fait ses comptes : avec son salaire d'Etat, elle ne s'en sortait plus pour nourrir ses trois enfants. Avec son mari, elle a repéré une parcelle à l'abandon, à une poignée de kilomètres de chez elle. Puis ils ont commencé à nettoyer le terrain en arrachant le *marabú*, un arbuste épineux, tenace. En mai 2010, elle a pu légaliser sa situation, et recevoir ce tiers d'hectare en usufruit pour trois ans (le délai habituel de dix ans est raccourci à cause d'un projet de terrain de golf). Les débuts restent précaires : difficile de faire face aux dépenses obligatoires avec une centaine de dollars d'économies seulement. Il a fallu inventer une clôture, dénicher des bêches et des pioches, ainsi que des tuyaux, construire également des clapiers pour les lapins, acheter des semences… Les gains des premières récoltes ont d'abord servi à payer l'anniversaire de son aînée Lucila, qui a fêté cet été ses quinze ans (un rite social incontournable à Cuba). Le terrain, bien situé (entre la voie rapide vers Varadero et les plages de l'Est), permettra de vendre directement – sans intermédiaires – les cultures (piments, oignons, bananes…) : *« A l'hôpital, je gagnais 420 pesos* [15 euros] *par mois, mais ici, quand tout sera lancé, on pourra gagner jusqu'à 500 pesos par jour ! »* §

Javier, *27 ans (ici avec sa femme Hiaymara, 23 ans), contribue à esquisser une agriculture intensive à grande échelle dans la zone la plus fertile de Cuba.*

« M**oi, je suis l'âne de la famille ! » affirme Javier, l'œil rieur** – et l'on n'en croit pas un mot. Certes, son parcours est atypique : ses deux parents sont médecins, sa sœur, étudiante à l'université de La Havane. *« Et moi, ma passion, ce sont les champs. »* Alors que des générations de Cubains ont abandonné les campagnes pour suivre des études gratuites à partir de 1959, Javier a suivi sa voie. A quinze ans, il quitte l'école et s'engage comme ouvrier agricole. Avec le décret n° 259, Javier a reçu treize hectares de terre à la sortie de sa ville de Güira de Melena, près de la côte sud de Cuba, où se trouvent les meilleures terres de l'île, rouges, grasses et fertiles. Un rectangle parfait, longé par un petit canal qui en permet l'irrigation grâce à un système de sillons. Dans les champs, il alterne les cultures : l'ail en hiver, les concombres, à croissance rapide, le maïs pour le fourrage.
En un an, il a déjà gagné suffisamment pour racheter le vieux tracteur soviétique d'un paysan voisin. Levé à l'aube, il travaille jusqu'au soir pour labourer, semer, désherber… Sa jeune femme Hiaymara reste dans leur maison, en ville, où elle a ouvert un petit stand de manucure. S'il refuse de dire combien il gagne – *« Ça dépend des récoltes, ce sont des paris, des coups de chance »* – une chose est sûre : Javier, paysan à son compte depuis un an, gagne bien mieux sa vie que ses parents médecins. §

inder

***Juan Miguel**, éleveur depuis 1998, a profité du décret pour agrandir ses pâturages et offrir ainsi plus d'espace à ses bêtes.*

« A ***la campagne au moins,*** *on aura toujours quelque chose à manger : une mangue, une goyave…* » A la fin des années quatre-vingt-dix, Cuba était encore submergée par la récession brutale de la « période spéciale » qui a suivi la disparition de l'URSS, et de ses aides généreuses. Des années de famine pour la population cubaine, en particulier dans les villes. Juan Miguel a persuadé sa femme Barbara de quitter leur village de Caimito, dans la province d'Artemisa, où ils s'étaient connus à dix-sept ans à peine. Elle y était prothésiste dentaire, lui, chauffeur ; aucun n'avait jamais travaillé dans les champs. Leur fille aînée avait huit ans, la cadette venait de naître. Ils ont fait le grand saut et échangé leur logement contre une petite ferme à cinq kilomètres de là. *« Quand on est arrivés, il n'y avait rien, juste une maison avec deux pièces ; pas d'électricité, pas d'eau courante, pas de téléphone*, se souvient Barbara. *Je voulais qu'on rentre, j'avais peur.* » Finalement, Juan Miguel, infatigable et certain d'avoir fait le bon choix, a patiemment amélioré leur fermette : il a agrandi la maison, construit une large terrasse, monté des étables où l'on garde les chèvres, les porcs et les vaches. Autour des bâtiments, un petit verger leur fournit de quoi manger, tandis que la volaille s'éparpille dans la cour. Grâce au décret n° 259, Juan Miguel a agrandi ses terres dans des conditions idéales : il a l'expérience, le matériel, et les moyens d'investir – ce qui est loin d'être le cas de tous les nouveaux paysans. §

Sara Roumette, *journaliste, a été correspondante permanente pour les médias francophones à Cuba de 2004 à 2007. Sara retourne régulièrement dans l'île. En 2011, elle a publié* Cuba. Histoire, société, culture, *aux éditions La Découverte.*

José Goitia *est né le 11 mars 1953 à Paris. D'abord photographe au Pays Basque* (Libération, Sipa, *presse basque), il entre en 1985 à l'AP* (Associated Press) *et couvre l'Amérique latine, le Moyen-Orient et l'Afrique. En 1992, il est envoyé à Cuba par l'AP, où il travaille treize ans. Il est free lance depuis 2005 ; ses photos sont régulièrement publiées dans le* New York Times.

Regard d'ailleurs

CHRONIQUES DU CAIRE

Le grand écrivain égyptien **Alaa El Aswany** tient chaque semaine une chronique sur la vie politique de son pays. Militant de la démocratie, l'auteur de *L'Immeuble Yacoubian* y partage ses réflexions ironiques sur un régime militaire dépassé par les événements.

Illustrations de Golo

TRADUCTION Gilles Gauthier

Né en France, Golo *vit aujourd'hui en Egypte. On lui doit* Mendiants et orgueilleux, *tiré du roman éponyme d'Albert Cossery et* Mes mille et une nuits au Caire *(Futuropolis).*

RAPPORT SECRET SUR UN CANDIDAT DE CONSENSUS

{ Chronique du 28 février 2012 }

CONFIDENTIEL DÉFENSE
(à ne consulter qu'avec l'autorisation de M. le Directeur du Service)

A l'attention du Général…

Conformément à ce qui a été décidé au cours de la réunion tenue en votre présence, et avec la participation de mes collègues-officiers du service, avec M. le candidat de consensus à la présidence de la République, réunion au cours de laquelle vous avez décidé que M. … était le candidat que nous devions soutenir lors des élections présidentielles, et en réponse à vos instructions, veuillez trouver ci-dessous quelques propositions à ce sujet qui, je l'espère, vous agréeront.

Premièrement : avant de commencer à soutenir notre candidat de consensus, nous devons nous assurer de sa totale allégeance à notre égard et de notre capacité à le dominer totalement maintenant et à l'avenir. La conjoncture délicate que traverse actuellement l'Egypte nous impose la plus grande vigilance. Ce candidat, que nous nous apprêtons à faire président de la République, doit exécuter tout ce que nous lui demanderons, notamment en ce qui concerne les sujets essentiels pour l'avenir de la Nation. Nous ne devons pas permettre à ce futur président de se retourner contre nous et de céder aux agitateurs et aux éléments subversifs.

Avant le début du processus électoral, je propose que soit menée à bien une complète prise en main du candidat, à la fois sur les plans politique et personnel. Sur le plan politique, il convient de réfléchir à une procédure légale, non rendue publique, nous permettant d'annuler à n'importe quel instant les élections présidentielles, au cas où nous voudrions nous débarrasser de lui.

Quant à l'aspect personnel, Votre Excellence trouvera dans les annexes de ce rapport la biographie détaillée du candidat et un rapport complet sur ses relations féminines, ses habitudes et les endroits qu'il fréquente. Nous disposons de CD, de vidéos et de photographies sur sa vie privée susceptibles à n'importe quel moment de causer un scandale préjudiciable à sa réputation. J'attends les instructions de Votre Excellence à ce sujet.

Deuxièmement : afin de parvenir au résultat électoral souhaité, il faut continuer à faire pression sur les citoyens dans leur vie quotidienne. Nous continuerons à appliquer la même tactique : la hausse des prix se prolongera, les crises d'approvisionnement s'accentueront, les pénuries d'essence, de bouteilles de gaz et de pain subventionné continueront. En même temps, nous inciterons des criminels avérés à attaquer les citoyens faisant la queue. Il faut répandre partout l'anarchie. Il faut que les Egyptiens comprennent que ce qu'ils appellent la « révolution »

ne fut rien d'autre qu'une catastrophe leur ayant apporté l'anarchie (exactement comme l'avait prévu Son Excellence le président Moubarak dans son dernier discours). Il faut pousser par l'intermédiaire de nos agents à une escalade de manifestations catégorielles et de grèves des fonctionnaires. Il faut pousser les protestataires à couper les autoroutes et à arrêter la circulation des trains.

La semaine dernière, nous avons envoyé des groupes de provocateurs qui sont montés à bord des autobus de la Société de l'ouest du delta, y ont suscité des altercations avec les chauffeurs et les ont frappés. Ces agressions se sont poursuivies pendant plusieurs jours jusqu'à ce que les chauffeurs déclenchent une grève qui a conduit à la fermeture de toutes les lignes de la compagnie.

Le but est de leur faire tout accepter en échange du retour de leur sécurité et de leurs conditions normales d'existence

Il faut que la dégradation de la sécurité prenne une plus grande ampleur et une plus grande gravité (je note ici avec satisfaction que deux membres de la détestable commission qui a proposé le transfert dans une prison militaire de Son Excellence le président Moubarak ont été roués de coups).

Pour ce qui est du financement, nos officiers se coordonneront avec des hommes d'affaires, de façon à ce que l'action des provocateurs se développe dans la période à venir. Il convient que les agressions armées se poursuivent et que des coups de feu continuent à être tirés dans les rues la nuit.

Quant aux hold-up contre les banques, il est préférable qu'ils aient lieu en plein jour pour que les citoyens se rendent compte de l'absence de sécurité. Les agressions contre les banques ont deux objectifs principaux : effrayer les citoyens et leur faire craindre pour leur épargne, de façon à les inciter à la retirer de leurs comptes, aggravant ainsi la crise économique.

En même temps, les provocateurs armés doivent continuer à agresser les citoyens et à s'emparer de leurs voitures en public (sur le périphérique par exemple ou sur la route de Wadi Natroun).

Il faut pousser les criminels patentés à attaquer les écoles de filles et les écoles primaires pour faire régner la frayeur parmi les parents. Il faut que les nervis poursuivent leurs agressions quotidiennes contre les hôpitaux, les médecins et les infirmières.

Je suggère que ces opérations soient planifiées avec soin de façon à répandre la terreur sans provoquer de décès, dans la mesure du possible (en effet, un trop grand nombre de victimes pourrait conduire à un effet inverse et pousser les citoyens à la révolte.)

Il convient en même temps que les médias donnent une ampleur exagérée à ces crises et fassent un lien entre elles et les événements du 25 janvier. Il faut insister sur le fait que l'anarchie est totale et que l'Egypte se trouve au bord de la faillite de façon à ce que les citoyens prennent en aversion les événements de janvier et en fassent la cause de toutes ces calamités.

La poursuite de la pression au moyen des crises et de la dégradation de la sécurité placera les citoyens dans la situation psychologique voulue : le but est de leur faire tout accepter en échange du retour de leur sécurité et de leurs conditions normales d'existence. Prêts à payer la stabilité à n'importe quel prix, ils éliront ainsi le candidat auquel nous apporterons

notre appui, en fermant les yeux sur les irrégularités susceptibles d'intervenir au cours du processus électoral.

Troisièmement : concernant les moyens d'information officiels, nous avons repris en main les personnes coopérant avec nous et nous avons recruté de nouveaux éléments (parmi les journalistes, les présentateurs et les producteurs de programmes).

Quant aux canaux privés, nous avons fait pression sur les hommes d'affaires qui les possèdent en les menaçant d'ouvrir les dossiers de leurs infractions financières, ce qui les a conduits à se débarrasser des journalistes les plus provocateurs.

Seule une chaîne ne nous a pas donné satisfaction. Comme premier pas jusqu'à ce que nous parvenions à notre objectif final qui est de la fermer, un groupe de provocateurs a été envoyé pour l'attaquer.

Nous avons mis en place une énorme campagne d'information qui commencera dans quelques jours pour présenter aux yeux de l'opinion publique les élections présidentielles comme une magnifique réalisation, une échéance nationale historique par laquelle la démocratie égyptienne éblouira le monde. Il en résultera que tous ceux qui mettront en doute l'honnêteté des élections apparaîtront, au regard des gens, comme des traîtres payés pour perturber les grandes noces nationales de la démocratie.

Quatrièmement : ce sont les mêmes qui incitent maintenant au sabotage et qui ont conduit les événements de janvier 2011. On connaît leurs noms. Ils appartiennent à divers courants politiques : libéraux, hommes de gauche, islamistes, socialistes-révolutionnaires et personnalités publiques indépendantes (les noms de leurs leaders se trouvent sur l'annexe à ce rapport).

Nous avons mis en place une campagne d'information pour présenter les élections comme une magnifique réalisation

Ces agitateurs doivent faire l'objet d'une campagne globale de la part de tous les moyens d'information et de tous les sites Internet, de façon à mettre dans l'esprit des gens que ce sont des agents financés par l'étranger. En même temps, il faut user leur énergie par les plaintes répétées des citoyens honnêtes devant le procureur général, les accusant d'être des saboteurs, des fauteurs de trouble, de menacer l'ordre public, d'inciter à l'hostilité contre le régime et de recevoir des financements de la part d'institutions étrangères. Les investigations devront se prolonger longtemps et faire l'objet d'une couverture médiatique dense, de façon à installer dans l'esprit des gens l'idée que tous ces agitateurs sont des agents stipendiés et des traîtres.

La semaine dernière, un montage vidéo a été réalisé, montrant une activiste en train de boire de la bière. Cette vidéo a été diffusée sur Internet. Une autre opération a consisté à envoyer des provocateurs attaquer un des leaders des agitateurs qui prononçait un discours au cours d'un meeting populaire à Imbaba. Cette vidéo a été diffusée comme preuve que le peuple le rejette, parce qu'il est un agent financé par l'étranger.

Cinquièmement : comme Votre Excellence le sait, le courant islamique n'est pas un bloc unifié, il est composé de courants multiples, ce qui rend impossible son contrôle (voir en annexe une liste des partis et des associations islamiques). Parmi les islamistes, un petit nombre coopère avec nous, mais la plus grande partie sont partisans de ce qu'ils appellent la « révolution » et ils ont des liens étroits avec les saboteurs des courants non islamiques. L'an dernier, les jeunes islamistes ont contrevenu aux instructions de leurs cheikhs et se sont joints aux grandes manifestations des saboteurs.

Je suis très heureux, Mon Général, de pouvoir porter à votre connaissance que nous sommes parvenus à un accord avec la Confrérie bien connue pour qu'elle soutienne notre candidat. Ceux-là sont très disciplinés et ses membres jurent d'obéir aveuglément à leur chef. Ils ont également une longue expérience, ainsi qu'une organisation très méticuleuse et ils emploient des moyens efficaces pour remporter les élections : distributions gratuites aux pauvres d'huile, de sucre et de viande, pressions sur les électeurs à l'intérieur et à l'extérieur des centres de vote… Ils ont par ailleurs dans chaque circonscription électorale des partisans que nous pourrons nommer observateurs des bureaux de vote, comme nous l'avons fait pour les élections de l'Assemblée du peuple. En nous alliant à cette Confrérie, nous garantissons à notre candidat un grand bloc d'électeurs.

Sixièmement : il nous faut pousser à la candidature de quelques candidats effacés dont les gens entendront parler pour la première fois, ce qui nous permettra d'atteindre deux objectifs : d'abord, donner aux élections l'apparence d'une concurrence véritable et non pas formelle, ensuite renforcer l'adhésion des gens à notre candidat.

Au milieu de l'anarchie, de la dégradation de la sécurité et des crises perpétuelles, il n'est pas possible que le citoyen choisisse une personnalité inconnue comme président de la République. En toute certitude, il fera confiance à notre candidat qui a occupé des fonctions prestigieuses pendant de longues années.

Septièmement : notre candidat devra faire sien un vigoureux discours religieux, de façon à renforcer son image de musulman pieux (comme vous le savez, il est aussi éloigné que possible de cette piété). Il faut qu'il proclame son engagement à appliquer la loi islamique dès son accession au pouvoir. Il faut également qu'il réclame l'interdiction immédiate de l'alcool et celle pour les femmes de porter un bikini. Ce type de discours est utile car il mobilisera les électeurs modestes, notamment dans les zones rurales et les quartiers populaires.

Quant aux candidats islamistes concurrents de notre candidat, il faut les faire passer pour des terroristes ou des extrémistes

Nous sommes en étroite relation avec un grand nombre de prédicateurs dans les mosquées et nous leur donnerons des instructions claires pour qu'ils soutiennent notre candidat comme le seul capable d'appliquer la charia et de débarrasser l'Egypte des séquelles de la laïcité, de la licence et de l'athéisme.

La propagande électorale s'appuiera sur une série de questions qui seront posées aux gens : *« Etes-vous musulman ? »*, *« Voulez-vous que l'islam l'emporte sur la laïcité impie ? Si oui, vous devez apporter votre voix au candidat de consensus. »*

Sur ce, il convient de donner une image opposée des candidats concurrents. Il faut les présenter comme des agents au service de l'Eglise, financés par les Etats-Unis, dont le but est d'enlever à l'Egypte son caractère islamique, d'en faire un Etat laïque et d'y interdire les minarets, comme cela est arrivé en Suisse. Il faut que les gens modestes sachent que les candidats concurrents veulent encourager la dissolution des mœurs, permettre aux homosexuels de se marier entre eux, etc.

Quant aux candidats islamistes concurrents de notre candidat, il faut les faire passer pour des terroristes ou des extrémistes, incapables d'assumer la responsabilité de la présidence.

Quant à ceux d'entre eux qui jouissent d'une grande popularité, il faut les frapper avec détermination (je note à ce propos que la correction infligée au docteur Abdel Moneim Aboul Fotouh était un exemple d'opération planifiée avec précision et réalisée avec succès).

Huitièmement : il est possible, en cas de besoin, d'employer les procédés traditionnels pour fausser les résultats électoraux (voir en annexe de ce rapport un exposé des moyens idoines : dépouillement du scrutin et collecte des résultats – carte tournante –, octroi à certains électeurs de plusieurs numéros nationaux, etc).

Si ces procédés sont découverts, cela ne conduira pas à l'annulation des élections, puisque la décision de la commission électorale de contrôle des élections est définitive et qu'il n'est pas possible d'y faire appel ni même de lui exprimer des doléances.

Mon Général, voici mes propositions pour soutenir le candidat de consensus. J'attends à ce sujet vos instructions.

Veuillez recevoir l'expression de ma haute considération.

Le colonel … (Copie conforme)

La démocratie est la solution.

QUI VA ACCUEILLIR LE PAPE CHENOUDA ?

{ Chronique du 20 mars 2012 }

Imaginons – d'une manière approximative – un vaste jardin plein d'arbres chargés de fruits et de fleurs d'une beauté merveilleuse ondulant au souffle d'une brise vivifiante à rien comparable. Ce jardin a un grand portail arrondi couronné de roses devant lequel est assis un bel homme barbu revêtu d'un vêtement d'un blanc éclatant. Une étrange lumière émane de son visage. De temps à autre, l'homme se dirige vers le portail pour accueillir de nouveaux arrivants.

La veille, l'homme était allé attendre le pape Chenouda, qui avançait vers lui d'un pas ferme et agile. Les rides avaient complètement disparu de son visage, son dos s'était redressé et ne le faisait plus souffrir, même ses cheveux étaient redevenus noirs comme s'il avait à nouveau vingt ans. L'homme s'inclina et lui dit :

– Bienvenue à Sa Sainteté, c'est un honneur pour nous.

Le pape regarda autour de lui avec étonnement :

– Bonjour mon fils, comment vous appelez-vous ?

– Je suis l'ange gardien.

– Comment saviez-vous que j'allais venir ?

– Je suis au courant de tout ce qui concerne nos hôtes, car c'est moi qui suis chargé de les recevoir. Suivez-moi, s'il vous plaît.

L'ange gardien s'avança dans un chemin, suivi du pape Chenouda. A l'autre bout, le pape découvrit avec étonnement quatre personnes qui souriaient et agitaient la main, comme si elles attendaient son arrivée. Le pape Chenouda agita à son tour la main dans leur direction, d'un geste plus ferme, sa santé étant complètement revenue. L'ange gardien dit d'une voix joyeuse :

– Tous nos hôtes égyptiens voulaient avoir l'honneur de vous recevoir, mais nous avons choisi ces quatre amis comme représentants de leurs compatriotes. Que chacun se présente et se fasse connaître.

Le cheikh s'avança et serra la main du pape :

– La paix soit sur Votre Sainteté. Je suis le martyr Emad Effat, un cheikh d'Al-Azhar tué par balles devant le Conseil des ministres.

Un sourire s'épanouit sur les lèvres du pape qui lui serra la main avec effusion. Un jeune homme s'avança alors :

– Je suis très honoré, Sainteté, je suis le martyr Alaa Abd El Hadi, étudiant à la faculté de médecine de l'université d'Aïn Shams. J'ai été tué par balles devant le Conseil des ministres quelques jours seulement avant de recevoir mon diplôme.

Le docteur Alaa recula de deux pas et un troisième jeune s'avança, s'inclina et baisa la main du pape :

– Je suis le martyr Mina Daniel. J'ai été tué par balles au cours du massacre de Maspero.

Le pape fit le signe de la croix.

– Moi, Monseigneur, dit le quatrième après s'être avancé, j'ai été écrasé par des tanks à Maspero. Je suis le martyr Michael Massaad.

Le pape fit à nouveau le signe de la croix et une ombre de tristesse passa sur son visage.

– Je suis heureux de me trouver en votre compagnie, déclara le pape. Vous savez maintenant que les martyrs sont auprès de leur Seigneur et qu'ils ne meurent jamais.

– Ici les martyrs sont, dit l'ange gardien en souriant, Dieu soit loué, dans un état de grâce perpétuel, mais je me demande souvent pourquoi un si grand nombre d'Egyptiens montent vers nous, alors que l'Egypte n'a pas fait la guerre depuis quarante ans.

Michael Massaad intervint alors :

– C'est à Hosni Moubarak et au Conseil suprême des forces armées qu'il faut poser cette question.

Tous se mirent à rire, puis le cheikh Emad ajouta :

– Votre Sainteté sait-elle que votre décès a attristé l'ensemble des Egyptiens, qu'ils soient musulmans ou coptes ? J'ai vu la cathédrale ce soir. Son aspect était vraiment grandiose.

Le pape l'interrogea :

– Est-ce que vous regardez la télévision ici ?

L'ange gardien éclata de rire :

– Nos hôtes, ici, n'ont pas besoin de télévision. Il leur suffit de penser à une chose pour qu'elle leur apparaisse avec clarté. Si maintenant vous pensez à la cathédrale, vous allez la voir dans votre esprit.

Le pape ferma les yeux et pensa à la cathédrale et il vit des dizaines de milliers d'Egyptiens venus jeter un dernier regard à sa dépouille. L'Egypte a toujours été un seul pays et un seul peuple. Alaa dit alors avec véhémence :

– Sainteté, nous louons Dieu des grâces qu'il répand sur nous, mais lorsque nous suivons ce qui se passe en Egypte, nous ressentons de la tristesse. La révolution pour laquelle nous avons offert nos vies est en train d'être étouffée.

Le cheikh Emad approuva du chef puis soupira :

– Cela fait deux mois que l'Assemblée du peuple est élue. Il est clair que leurs membres sont incapables de faire quoi que ce soit sans l'accord du Conseil suprême. Si les choses continuent ainsi, l'Assemblée du peuple ressemblera au Parlement de Moubarak, un simple lieu de bavardage, un moyen d'anesthésier l'opinion publique et un instrument entre les mains d'un pouvoir dictatorial.

Le docteur Alaa ajouta, l'air préoccupé :

– Que pouvez-vous attendre d'une Assemblée du peuple dont le président circule en BMW blindée alors que la moitié des Egyptiens vit dans des logements précaires et se trouve au-dessous du seuil de pauvreté ?

Mina Daniel se lança :

– Ecoutez-moi, Monseigneur. C'est vous qui nous avez enseigné la franchise et le courage. Acceptez-vous de débattre avec un de vos fils ?

– Je vous en prie, mon fils.

– Je suis mort et de nombreux jeunes ont été blessés ou sont morts avec moi pendant le massacre de Maspero. J'ai eu ensuite la surprise de voir des membres du Conseil suprême – les responsables du massacre – venir présenter leurs condoléances à l'église. Pourquoi, Monseigneur, les avez-vous accueillis ?

– Mina, mon fils, l'église est ouverte à tous car c'est la maison de Dieu. Et le Messie nous a enseigné l'amour et la tolérance.

– Monseigneur, pendant la période de transition, le Conseil suprême est le premier responsable politique. Plus de trois cents martyrs ont trouvé la mort dans des massacres successifs : Maspero, Mohamed Mahmoud, le Conseil des ministres, Port Saïd… Pourquoi l'Eglise n'a-t-elle pas adopté une position claire en demandant au Conseil suprême de traduire en justice les responsables de ces massacres ?

Le pape resta silencieux. Puis, après avoir choisi ses mots avec soin, il dit lentement :

– Mina, mon fils, lorsque j'avais ton âge, j'étais enthousiaste comme toi et peut-être encore plus que toi, mais en vieillissant, j'ai appris le danger qu'il y avait à prendre des décisions sous l'effet de la colère. Crois-tu que je n'ai pas été attristé par le sort de mes fils morts au cours de tous ces massacres ? Imagines-tu que je n'ai pas été en colère lorsque j'ai vu des filles égyptiennes traînées dans la rue par des soldats égyptiens ? Je jure par le Christ que le spectacle de la fille qu'ils ont jetée à terre, dépouillée de ses vêtements et piétinée, ne quitte pas ma pensée.

– Mais, Votre Sainteté n'a pas demandé que les responsables soient punis pour tous ces crimes…

– Souvent le silence est plus éloquent que la parole.

– Monseigneur, demanda encore Mina, pourquoi avez-vous toujours remercié Moubarak, le président déchu, et vous êtes-vous toujours incliné devant lui alors qu'il est oppresseur et corrompu ? Pourquoi avez-vous toujours fait les éloges de son fils Gamal Moubarak qui voulait hériter de l'Egypte comme si elle était la ferme de son père ?

Les Frères ont fait alliance avec les militaires : ils ont formé une Assemblée du peuple de pure forme et incapable d'agir

Une certaine tension se fit sentir.

– Ecoute, Mina. Toi, tu n'es responsable que de toi-même. Tu as choisi la révolution et tu en as payé le prix de ta vie. Tu es devenu un martyr. Moi, je ne suis pas le seul concerné par mes décisions. Chaque position que je prends a un effet sur des millions de coptes et de musulmans dans l'Egypte tout entière. Souvent je suis obligé de prendre des positions qui ne me plaisent pas, mais qui sont nécessaires et même indispensables.

Mina bondit à ces mots :

– Je comprends à vos paroles que Votre Sainteté appuie la révolution.

– Bien sûr mon fils. Lorsque le peuple demande la liberté et la justice, l'Eglise doit le soutenir.

Un silence se fit. Le pape sourit et poursuivit :

– Parle, Mina. Je lis dans tes yeux une question. Tu veux me demander pourquoi je n'ai pas proclamé mon soutien à la révolution dès le début… La réponse, comme je te l'ai dit, c'est que je mesure tous les mots que je prononce. Crois-tu que je ne sais pas que des dizaines de prêtres ont participé à la révolution et dit la messe sur toutes les places d'Egypte ? Je savais et je priais pour vous.

A ce moment, le docteur Alaa intervint :

– Permettez-moi, Sainteté… Les Frères ont fait alliance avec les militaires. Ils ont formé une Assemblée du peuple de pure forme et incapable d'agir et maintenant, contrairement à la déclaration constitutionnelle, ils ont pris le contrôle de la moitié du Comité de rédaction et ils vont fabriquer une Constitution à leur mesure et à celle du Conseil suprême. Ensuite ils vont amener un président qui obéira au Conseil suprême. J'espérais que Votre Sainteté parlerait franchement de tout cela…

Le pape sourit :

– C'est trop tard maintenant, plus personne ne m'entend là-bas.

Ils rirent tous, puis le Pape dit d'un ton sérieux :

– J'espérais que la révolution rendrait leur dignité aux Egyptiens et qu'elle protégerait leur droit à la vie. Mais j'ai vu tomber les martyrs après la révolution comme auparavant. Soyez optimistes et ne vous abandonnez pas au désespoir. La cause des martyrs ne sera pas abandonnée. La révolution vaincra et les responsables de tous ces crimes seront jugés. L'histoire nous enseigne que les révolutions ne sont jamais vaincues. Elles peuvent être retardées, se fourvoyer, mais à coup sûr, à la fin, elles l'emportent.

Il y eut un silence et Mina dit avec embarras :

– Excusez-moi, Monseigneur, si nous avons dépassé les bornes au cours de notre discussion avec Votre Sainteté.

Le pape sourit et dit calmement :

– Il m'est impossible de me mettre en colère contre vous. Dieu sait combien je vous aime. Je Le remercie de demeurer ici avec vous. Je vous rappellerai un jour cette conversation. Bientôt, nous allons, depuis ici, voir l'Egypte se diriger vers le glorieux futur qu'elle mérite.

Les quatre martyrs se levèrent pour saluer le pape. Le docteur Alaa et le cheikh Emad lui serrèrent la main, tandis que Mina et Michael s'inclinèrent pour la lui baiser. A la fin, le cheikh Emad déclara :

– Vos paroles, Sainteté, ont mis de la paix dans nos cœurs. Merci beaucoup.

Les martyrs se tournèrent pour partir, tandis que le pape les suivait du regard, le visage rasséréné.

La démocratie est la solution.

EST-CE QU'ILS REPRÉSENTENT L'ISLAM OU EUX-MÊMES ?

{ Chronique du 3 avril 2012 }

Que faites-vous lorsque vous découvrez que quelqu'un avec qui vous êtes en relation est menteur, qu'il ne tient jamais une seule de ses promesses et que ce qu'il dit est toujours le contraire de la vérité ? La conséquence normale est que vous perdiez totalement confiance en ce personnage mensonger. Mais si cet individu est revêtu d'une tunique blanque, s'il laisse pousser sa barbe et si son front est marqué du stigmate de la prière, si lui-même se présente comme un prédicateur islamique œuvrant à l'instauration de la loi de Dieu, la question devient alors plus complexe. On pourrait supposer que le crime de celui qui parle au nom de Dieu est double, d'abord parce qu'il ment, ensuite parce qu'il donne une mauvaise image de l'islam.

Or, en Egypte, c'est le contraire qui se passe : ceux qui parlent au nom de l'islam ont beau mentir ou trahir leurs engagements, ils ont beau être compromis dans des scandales, ils trouvent toujours des gens qui prennent leur défense et s'évertuent à leur trouver des excuses. Ces zélateurs ne sont pas des imbéciles ou des idiots, mais ils considèrent que parler des fautes et des mensonges des religieux est une attaque inacceptable contre la religion.

Les Frères musulmans ont contrevenu à tous leurs engagements. Ils ont promis de n'entrer en compétition que pour le quart des sièges de l'Assemblée du peuple puis ils ont présenté des candidats pour l'ensemble des sièges. Au moment des élections, ils ont commis toutes sortes d'infractions, depuis l'achat de voix jusqu'à la diffusion d'informations diffamantes sur leurs adversaires et de remises en cause de leur foi. Ils se sont engagés à rédiger la Constitution avec la participation des autres forces politiques, puis ils ont rompu leur promesse et ont accaparé le comité chargé de rédiger la Constitution. Ils ont répété qu'ils ne présenteraient pas de candidat à la présidence de la République et comme d'habitude, ils n'ont pas tenu parole et présenté leur candidat, Khayrat El Shater.

De nombreux cheikhs salafistes ont pris position dans des enregistrements audiovisuels contre la révolution. Ils ont appelé les manifestants à retourner chez eux et ont déclaré religieusement illicite le fait de s'élever contre Moubarak. Certains ont également dit que la démocratie, les élections, l'alternance du pouvoir étaient contraires à la religion.

Mais, après le succès de la révolution, ils ont fait volte-face, créé des partis et participé aux élections. Ce revirement qui ne s'appuie sur aucun fondement religieux convaincant témoigne du mensonge de l'une de leurs deux positions successives. Ils ont menti, soit en déclarant que la démocratie était religieusement illégale, soit en l'autorisant pour parvenir au pouvoir.

Si un autre groupe politique avait perpétré ces fautes morales, il se serait irrémédiablement effondré aux yeux des gens. Cependant, de nombreux musulmans considèrent que les Frères et les salafistes représentent la religion. Il leur est par conséquent difficile de les condamner, quelles que soient les fautes commises et les scandales dans lesquels ils sont impliqués.

Cette sacralisation frauduleuse des individus ne fait en rien partie de l'islam, elle est même le contraire de ce que nous ordonne l'islam qui proclame que toute personne, aussi importante soit-elle, doit répondre de ses fautes.

Abou Bakr El Sadiq et Omar Ben Khattab (que Dieu les agrée) sont les premiers et les plus proches des compagnons du prophète de Dieu (prière et salut de Dieu sur lui) et ils ont, l'un et l'autre, été ses successeurs dans la conduite de la communauté des croyants. Or les gens les critiquaient violemment et au grand jour. Omar et Abou Bakr acceptaient la critique de bon cœur. Ils s'efforçaient de défendre leurs décisions et s'empressaient de s'excuser s'ils avaient commis une faute quelconque.

Peut-être que précisément, la différence entre la culture qui autorise la critique du successeur du prophète de Dieu et celle qui interdit de se soulever contre le chef, sanctifie les cheikhs et leur confère l'immunité contre la critique, est celle qui existe dans l'histoire de l'islam entre l'âge de l'épanouissement et celui de la décadence. C'est la différence entre une conception juste et une conception erronée de la religion, où elle se manifeste à travers des personnes quasiment infaillibles et sanctifiées.

L'exploitation des sentiments religieux des gens modestes a toujours été une arme dans les mains du despotisme. En 1882, lorsque Ahmed Orabi a mobilisé l'armée égyptienne pour défendre l'Egypte contre l'occupation britannique, les Anglais ont eu recours au Sultan ottoman. Celui-ci, en sa qualité de Commandeur des croyants, a émis une fatwa proclamant que Orabi était en contradiction avec les enseignements de l'islam. Par son influence sur la masse des Egyptiens, cette annonce a été l'une des causes de la défaite de la révolution de Orabi.

En 1798 eut lieu l'expédition française conduite par Napoléon Bonaparte visant à occuper l'Egypte. Bonaparte était athée, mais pour exploiter les sentiments religieux des Egyptiens, il fit courir le bruit qu'il s'était converti à l'islam, s'habilla de vêtements orientaux et fréquenta les mosquées le vendredi. Au moment de son arrivée au Caire, il publia à l'attention des Egyptiens un extraordinaire communiqué commençant par des formules religieuses musulmanes et se poursuivant ainsi : *« Vous, les cheikhs et les imams, dites à votre communauté que les Français aussi sont des musulmans sincères. La preuve en est qu'ils sont allés dans la grande ville de Rome renverser le trône du pape qui incitait les chrétiens à combattre les musulmans. »* C'est ainsi que, au cours de notre histoire, régulièrement, les sentiments religieux des gens modestes ont été exploités au service des forces despotiques et oppressives.

Une conception juste de la religion n'autorise pas la sacralisation des personnes, quelle que soit la position qu'elles occupent. Elle pose au contraire les bases des grandes valeurs morales que sont la liberté, la justice et l'égalité.

L'histoire nous l'enseigne : quand on sacralise les hommes de religion et qu'on les élève au-dessus du commun des mortels, la religion – cette énergie humaine positive poussant les sociétés vers la liberté et le progrès – se transforme immédiatement en instrument réactionnaire conduisant en son nom à la monopolisation du pouvoir.

Omar Souleiman, premier adjoint de Moubarak, le président déchu, avait certainement cette idée à l'esprit lorsqu'il a élaboré son plan visant à faire avorter la révolution égyptienne – plan intégralement repris ensuite par le Conseil suprême des forces armées. Convaincu de leur entière capacité à exploiter les sentiments religieux des gens et à les mobiliser au service de tout objectif qui leur convienne, Omar Souleiman s'est très tôt allié aux Frères musulmans. Le 4 février 2011, avant l'abdication de Moubarak, Omar Souleiman a eu avec eux une réunion d'où le docteur Katatani (actuel président de l'Assemblée du peuple) est sorti en déclarant à la télévision que les propos de leur interlocuteur étaient objectifs, qu'il existait bien un plan pour mettre le pays à feu et à sang, et qu'il

Ils ont menti, soit en déclarant que la démocratie était religieusement illégale, soit en l'autorisant pour parvenir au pouvoir

était du devoir des Frères d'aider le vice-président de Moubarak à le contrer. Katatani confirma s'être entendu avec l'adjoint du démissionnaire sur la levée de l'Etat d'exception, sur des pourparlers avec les manifestants afin qu'ils évacuent la place, ainsi que sur des amendements constitutionnels et des élections syndicales. Cela veut dire qu'au moment où les Frères ont été convaincus de pouvoir réaliser leurs objectifs, ils ont soutenu Omar Souleiman en ignorant la revendication par la révolution d'une Constitution nouvelle, et en faisant part de leur disponibilité à convaincre les manifestants de quitter la place.

Malheureusement, après la révolution, les Frères et les salafistes sont devenus l'aile politique du Conseil militaire

Depuis le début, les Frères musulmans ont fait passer leurs intérêts politiques avant les buts de la révolution. Encore une fois, si n'importe quel homme politique faisait cela, il deviendrait aux yeux des Egyptiens un traître à la révolution. Néanmoins, les Frères ont trouvé des gens pour prendre la défense de cette transaction car, aux yeux de beaucoup, ils représentent l'islam et il n'est donc pas convenable de les critiquer. En application de ce marché, les Frères et les salafistes ont, pour le compte du Conseil suprême des forces armées, convaincu les gens qu'approuver les amendements constitutionnels était une obligation religieuse pour tous les musulmans. Ils ont affirmé que le refus des amendements était un complot contre l'islam, conduit par les coptes, les laïques et les communistes, ennemis de la foi. De cette façon, le référendum s'est transformé en une bataille religieuse entre les croyants et les mécréants et l'Egypte a ainsi perdu une occasion unique de rédiger une Constitution nouvelle, en mesure de fonder la démocratie sur des bases correctes. Le Conseil suprême refusait l'idée d'une Constitution nouvelle, car cela aurait conduit à renverser le régime de Moubarak qu'il s'évertuait à défendre.

Malheureusement, les Frères et les salafistes sont devenus, après la révolution, l'aile politique du Conseil militaire. De nombreux Egyptiens ont approuvé les amendements constitutionnels sans en savoir le sens.

Prenons l'article n° 28, qui exempte la Commission de contrôle des élections de tout recours, et sera à coup sûr utilisé pour truquer les élections présidentielles. Eh bien, cet article honteux, contre lequel s'élèvent maintenant de nombreux Egyptiens, faisait partie de ces amendements constitutionnels auxquels les Egyptiens ont donné leur voix lors du référendum, persuadés de prendre ainsi la défense de l'islam, comme le leur assuraient les cheikhs. Je me souviens qu'allant voter le jour du scrutin, comme la file était longue, je suis entré en conversation avec l'homme qui se trouvait devant moi. Il me demanda :

– Vous allez voter pour les amendements ?

– Je les refuse car il faut, après la révolution, que nous écrivions une Constitution nouvelle.

– Moi, je vais voter pour, car le cheikh Mohammed Hassan nous a tous appelés à voter « oui ».

– Excusez-moi, je lui dis, étonné. Mais il faut que vous vous fassiez votre opinion vous-même.

L'homme sourit et me répondit :

– Le cheikh Hassan comprend mille fois mieux que moi. Qui suis-je, moi, pour être d'un avis différent du cheikh ?

Il y a sans aucun doute des milliers d'Egyptiens qui se comportent de cette manière, renoncent totalement à réfléchir (contrairement à ce à quoi appelle l'islam) et se livrent pieds et poings liés à leur cheikh favori. Ils contestent les points de vue de grands savants comme l'imam Mohamed Abdou ou l'iman Al Ghazali s'ils sont en contradiction avec leur cheikh et attaquent violemment tous ceux qui critiquent ce dernier.

Essayez, cher lecteur, d'exprimer sur Internet une critique à l'égard d'un cheikh salafiste ou proche des Frères : leurs adeptes vont vous agonir d'insultes outrageantes. Ces personnes, peut-être polies dans leur vie quotidienne, sont des musulmans sincères mais, comme vous avez l'audace d'attaquer leur cheikh, qui à leurs yeux représente la religion, ils vous considèrent tout simplement comme un ennemi de cette dernière et c'est pour la défendre qu'ils vous insultent.

Le cheikh Al Hamlaoui, à Alexandrie, proclame en permanence, au cours de ses sermons du vendredi, que les libéraux et les gens de gauche sont tous des ennemis de la religion. Lorsqu'un jour, un fidèle s'opposa à ces propos, le cheikh le chassa de la mosquée (qui est la maison de Dieu), puis exprima clairement son point de vue :

– Ceux qui ne m'aiment pas sont des ennemis de l'islam que je veux, moi, voir appliqué.

Cette conception erronée de la religion, qui conduit à sacraliser les cheikhs, a été l'élément déterminant de l'accord entre les Frères et le Conseil suprême : qu'il soit question de candidature à la présidence de la République, d'amendements constitutionnels, ou de n'importe quoi d'autre, les Frères et les salafistes transformeront immédiatement la question en vote religieux.

Il y aura d'un côté le point de vue des cheikhs, qui sera nécessairement celui de l'islam, et de l'autre, l'opinion de ceux qui sont en désaccord avec eux et qui sont tous des ennemis de la religion. De cette façon le dialogue politique se trouve transformé en combat religieux avec utilisation de l'artillerie lourde des mensonges et des amalgames, ce qui permet au Conseil suprême d'obtenir les résultats souhaités sans avoir besoin de recourir à la fraude électorale comme le faisait Moubarak. Mais personne ne peut indéfiniment mentir à tout le monde. L'alliance du Conseil suprême avec les Frères et les salafistes, par laquelle ces derniers abandonnent les objectifs de la révolution en échange de leur accès au pouvoir, apparaît aujourd'hui plus claire et plus exécrable que jamais. Les Egyptiens commencent à se rendre compte que les Frères et les salafistes ne représentent pas l'islam, mais ne représentent qu'eux-mêmes. L'islam nous appelle à connaître les hommes par la parole de Dieu et non pas la parole de Dieu par les hommes.

Certes, la révolution égyptienne, après avoir été trahie tant et tant, après que l'on a comploté contre elle de mille façons, cette révolution a été ébranlée, elle a pris du retard, mais elle reste forte et vivante. La révolution se poursuit et elle vaincra, avec la permission de Dieu, pour conduire l'Egypte vers l'avenir que notre pays mérite.

La démocratie est la solution. §

Alaa El Aswany

Phénomène éditorial international avec L'Immeuble Yacoubian, *adapté au cinéma, Alaa El Aswany est également l'auteur de* Chicago *et de* J'aurai voulu être égyptien *(tous parus chez Actes Sud). Ecrivain contemporain le plus populaire d'Egypte, ce défenseur de la démocratie est devenu le porte-parole de la révolution égyptienne dans les médias occidentaux. Ses chroniques hebdomadaires sont publiées en arabe dans le journal* El Masry El Youm

Enquête

ALERTE SUR LE RIZ

© Emanuel Ekra / AP / Sipa

EN 2011

721 millions de tonnes de riz ont été produites dans le monde.

34,5 millions de tonnes de riz ont été exportées.

Avec **132,9 millions** de tonnes, la Chine est le premier producteur mondial de riz. L'essentiel de cette production est consommé au niveau national.

Avec **10,5 millions** de tonnes, la Thaïlande est le premier exportateur mondial de riz, suivie par le Viêtnam et le Pakistan.

L'Afrique est l'un des principaux importateurs de riz.

SOURCE Cirad

LE RIZ EST LA PRINCIPALE CÉRÉALE CONSOMMÉE DANS LE MONDE. UN ÊTRE HUMAIN SUR DEUX EN MANGE À CHAQUE REPAS. LE RIZ ALIMENTE UNE FILIÈRE ÉCONOMIQUE GLOBALE OÙ LES PETITS PAYSANS D'ASIE PRODUISENT POUR LES CONSOMMATEURS PAUVRES D'AFRIQUE. LE RIZ ASIATIQUE EST PRÉSENT SUR TOUS LES MARCHÉS, DU SÉNÉGAL AU MALI EN PASSANT PAR LE NIGÉRIA. OR, DEPUIS QUATRE ANS, LE PRIX DU RIZ EST INEXORABLEMENT ORIENTÉ À LA HAUSSE...

Par Jean-Pierre Boris

Les marchés des matières premières alimentaires obéissent à première vue à des règles claires et simples : la loi de l'offre et de la demande, l'impact des événements climatiques, le niveau des stocks, les prévisions de récolte... Comprendre le marché du blé ou celui du soja se résume souvent à se pencher sur le mode de fonctionnement de la principale bourse des matières premières, celle de Chicago. Pourtant, la céréale qui contribue à nourrir un être humain sur deux échappe à cette règle intangible de la cotation. Le riz a beau incarner l'histoire de civilisations entières, il a beau être cultivé sur tout le globe terrestre – en Amérique, en Afrique, en Europe, en Asie –, il échappe aux réglementations des places boursières. L'*Homo economicus* moderne, capable de mettre au point de complexes équations qui règlent et dérèglent nos systèmes financiers, n'est pas parvenu à domestiquer ce petit grain blanc qui circule pourtant sur tous les océans et sur tous les territoires. Il n'est pas parvenu à faire entrer tous les facteurs, toutes les données dans un logiciel performant ! A y regarder de plus près, on peut cependant le comprendre. Dans le dédale infini des zones de production et des qualités, s'y retrouver est un insurmontable défi ; comprendre le niveau réel des stocks mondiaux, une gageure qui égare beaucoup de spécialistes et de traders parmi les plus réputés.

Au total, la production mondiale de riz tourne autour des 700 millions de tonnes par an. L'essentiel des récoltes est consommé localement. Ce qui ne l'est pas est, soit conservé dans des stocks dont il est toujours très difficile d'évaluer l'importance, soit exporté. Bon an mal an, le volume des exportations tourne autour des 30 millions de tonnes, à peine 5 % de la production mondiale. En 2012, on estime que le marché mondial aura absorbé 34 millions de tonnes de riz.

Qu'on n'aille pourtant pas imaginer qu'il y a UN riz, que la production est uniforme, et que cette céréale a les mêmes caractéristiques, qu'elle soit produite en Camargue, dans la plaine du Pô en Italie ou dans les rizières chinoises. Chaque riz a sa spécificité. Près de Manille, aux Philippines, où est installé le principal centre de recherche sur le riz, l'International Rice Research Institute (IRRI) – plus de mille chercheurs y travaillent – une chambre froide protégée des secousses sismiques abrite la plus importante collection de variétés de riz au monde. On en recense près de cent dix mille ! Cent dix mille variétés de riz stockées dans des petites enveloppes d'aluminium grises. C'est dire que la production mondiale de riz est très morcelée, conséquence directe de la petite taille des rizières, des différents terroirs sur lesquels elles sont installées, de leur orientation géographique, de la qualité des sols, de la pluviométrie, de l'ensoleillement. Chaque pays producteur peut fournir plusieurs qualités de riz à ses clients. Et chaque pays consommateur a ses habitudes, ses préférences. Ainsi, le Sénégal importe-t-il essentiellement de la brisure de riz, souvent considérée comme la qualité la plus basse, parce que constituée des déchets recueillis lors des opérations de décorticage, de polissage et de tri des meilleures qualités. Mais les consommateurs sénégalais ont été habitués, depuis les années coloniales, à ingurgiter ces petits morceaux de grains de riz. Difficile dorénavant de leur faire accepter un autre produit. Au Nigéria, le pays le plus peuplé d'Afrique et l'un des principaux importateurs de riz au monde, c'est essentiellement du riz *parboiled* (précuit) qui est consommé, et il sera difficile de faire évoluer cette habitude. Ailleurs, on préférera du riz parfumé de Thaïlande.

De ce morcellement du marché du riz, tant du côté des producteurs que des consommateurs, découle une organisation très particulière. Ou plutôt, conviendrait-il de parler d'inorganisation. Le marché du riz échappe à la standardisation, voire même à une forme sophistiquée d'organisation. La multiplicité des origines, des destinations, des qualités, a débouché sur l'impossibilité de fixer des règles universelles et de choisir un riz standard. Aussi y a-t-il autant de prix que de riz, autant de prix que d'acheteurs et de vendeurs. C'est ce qu'on appelle « du gré à gré ». Rien de transparent, mais le résultat de conversations téléphoniques discrètes entre partenaires commerciaux qui se connaissent souvent de longue date, mais ne se font pas de cadeaux.

Il existe cependant un endroit où les prix moyens du riz sont rendus publics. C'est à Bangkok, la capitale thaïlandaise, lors de la réunion hebdomadaire de l'Association des exportateurs de riz. Chaque mercredi, les membres de cette puissante association, aujourd'hui présidée par une femme, Korbsook Iamsuri, héritière d'une dynastie d'exportateurs de riz, se rencontrent, après avoir partagé un plat de nouilles... de riz. Chacun met sur la table le prix des contrats passés dans les jours précédents, les qualités vendues, les quantités, et ces données sont rendues publiques. Elles serviront de repères aux différents acteurs du marché mondial. En particulier aux plus discrets d'entre eux, les grands négociants internationaux qui servent, dans la plus grande des discrétions, d'intermédiaires entre les producteurs asiatiques et les consommateurs, souvent africains.

Car le riz règne sans conteste sur toutes les assiettes du continent africain et ne cesse de marquer des points. Chaque jour, sa consommation augmente, au rythme de la croissance urbaine. La raison ? Le riz est bien plus facile à préparer que les céréales habituelles. Une casserole d'eau bouillante et le repas est prêt. Il suffit, pour se convaincre de cet engouement, d'arpenter les marchés africains ou plus simplement les rues commerçantes des villes sénégalaises.

Partout, de quelque côté que l'on se tourne, des sacs multicolores offrent aux clientes et aux clients d'innombrables variétés de riz. On a beau être en plein centre de Dakar, à Saint-Louis au nord, ou à Mbour au sud, les échoppes proposent du riz venu d'Uruguay, des Etats-Unis, de Thaïlande, du Viêtnam ou de Chine. Plus loin, d'autres marchands proposeront du riz indien, birman ou tout simplement la variété locale quand ils l'ont trouvée. Les acheteurs ne se contentent pas de désigner la qualité et l'origine voulue d'un doigt tendu. D'abord, on prend une poignée de grains et on la fait lentement couler entre ses doigts. On en apprécie la couleur, la propreté, le calibre, l'odeur. Avant de le manger, on respire ce riz venu de si loin, qui a traversé les océans avant d'atterrir sur l'étal. C'est la France, ancienne puissance coloniale, qui a introduit le riz de Cochinchine dans le régime africain. Habitude alimentaire qui s'est inscrite dans la culture de ces pays et qui n'a plus jamais cessé de croître.

Mais les consommateurs africains n'acceptent pas n'importe quelle qualité de riz, comme le montre l'affaire du cargo *MV Stefanis*. Parti de Birmanie avec 11 000 tonnes de riz à bord fin 2009, ce cargo devait en principe rallier la Guinée-Conakry, sur la côte ouest-africaine, où des acheteurs l'attendaient. Mais en plein océan Indien, la salle des machines prit feu. Le cargo resta quelques jours en mer, ballotté par les flots, jusqu'à son remorquage vers la terre ferme la plus proche, le port de Maputo, au Mozambique. La panne avait affecté le système d'aération des soutes, plongeant le chargement de riz dans une humidité très dommageable. Du fuel s'était même répandu sur les sacs de riz. La marchandise était très abîmée. Les affréteurs, des négociants de Singapour, comprirent qu'il leur fallait se débarrasser du chargement au plus vite et le proposèrent à bon prix au gouvernement mozambicain, qui accepta l'offre. Mais lorsqu'on commença à décharger les sacs de grains sur les quais du port de Maputo, une odeur pestilentielle s'en dégagea. Le riz avait pourri. Il était plein d'asticots et de charançons. Bien que pauvres et mal nourris, les consommateurs de Maputo n'étaient pas fous, et ne voulaient pas de ce riz que le gouvernement leur destinait. Des manifestations éclatèrent. Devant la vivacité de la réaction populaire, les autorités mozambicaines durent plier : les quelques tonnes de riz qui avaient été déchargées furent rembarquées et le cargo *MV Stefanis* reprit la mer. Il contourna le cap de Bonne-Espérance et se dirigea vers ce qui était sa destination initiale : la Guinée-Conakry. Ce riant pays ouest-africain, à l'époque dirigé par une bande de militaires sanguinaires, vit donc accoster quelques semaines plus tard le *MV Stefanis* et sa puante cargaison. Bien sûr, dans l'intervalle, charançons et asticots s'en étaient donnés à cœur joie. Le riz en grouillait. A tel point que les autorités portuaires de Conakry prièrent le capitaine du cargo de faire demi-tour et d'aller voir ailleurs.

On imagine la panique des affréteurs du navire. A Singapour, ces commerçants avaient acheté 11 000 tonnes de riz birman et donc engagé la bagatelle de quatre à cinq millions de dollars dans l'affaire. Somme à laquelle il fallait bien sûr ajouter les frais d'affrètement du navire, d'équipage et de carburant. Une grosse somme qu'asticots et charançons étaient en train de dévorer. Sans l'incendie de la salle des machines, les Singapouriens auraient engrangé un bénéfice de quelques centaines de milliers de dollars. Pour tenter de sauver ce qui pouvait l'être, le cargo reprit son cabotage le long des côtes africaines. A Freetown, capitale du Sierra Leone, les autorités portuaires se montrèrent inflexibles. *« Après une inspection complète du chargement de riz,* écrivent-elles le 26 novembre 2009 dans leur rapport, *nous avons découvert qu'il émet une odeur insupportable et qu'il est si dégradé qu'il est impropre à la consommation humaine. Nous recommandons donc sa destruction. »* A Singapour, on ne l'entendait toujours pas de cette oreille et on n'avait pas renoncé au retour sur investissement. Le capitaine du *MV Stefanis* reçut donc l'ordre d'appareiller et de faire route au sud, vers le Ghana, où les autorités du port de Tema sauraient se montrer compréhensives. Quelques dollars avaient été distribués aux fonctionnaires compétents. Ils ne seraient gênés ni par l'odeur ni par l'apparence du riz. Hélas pour les affréteurs du cargo, toute la côte Ouest de l'Afrique était en alerte. On savait qu'un chargement pourri cherchait preneur et les officiels corrompus du port de Tema n'y purent rien. Comme à Maputo, quelques semaines auparavant, le déchargement fut interrompu, les sacs remontés à bord et on pria le capitaine du *MV Stefanis* d'aller se faire pendre ailleurs. Les mauvaises langues affirment qu'une nouvelle fois, il accosta à Conakry. C'était

AVANT DE LE MANGER, ON RESPIRE CE RIZ VENU DE SI LOIN, QUI A TRAVERSÉ LES OCÉANS AVANT D'ATTERRIR SUR L'ÉTAL. ON PREND UNE POIGNÉE DE GRAINS ET ON LA FAIT LENTEMENT COULER ENTRE SES DOIGTS

en janvier 2010. Depuis, plus personne n'a entendu parler du *MV Stefanis*, de son chargement de riz ni de ses affréteurs singapouriens.

Bien sûr, l'auteur de ces lignes n'a assisté en personne à aucun des événements qu'il vient de relater. Mais dans tous ces ports, il y avait des yeux et des oreilles très intéressés. En l'occurrence, les représentants des sociétés internationales de négoce du riz, qui s'empressèrent avec gourmandise de lui relater par le menu l'odyssée du *MV Stefanis*. Et rien n'interdit de penser, évidemment, que les autorités des capitales africaines concernées eurent droit aux mêmes informations. Ce n'est pas que ces grands commerçants, pour la plupart installés à Genève, craignaient pour la santé de leur clientèle africaine. Comme le confia un jour un de ces professionnels aguerris à un jeune trader, *« le riz, ce n'est pas pour manger, c'est pour vendre. »* En d'autres termes, ce qui a été embarqué doit être vendu, peu importe la qualité. Que ce riz birman convoyé par des négociants singapouriens sur un navire grec soit impropre à la consommation humaine ne gênait pas outre mesure le milieu du commerce du riz. Plus gênant était la disposition de ces vendeurs à casser les prix pour écouler à tout prix leur marchandise et limiter leurs pertes. Casser les prix, c'est casser le marché. Une pratique qui conduit la concurrence à réduire ses marges et donc ses bénéfices.

Cette affaire défraya un temps la chronique et passa aux oubliettes de l'histoire. Elle est cependant emblématique de la dépendance de l'Afrique envers les importations de riz asiatique. L'Asie, tout le monde le sait, c'est le riz. Le riz y est un aliment central, une économie entière, une tradition culturelle. On fait de l'alcool de riz, du vinaigre, de l'huile de riz. Les rizières façonnent les paysages asiatiques. Le riz participe des fêtes religieuses traditionnelles. Produire son propre riz est question de fierté nationale, à tel point que les gouvernements coréens ou japonais ont eu beaucoup de mal à faire accepter à leurs opinions publiques et à leurs paysans les importations de riz auxquelles les obligent les règles de l'OMC. Le Japon détourne ces règles en réexportant aussitôt le riz qu'il vient d'importer.

Longtemps, avant sa disparition des radars internationaux pour cause de dictature militaire, la Birmanie a été un gros fournisseur du marché mondial. Mais c'est surtout la Thaïlande, qui a fait des exportations de riz une arme économique. Cette politique, suivie par tous les gouvernements thaïlandais depuis la fin de la Seconde Guerre mondiale, a été utilisée pour développer le pays et son agriculture. Dans les plaines centrales très bien irriguées, un paysannat très compétent, une main-d'œuvre nombreuse bientôt remplacée par des machines, ont permis de faire deux à trois récoltes par an et ont fait de la Thaïlande le premier exportateur mondial de riz. La Thaïlande produit vingt millions de tonnes de riz et en exporte la moitié. Sur la deuxième marche du podium, le Viêtnam a suivi l'exemple thaïlandais et mis la force de frappe de ses riziculteurs au service du développement d'une économie compétitive sur les marchés mondiaux. Quant à l'Inde et à la Chine, les deux géants asiatiques n'exportent que quand leurs stocks le leur permettent, que la consommation nationale est garantie. Ainsi, ces dernières années, les dirigeants chinois ont parfois dû importer des cargos de riz pour répondre à la demande urbaine.

Le morcellement du marché explique en grande partie le rôle central joué par les grands commerçants internationaux. Difficile d'acheter un chargement de riz comme on le ferait pour du blé ou du soja. L'absence de standardisation, la multiplicité des variétés rendent l'échange complexe. Il faut savoir ce que propose le vendeur et ce que veut exactement l'acheteur. Les négociants, jouant ce rôle de *go between*, vont régulièrement « aux origines », dans les rizières asiatiques, et tout aussi souvent sur les marchés africains. Ils savent ce que peuvent proposer les premières, et ce dont ont besoin les autres, en quantité et en qualité.

***Les importations africaines de riz** sont de la responsabilité d'opérateurs privés, qui se fournissent en général auprès de grands négociants internationaux, et sont donc soumis à la loi du marché. Si les stocks de riz ne sont plus mis en vente par les pays producteurs, si la source se tarit, l'Afrique n'a plus accès au riz, devenu son aliment de base.*
© Sophie Chivet / Agence VU

L'identité de ces négociants internationaux échappe la plupart du temps à la connaissance publique. Ces acteurs économiques, petits ou grands, ont érigé en règle d'or le « Pour vivre heureux, vivons caché ». Et c'est souvent en Suisse qu'ils se sont installés, à l'instar du numéro un mondial du marché du riz, le groupe Louis-Dreyfus. Outre la discrétion légendaire de la Confédération helvétique, être à Genève répond d'abord à un impératif fiscal. On paye moins d'impôts en Suisse. La présence des grandes banques, françaises ou non, est un autre atout. Toutes, à l'instar de la BNP Paribas, ont pignon sur rue dans les grandes villes helvétiques et financent le négoce des matières premières. Or, un banquier suisse rechignera à prêter de l'argent à un exportateur pakistanais, à lui ouvrir des lignes de crédit. Ils sont trop loin culturellement l'un de l'autre pour pouvoir se comprendre. Le banquier suisse, ou installé en Suisse, prête à une entreprise proche de lui, géographiquement et culturellement. Cela le rassure. Les banquiers avancent les fonds aux acheteurs genevois et sont remboursés quand la marchandise a été vendue en Afrique et payée. C'est le banquier qui prend le risque initial, à charge pour le négociant de lui garantir qu'il sera remboursé en temps et en heure. Faute de quoi, les vivres seront coupés et l'entreprise de négoce sera condamnée à fermer. De pareilles ruptures de confiances sont très fréquentes et, même parmi les plus établies de ces maisons de négoce, il n'est pas rare d'enregistrer de brutales disparitions. Les annales regorgent de faillites retentissantes d'entreprises qu'on aurait pu penser florissantes.

Ces mystérieux négociants sont cependant obligés de moduler leur intervention en fonction d'un autre facteur clé : les décisions gouvernementales. Le riz étant l'aliment central pour l'ensemble des populations asiatiques, soit plus de la moitié de la population mondiale, les gouvernements de ces pays surveillent, comme le lait sur le feu, le niveau des récoltes et des stocks de report. Que le riz vienne à manquer, que son prix soit jugé excessif et les réactions peuvent s'échelonner entre simple mécontentement populaire, manifestations de colère et sanction électorale. Toutes choses que les gouvernements jugent en général très désagréables et tentent, autant que faire se peut, d'éviter.

C'est ainsi qu'à l'été 2007, le gouvernement indien, à quelques mois d'une importante échéance électorale, décida d'interdire toute exportation de riz. Plus aucun chargement de riz ne devait quitter le territoire indien. Cette décision découlait d'une analyse économique et politique très fine de ce qui se passait sur les grands marchés alimentaires internationaux. A l'époque, les grands spéculateurs de la planète financière avaient jeté leur dévolu sur les matières premières agricoles. Investir sur les marchés à terme agricoles, à Londres, New York et Chicago, leur semblait tout à fait prometteur. Les fonds de pension, les fonds spéculatifs, injectèrent donc des milliards de dollars sur ces marchés. Le prix du blé atteignit vite des records, entraînant des protestations en série. A New Delhi, le gouvernement était préoccupé. L'Inde et son milliard et demi d'habitants sont aussi des consommateurs de blé, qu'ils importent en partie. La facture grimpait donc. Mais le gouvernement indien craignait aussi, puisque le prix du blé montait en flèche, que beaucoup d'acheteurs veuillent s'en écarter et se rabattre sur une autre céréale qui échappait aux pratiques spéculatives des marchés à terme, le riz. Conclusion logique de ce raisonnement, le gouvernement indien estimait vraisemblable de voir affluer vers ses ports des cohortes de cargos en quête de chargements de riz. Exporté par millions de tonnes, ce riz, finirent par penser les dirigeants indiens, allait manquer sur le marché national. Les quantités disponibles pour la consommation locale se réduisant, les prix allaient monter, provoquant le mécontentement des couches populaires, très nombreuses. Phénomène à éviter absolument à quelques mois des élections législatives. Cette peur poussa le gouvernement indien à interdire toute exportation de riz, autrement dit, à imposer un embargo.

En quelques heures, le tocsin se mit à sonner sur la planète rizicole. De la Thaïlande à l'Uruguay, en passant par les Etats-Unis et le Sénégal, gouvernements et professionnels apprenaient avec stupéfaction que l'Inde venait de faire disparaître, par la magie d'une décision purement politique, des millions de tonnes de riz. Au même moment, ajoutant à la tension, le Viêtnam connaissait quelques difficultés pour approvisionner

PREMIUM

ses clients, en raison d'une mousson un peu tardive et d'un léger décalage dans la date des récoltes. Soudain, le marché mondial du riz se trouvait précipité dans un cataclysme sans précédent. Négociants genevois, gouvernements asiatiques, importateurs africains mesuraient la précarité de la situation. Certains, comme le groupe Louis-Dreyfus, avaient vu venir le coup de tonnerre et préventivement amassé des tonnages conséquents, achetés bon marché, qui allaient lui permettre de passer à travers l'orage en faisant une jolie culbute. Car, conséquence inévitable de cette raréfaction de l'offre, les prix montaient en flèche sur le marché mondial du riz. Alors qu'en temps normal, on pouvait trouver une tonne de riz moyenne gamme aux alentours des 200 ou 300 dollars, il fallait maintenant doubler la mise ! L'affolement était général. En Thaïlande, premier exportateur mondial, alors que les prix montaient, le gouvernement tardait à mettre ses stocks à disposition des exportateurs privés, qui brûlaient de les commercialiser. A tous les niveaux de la chaîne d'approvisionnement du riz thaï, le même phénomène de rétention se produisait. Les usiniers, chargés d'acheter leur riz paddy aux paysans, faisaient leur travail de décorticage mais s'empressaient de remplir leurs stocks jusqu'à la gueule. Ils savaient que sur le marché mondial, les prix montaient, qu'en attendant un peu, ils verraient accourir des exportateurs pressés de prendre de la marchandise pour la stocker et faire monter les prix. C'était à qui stockerait le riz et profiterait de la hausse. A Bangkok, prudemment, certains vendeurs profitaient de l'aubaine, se défaisaient de leurs milliers de tonnes de riz à bon prix, alors qu'ils les avaient achetées des semaines auparavant au tarif habituel. La question était de savoir s'il fallait continuer à se battre auprès des intermédiaires, des usiniers, pour arracher quelques tonnes à prix d'or afin de les revendre encore plus cher sur le marché mondial. Opération prometteuse, sauf si le marché se retournait, auquel cas ces tonnes de riz achetées très cher ne vaudraient plus grand-chose, en tout cas beaucoup moins à la vente qu'à l'achat. Mais c'est le risque à prendre…

Début 2008, la panique redoubla. L'envolée des prix continuait même de plus belle. Il fallait mettre 700 à 800 dollars pour avoir une tonne de riz ! L'inquiétude était généralisée. La perspective d'une rupture d'approvisionnement sur le marché mondial du riz se profilait. On allait manquer de riz. La crainte était portée par une observation des tendances à moyen terme. Les économistes de l'Institut international du riz, près de Manille, constataient que la consommation mondiale de riz augmentait beaucoup plus vite que la production. Les deux courbes commençaient à se rapprocher dangereusement. Le jour où elles se rejoindraient, le riz manquerait et pour de nombreux pays consommateurs, ce serait la pénurie, sinon la famine. Dangereuse évolution provoquée par la croissance démographique des pays asiatiques, par l'irruption d'une consommation de masse dans les pays africains, et d'un autre côté, par l'abandon d'efforts proportionnels pour soutenir la production. En Asie, les villes grignotent les terres agricoles et les rizières. Il faudrait mettre au point de nouvelles variétés au rendement plus élevé. Mais la recherche agronomique a souffert du désengagement international. Les financements se sont fait plus rares. Et en la matière, le temps perdu est difficile à rattraper.

Mais le grand dérèglement de l'économie mondiale n'expliquait pas à lui seul le déraillement du marché du riz en ces années 2007-2008. Il fallait en chercher l'un des éléments-clés au plus haut niveau de l'Etat philippin et dans l'histoire du pays. Dotée d'une Eglise catholique omnipotente et ultraréactionnaire – elle s'oppose à tout contrôle des naissances –, l'archipel des Philippines a connu au cours du dernier demi-siècle une croissance démographique galopante. La production de riz n'a pas suivi. Depuis le milieu des années quatre-vingt-dix, le déficit est chronique. Il faut importer les quantités manquantes, au grand dam des éléments les plus nationalistes du pays et de certains milieux paysans. Mais le dossier est si sensible, si politique, que c'est une entité publique contrôlée par le gouvernement, la National Food Authority, qui a le monopole de l'importation du riz. En 2008, elle importera 2,3 millions de tonnes de riz, le double de ce dont le pays a besoin. Et les derniers volumes importés, fin 2008, le seront au prix astronomique de 1 200 dollars la tonne ! Du jamais-vu sur le marché du riz ! Ni ces volumes ni ces prix ne répondaient à aucune logique. Ce n'était pas la panique, la volonté de mettre à l'abri tous les Philippins d'une pénurie de leur aliment de base. Une seule explication : la corruption généralisée qui règne dans le pays. Les négociations pour l'importation du riz se font de gouvernement à gouvernement. En 2008, les principaux contrats sont signés entre Manille et Hanoï. Pour chaque tonne achetée, les négociateurs philippins touchent des commissions dont le total cette année-là dépassa, selon toute vraisemblance, plusieurs dizaines de millions de dollars. Sans se soucier des besoins réels du pays ni de ceux du reste de la planète, fournisseurs vietnamiens et importateurs publics de Manille achevèrent de

EN ASIE, LES PRODUCTEURS DE RIZ DOIVENT AVANT TOUT NOURRIR LEUR POPULATION. QUE LE RIZ VIENNE À MANQUER, ET LES MANIFESTATIONS DE COLÈRE POURRAIENT DEVENIR INCONTRÔLABLES

semer le chaos dans le système alimentaire mondial en saturant les entrepôts philippins d'un riz qui, trois ans plus tard, continue d'y pourrir.

L'onde de choc se fit sentir sur toute la planète importatrice. En Haïti, l'un des pays les plus pauvres de la planète, les acheteurs passaient devant les étals, abasourdis par les prix annoncés. A Bamako, au Mali, la population était en état de choc. Elle voyait les prix augmenter jour après jour, et les consommateurs étaient obligés de réduire les quantités achetées, les familles de se serrer la ceinture. Comme à Dakar, hommes et femmes descendirent dans les rues pour protester contre la « vie chère ». Les populations accusaient leurs gouvernements d'être incapables de parer à la flambée des prix. En ce début de XXIe siècle, les importations africaines étaient de la responsabilité d'opérateurs privés qui se fournissaient en général auprès des grands négociants internationaux. Mais même eux ne pouvaient répondre à la demande. La source s'était tarie. Le gouvernement indien faisait décharger des cargos sur le point d'appareiller, les soutes pleines. Sur les minces quantités qui passaient les frontières, tout le monde prélevait sa dîme, spéculait. Importateurs, grossistes, semi-grossistes, détaillants sur les marchés, tous ajoutaient quelques francs CFA au prix du kilo de riz, le rendant inabordable pour le Sénégalais ou le Malien moyen.

Les gouvernements ne pouvaient rester inertes. Au Sénégal, le président Wade décida de subventionner le riz. Les taxes à l'importation furent réduites, aggravant par là-même le déficit budgétaire. La colère de la population y trouva quelque répit. Mais surtout, le chef de l'Etat lança une grande campagne de communication autour de sa GOANA. Sous ce mystérieux acronyme se cache la Grande Offensive Agricole pour la Nourriture et l'Abondance, une invention du chef de l'Etat sénégalais lui-même. Il s'agit alors, ni plus ni moins, de rendre le Sénégal indépendant des importations de riz auxquelles il avait massivement recours depuis des décennies. Plus encore qu'en Côte d'Ivoire, mais comme au Nigéria ou dans beaucoup d'autres pays africains, le riz est l'aliment central de la diète nationale. Le manioc, le mil sont toujours là, mais sont relégués au magasin des accessoires. Grâce à la GOANA, en cinq ans, le pays devait subvenir à ses besoins en riz, se passer des importations. Plusieurs centaines de millions d'euros seraient consacrés à cette grande cause nationale. Le gouvernement indien promettait de fournir des tracteurs par centaines pour aider à la mécanisation de l'agriculture sénégalaise. Ce discours rompait avec des décennies d'indifférence pour l'agriculture nationale. Comme tous les pays africains, le Sénégal avait suivi les politiques préconisées par les grandes institutions financières internationales, Banque mondiale et FMI en tête : privilégier les importations permettant de fournir aux populations urbaines un riz bon marché, et au gouvernement de lever l'impôt facilement auprès des sociétés importatrices. La facilité, tel était le maître-mot de ces politiques. Leurs conséquences étaient dévastatrices pour les zones rurales. Abandonnés par les pouvoirs publics, privés d'encadrement, de subventions, de routes, de circuits commerciaux permettant d'acheminer leurs récoltes vers les zones peuplées, les paysans sénégalais vivaient dans la misère, peinant à se nourrir, à soigner leur famille et à scolariser leurs enfants. Mais les discours et la bonne volonté ne suffisent pas. Et même l'injection de capitaux ne peut résoudre des décennies d'inaction.

Quatre ans après le lancement de la GOANA, malgré les déclarations du président Wade et les statistiques triomphantes qu'il utilise, le constat est là : le Sénégal continue à importer de grosses quantités de riz, 700 000 tonnes en 2011. Son incapacité à maîtriser les prix du riz et à en développer la production au Sénégal aura été l'un des facteurs déclenchants de

L'EX-PRÉSIDENT SÉNÉGALAIS ABDOULAYE WADE AVAIT POURTANT LANCÉ UNE GRANDE RÉFORME, LA GOANA, QUI DEVAIT RELANCER LA PRODUCTION NATIONALE DE RIZ ET RENDRE LE PAYS INDÉPENDANT

la défaite à l'élection présidentielle d'Abdoulaye Wade, en mars 2012. La production locale a certes augmenté, la bourgeoisie dakaroise s'est précipitée vers les zones fertiles pour y investir un peu de son argent dans l'espoir d'un rapide retour sur investissement, mais cela ne suffit pas. Augmenter de manière significative la production nationale suppose de meilleurs rendements, l'adoption par les cultivateurs sénégalais de nouvelles variétés de semences, la modernisation des centres d'usinage où le riz est décortiqué, poli, ensaché et enfin, l'évolution du goût des consommateurs, habitués depuis longtemps aux riz asiatiques. Un travail de longue haleine.

En Afrique, le Mali est un cas à part. Une part importante du riz consommé dans le pays devrait être produite sur place grâce à l'existence d'une immense plaine fertile, le long des rives du Niger. Baptisée « Office du Niger » au temps de la colonie française, cette zone n'a jamais vraiment décollé. Sur le million d'hectares théoriquement arables, à peine 10 % est cultivé. Le gouvernement n'a jamais trouvé les financements nécessaires à l'exploitation des terres en friche et au développement de la production. Les paysans de l'Office du Niger survivent donc à grand-peine. Les parcelles attribuées aux cultivateurs sont trop petites pour permettre aux familles de vivre de leur travail. L'administration de l'Office, installée à Ségou, sur les berges du Niger, est incapable d'entretenir le système d'irrigation. Une voie alternative a donc été choisie. Des terres ont été allouées à des investisseurs étrangers, en particulier au fonds d'investissement libyen Malibya. Le colonel Kadhafi est alors encore au pouvoir. Les conditions d'octroi de la concession ne sont pas rendues publiques. Tout juste sait-on que l'essentiel du riz qui sera cultivé là ne sera pas destiné à la consommation locale mais exporté. Un canal d'irrigation est creusé par une entreprise chinoise sous la direction d'un bureau d'étude égyptien. Des villageois sont chassés de chez eux pour permettre le passage de la voie d'eau. Des vergers d'arbres fruitiers sont détruits à coup de bulldozers. Quatre ans plus tard, le canal terminé, le colonel Kadhafi disparu et le président malien Amadou Toumani Touré, victime d'un coup d'Etat, la production de riz n'a toujours pas commencé et le Mali reste dépendant des importations pour compléter sa production nationale.

Dans l'intervalle, la crise s'est calmée. Les médias internationaux ont cessé d'évoquer les émeutes de la faim, dont le souvenir reste pourtant très présent. La Banque mondiale et le FMI ont fait leur mea culpa, reconnaissant que les agricultures vivrières avaient été trop délaissées dans les pays en développement au cours des dernières décennies. De dures réalités sont remontées à la surface : c'est dans les campagnes des pays du tiers-monde que la faim fait le plus de ravages ; c'est dans les campagnes des pays du tiers-monde que se recrute la grande masse des plus pauvres de la planète. A contrario, un raisonnement s'est imposé, pourtant bien connu des spécialistes : il n'y a pas de meilleur investissement pour lutter contre la pauvreté que l'injection de fonds en zone rurale.

Alors que les gouvernements africains, les institutions internationales et la communauté des nations redécouvraient ce qu'ils n'auraient jamais dû oublier, promettant des milliards de dollars qui n'arriveraient qu'au compte-goutte, la crise du riz s'estompait. On découvrait que la pénurie n'avait jamais menacé mais que la spéculation avait bloqué la machine à exporter du riz ! En 2009, les cargos expédiés par les grands négociants internationaux recommencèrent à charger la récolte vietnamienne, enfin au rendez-vous ; le gouvernement thaïlandais vidait ses stocks, officiellement pour faire place à la nouvelle production de l'année, permettant ainsi aux exportateurs de Bangkok de faire leur métier. Au Sénégal, au Mali, les consommateurs retrouvaient des quantités de riz habituelles. Les prix redevenaient plus modérés, mais restaient élevés. Reflets d'un marché sur lequel les cours mondiaux du riz chutaient sans pour autant retrouver le niveau antérieur à la crise, témoins d'une tension persistante sur les approvisionnements et d'une inquiétude des professionnels face à l'éventualité d'une nouvelle crise.

Fin 2011, de nouveaux motifs d'inquiétude firent en effet leur apparition. La récolte thaïlandaise était sous les eaux. Les gravissimes inondations des plaines centrales, envahissant jusqu'aux quartiers de Bangkok, réduisaient de moitié la production du principal exportateur mondial. La politique du nouveau gouvernement thaïlandais n'était pas non plus faite pour rassurer les milieux du négoce international. Le gouvernement de Yingluck Shinawatra avait promis pendant sa campagne électorale de soutenir l'économie paysanne. Aussitôt aux affaires, la nouvelle Première ministre passait aux actes, subventionnant massivement la production de riz, octroyant un prix d'achat minimum très élevé aux paysans. Conséquence, les paysans se mirent à vendre leur riz aux organismes de stockage gouvernementaux. Les exportateurs privés se trouvèrent donc à cours de marchandise. L'auraient-ils eue qu'ils eurent été dans l'incapacité de la vendre : les prix sur le marché intérieur thaïlandais étaient supérieurs aux cours mondiaux. Impossible de vendre sauf à perte ! Le phénomène a pris une telle ampleur que l'année 2012 a vu la Thaïlande perdre son rang de premier exportateur mondial de riz. Au lieu des 10 millions de tonnes habituelles, seules 6,5 millions de tonnes de riz thaï ont quitté les entrepôts de la région de Bangkok vers d'autres rivages. Au Sénégal, certains importateurs se plaignaient courant 2012 de manquer de riz parfumé thaïlandais. Mais si 3,5 millions de tonnes de riz thaïlandais ont manqué à l'appel, pourquoi les prix sur le marché mondial ne se sont-ils pas envolés ?

Deux raisons expliquent cette bizarrerie. D'abord, les Philippines ont, elles aussi, changé de gouvernement. Gloria Macagapal-Arroyo et son entourage corrompu ont été remplacés par le président « P-Noy » Aquino. Comme en Thaïlande, l'accent a été mis sur le soutien à l'agriculture et la production est à la hausse. En même temps, dès son arrivée au pouvoir, le 1er juillet 2010, le président Aquino a décidé de priver la National Food Autority du monopole des importations de riz. Au cours des deux dernières années, le secteur privé a fait le gros du travail. Dès 2011, les importations de riz ont été divisées par trois : seulement 850 000 tonnes. Et pour l'année 2012, malgré des typhons dévastateurs pour l'agriculture nationale, le gouvernement prévoyait au début de l'année budgétaire de n'avoir besoin que de 600 000 tonnes de riz importé. Qui plus est, les achats semblent se faire à des prix corrélés à ceux du marché international. Tant par les volumes ponctionnés sur le marché mondial que par les prix acceptés, les importateurs philippins ont donc cessé de perturber le marché mondial du riz. Moins de riz à destination des Philippines, cela fait plus de riz pour les Sénégalais et autres consommateurs africains, à des prix moindres.

Le retour des exportations indiennes est l'autre raison de la relative détente sur le marché mondial. Fin 2011, New Delhi a en effet levé l'embargo qui, quatre ans plus tôt, avait donné le coup d'envoi de la crise du riz. Entre octobre 2011 et mars 2012, 4 millions de tonnes de riz indien non basmati devaient être exportées, à des prix très raisonnables, en tout cas inférieurs à ceux proposés par les exportateurs thaïlandais.

Les événements des années 2007-2008 ont été riches de leçons. Début 2012, le président de l'Association thaïlandaise des usiniers faisait remarquer que, faute de continuer à exporter son riz, la Thaïlande porterait une lourde responsabilité si la sécurité alimentaire mondiale était menacée. L'existence de stocks importants n'est en effet pas une garantie absolue pour tous les consommateurs. Encore faut-il que ces stocks soient mis à la disposition de ceux qui en ont besoin et que des intérêts particuliers, ceux de politiques corrompus, de gouvernements incompétents ou de commerçants avides de profits, ne viennent pas entraver la libre circulation d'une céréale qui nourrit la moitié de l'humanité. §

Jean-Pierre Boris
est journaliste à RFI. Il a longtemps sillonné l'Amérique latine, s'est intéressé aux marchés des matières premières et couvre l'actualité économique africaine. Il a écrit Le roman noir des matières premières, *publié chez Hachette/Pluriel,* Fuir l'Equateur. Une histoire de clandestins, *chez Hachette/Littératures et* Main basse sur le riz, *chez Fayard. Le titre de ce dernier livre est également celui du film qu'il a coécrit avec Jean Crépu, et qui a obtenu le Fipa d'or au festival de Biarritz en 2010.*

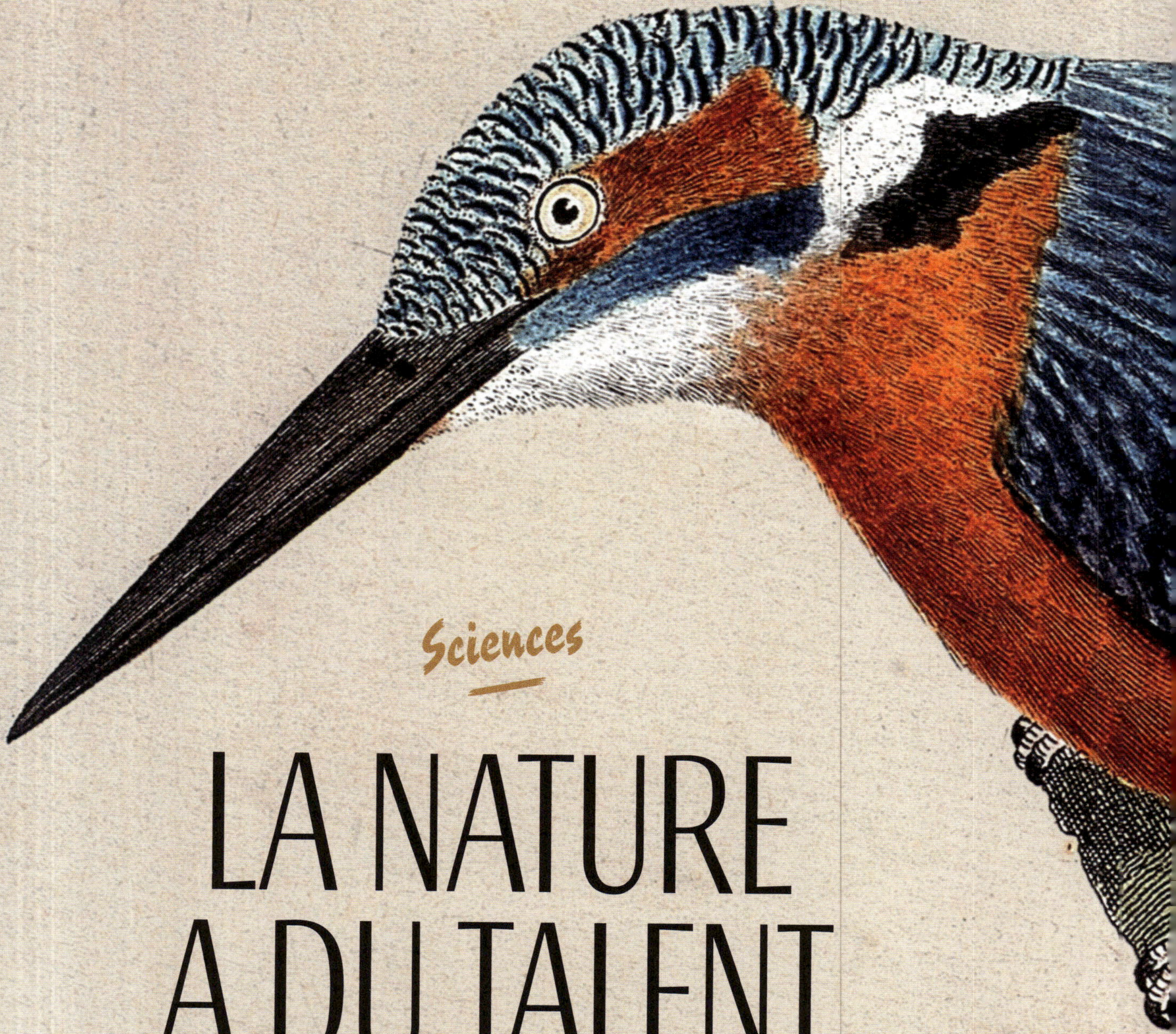

Sciences

LA NATURE A DU TALENT

La recherche scientifique puise de plus en plus souvent dans ce que la nature a inventé. Quand le monde du vivant inspire le high-tech…

TGV martin-pêcheur

Lorsqu'un train sort à grande vitesse d'un tunnel, on entend un coup de tonnerre : en fait, l'air du tunnel est brutalement comprimé puis relâché, ce qui provoque d'énormes explosions sonores. Au Japon, Eiji Nakatsu, ingénieur-chef du TGV japonais et ornithologue, se demanda qui, dans la nature, passait d'un milieu léger à un milieu dense. Réponse : certains oiseaux, dont le martin-pêcheur, qui traverse l'eau sans une éclaboussure grâce à son bec tranchant. On s'appliqua donc à imiter la forme du bec et de la tête du martin-pêcheur pour dessiner l'avant du TGV.

Le martin-pêcheur d'Europe (ou alcedo atthis). *Planche zoologique d'ornithologie, tirée de* L'Histoire des oiseaux, peints dans tous leurs aspects apparents et sensibles *par François Nicolas Martinet (1731-1800). Collection privée, © BDI / Leemage*

L'effet lotus

Les feuilles du lotus (Nelumbo nucifera) sont toujours immaculées. Leur surface est recouverte de microscopiques cristaux de cire qui forment un réseau de piliers hydrophobes. Lorsqu'il pleut, les gouttes d'eau glissent sur cette microstructure en emportant avec elles les poussières et les particules qui y reposent, pour un effet autonettoyant. L'industrie s'est emparée du secret de la feuille de lotus. Des peintures professionnelles pour le bâtiment, des sprays imperméabilisants pour vêtements, des revêtements anti-graffitis… Les industriels commercialisent de nombreux produits conçus à partir de cette particularité.

Lotus-nénuphar. *Planche botanique tirée de* Illustrations of the Lotus of the ancients and the Tamara of India *par Richard Duppa, Bensley and Son, Londres, 1816. © British Library / Robana / Leemage*

Explorateur

A Tamanrasset, dans le Sahara algérien, Abdelkader Hiri, un Touareg passionné, cultive une algue rare et méconnue. Cet ancien mécanicien, devenu docteur en sciences et chercheur d'eau, en est convaincu : la spiruline, d'une incomparable richesse nutritive, pourrait permettre de combattre la faim dans le monde. Voici comment j'ai rencontré **le maître de l'eau,** celui que l'on surnomme Kadda, et comment je suis parti à mon tour à la recherche de la plus ancienne des nourritures terrestres...

Par Philippe Frey

ILLUSTRATION Christophe Merlin

Juillet 1974. Le camion Berliet surchargé fait craquer ses pignons martyrisés. D'un ultime soubresaut, il sort de l'ornière sableuse qui longe l'oued Tamanrasset et stoppe enfin à l'ombre d'immenses tamaris. Un dernier sifflement de frein indique la fin de l'étape. Encore sonné par les cahots de la piste, le tout jeune homme de seize ans que je suis alors descend des ballots superposés. Puis, du haut des ridelles, je me laisse glisser à terre. Mes compagnons de voyage sont tous Touaregs ou Arabes, ramassés au gré des campements qui jalonnent la Transsaharienne. Ce n'est encore qu'une piste depuis l'avant-dernière oasis d'El Goléa, un millier de kilomètres plus au nord.

Les Touaregs rajustent leurs chèches précautionneusement, masquant leurs visages hiératiques et à peine éprouvés. Je suis couvert de poussière des pieds à la tête. Comme saupoudré d'une fine poussière jaune qu'on appelle *fech fech*. Mon jean est sale. Ma chemise délavée. Tout ce que les locaux détestent. Avec leurs vêtements écrus ou bleus, les Touaregs paraissent propres en toutes circonstances. Pourtant, c'est bien cela, découvrir le désert à l'époque : se salir, côtoyer des nomades, bizarres et fuyants... Et subir une chaleur de bête dans une odeur de gazole surchauffé. C'est la première fois que je m'apprête à traverser le Sahara. Seul, sur divers camions. L'année précédente, j'avais fait une fugue au Kurdistan turc, irakien et syrien. Au grand dam de mes parents. Trois mois plus tard, je revenais chez moi. Transformé ! Mais sur la longue route qui traverse le Sahara du Nord au Sud, Tamanrasset n'est qu'une étape, à mi-chemin de l'Afrique noire qui m'attend.

En déambulant dans les ruelles sablonneuses de la bourgade, je trouve quelques administrations annoncées par des panneaux en arabe et en français. Ici, la mairie. Là, une maison en torchis ocre au nom pompeux : *Observatoire géophysique de Tamanrasset en sismologie, magnétisme terrestre, variations diurnes et variations séculaires*. Je n'y comprends rien, bien sûr. A l'époque, j'ignore totalement comment on détecte les nappes d'eau souterraines, qui peuvent alimenter des puits, comment creuser en conséquence pour trouver de l'eau au Sahara, le plus grand et le plus aride des déserts. C'est pourtant exactement ce que fait le responsable de cet endroit. Un homme dont je m'approcherai plusieurs fois, mais dont j'allais tarder à faire la connaissance…

En retournant vers l'oued Tamanrasset, qui longe le village, je ne pense qu'à trouver un véhicule qui poursuit vers l'Afrique noire, distante encore de 700 kilomètres de piste difficile et semée d'embûches. Le meilleur endroit est encore le camping Zériba, en bordure de l'oued, où relâchent tous les explorateurs en herbe du Sahara. Autrichiens avec leur Pinzgauer six-roues-motrices, bourré de pain allemand et de bières en pack, ou fanatiques en Land Rover antédiluvien gris. Ils sont tous là. Peut-être ai-je croisé Abdelkader Hiri au détour d'une ruelle ? Peut-être est-il en train de forer le long de cette piste vers l'Afrique que je m'apprête à suivre ? Peut-être

A l'époque, j'ignore totalement comment on détecte des nappes d'eau souterraines, comment creuser pour trouver de l'eau dans le plus grand et le plus aride des déserts

encore s'affaire-t-il au Sahel, à sauver des réfugiés touaregs de la sècheresse (Abdelkader est également responsable du Croissant-Rouge local) ? Tamanrasset, à l'époque, compte seulement un millier d'habitants oasiens. Il n'existe qu'un seul café, le café de la Paix, tenu par Sliman. On y sert quelques pois chiches en boîte avec un petit morceau de gras de chameau nerveux et immangeable. Tout le monde se connaît dans cette oasis du bout du monde…

Décembre 2004, de retour à Tamanrasset. Pour la cinquantième fois ou plus. Entre-temps, j'ai sillonné le Sahara en tous sens et par tous les moyens : véhicules divers et chameaux. Le désert est devenu ma vie.

Une silhouette se glisse furtivement par la porte et vient se blottir contre moi. C'est la nuit, le froid est vif. Celle qui vient de me rejoindre, dans le campement aménagé d'Abdelkader Hiri, est une ravissante Touareg du nom de Mariam. A la façon touareg, nous nous embrassons en respirant nos narines à nous frôler.

– Pourquoi m'as-tu donné rendez-vous ici ?

– Le campement appartient à un oncle éloigné, me confie la fille aux dents nacrées et aux yeux mutins. Mais il est un peu bizarre…

– Ah bon ? Pourquoi ?

– Tu as vu les bassins qui ressemblent à des abreuvoirs à chameaux dans la cour ? Il y fait pousser des algues !

– Des algues au Sahara ? je m'étonne, sceptique.

– Tu n'as qu'à lui demander ! me provoque encore Mariam.

Je n'ai aucune raison d'entamer une discussion avec un parent, même éloigné, de la ravissante Touareg à la peau noire. D'ailleurs, peu de temps après, elle disparaît, effrayée malgré tout, avalée par la nuit. Dans l'embrasure de la porte, j'aperçois un homme déjà assez âgé, vêtu d'un gilet à poches, la tête sommairement recouverte d'un chèche vert. Il remue une curieuse mixture dans une auge en ciment… Je quitte les lieux à mon tour en me glissant hors du campement 4x4, puis dans les ruelles environnantes du quartier du Ksar Fouggani.

Mars 2012. C'est à la gare de… Nancy, que je rencontre enfin Abdelkader. Il a la peau assez sombre des Oasiens du Nord du Hoggar. Il est né dans la grande oasis d'In Salah, au nord du plateau volcanique du Hoggar. Comme la plupart des habitants de Tamanrasset, aujourd'hui de culture touareg. Vers 1900, la « capitale » de ce bastion basaltique ne comportait qu'une dizaine de huttes *(zéribas)* en roseaux. Charles de Foucauld, une sorte de moine-soldat, avait créé son emplacement à partir de rien, là où n'existait alors qu'un croisement de pistes caravanières.

Un peu gauche, comme tous les nomades déracinés, loin de leur territoire, Abdelkader m'explique qu'il passe une partie de son temps en Lorraine : il s'est marié avec une Française, Aïsha. C'est son fils Mouloud – Abdelkader a trois enfants –, qui s'occupe désormais du projet qu'il a à cœur depuis des années : ses fameux bassins de spiruline, cette algue microscopique bleu-vert que je l'avais vu remuer quelques années auparavant dans des conditions si particulières. J'ai appris, depuis, qu'il laissait se développer l'algue au soleil, puis qu'il la faisait sécher, avant de la mettre en boîte. Abdelkader a cherché à commercialiser sa « spiruline algérienne », mais ce n'est pas un homme d'affaires, et faute d'investisseurs pour l'instant, sa découverte ne lui a rien rapporté. La petite quantité produite par la station expérimentale (environ quarante kilos à l'année) sert à la consommation personnelle de la famille Hiri ou elle est distribuée aux malades et personnes âgées qui en ont besoin. Pour promotionner la spiruline, le passionné aime offrir des boîtes aux voyageurs de passage, leur conseillant d'utiliser la poudre dans du thé ou pour parfumer un plat comme s'il s'agissait d'une épice.

J'omets de lui préciser que je connais, malgré moi, son action depuis longtemps. Mais cette fois, j'aimerais en savoir plus sur cette passion, à première vue déraisonnable.

– La spiruline pourrait sauver le monde de la faim, commence le vieil Oasien qui, on s'en doute, a dû raconter cette histoire des dizaines de fois…

Ses cheveux crépus sont courts et ras. Malgré ses soixante-huit ans, ses gestes et son esprit sont encore vifs et clairs. On reconnaît instantanément un passionné. Mais également un homme qui a passé sa vie dans le désert. Car, dans ce milieu sans pardon, on doit parfois réagir instantanément pour sa survie.

– Sais-tu qu'un enfant meurt de faim toutes les quatre secondes ? poursuit Abdelkader, en me tutoyant instantanément.

Il m'apprend que cette espèce de mousse d'algues est tout simplement trois fois plus protéinée que n'importe quel morceau de viande ou de poisson ! De plus, son rendement à l'hectare serait beaucoup plus rapide que celui du bœuf ou de n'importe quelle céréale protéinique, comme le soja. Cette algue incroyable contient pratiquement 10 % de son poids en sels minéraux, ce qui est énorme. Des lipides aussi (à raison de 6,5 %, ce qui est étonnant pour une algue sèche), qui seraient d'excellente qualité, et contiendraient des oméga 3 et oméga 6. Autant de bêtacarotène que dans les carottes. Et pour finir, des vitamines B et des provitamines A.

Des expériences de culture de spiruline ont déjà été tentées dans le monde : en Inde, à l'est de Bombay dans le lac Lonar – cratère météorique à présent à sec –, au Pérou dans le lac Orovilca, en bordure du désert d'Atacama… Des sociétés, appâtées par le gain, ont développé de véritables usines : en Californie dans la vallée Impériale, à Hawaï, au Mexique, en Thaïlande, au Sri Lanka. Mais comment le Sahara, le plus grand désert du monde, a-t-il pu générer des lacs propices à cette algue magique ? Et comment celle-ci y a-t-elle survécu des millions d'années ? Peut-être ce désert est-il tout simplement le réceptacle et le caveau de ce microorganisme mi-plante mi-animal, probablement l'une des plus vieilles cellules apparues sur Terre. La spiruline se reproduit par simple division, toutes les sept heures. Au microscope, c'est un simple filament sans cellule. A l'œil nu – et au nez – c'est juste une mousse nauséabonde. J'en ai vu maintes fois au Sahara dans des trous d'eau. Mais je ne savais pas ce que c'était…

– Et « ta » spiruline, tu l'as trouvée où ?

Abdelkader – que tout le monde appelle Kadda – m'explique qu'il en a simplement trouvé la trace dans une petite *guelta*, un trou d'eau de résurgence, en contrebas du Hoggar.

– Dans l'oued Taghmart. Moi, je l'appelle la *guelta* du Palmier.

J'en déduis qu'il doit y pousser un palmier unique qui signale la présence d'eau.

Quelle raison a bien pu pousser le Touareg à chercher la spiruline ? Kadda m'explique enfin son parcours. Dès l'âge de quatorze ans, il a été formé à la mécanique chez les Pères Blancs d'El Goléa, la grande oasis située plus au nord. Puis, très vite, il a commencé à travailler comme aide-mécanicien pour les compagnies pétrolières qui essaimaient dans l'Est du Sahara algérien. Il a même travaillé au pas de tir des fusées Diamant, que les Français expérimentaient encore près de l'oasis de Reggane, peu avant l'Indépendance. Après celle-ci, il est devenu opérateur radio. Quand les étudiants montaient des barricades en mai 68, il apprenait la sismologie. Pour découvrir des nappes d'eau par sondage, avant de creuser un puits. Il finalisa son parcours étonnant par un doctorat de sciences à Jussieu. Que de chemin parcouru pour un petit harratin de quatorze ans !

– Mais cette spiruline, comment en as-tu entendu parler ?

– En fouillant dans les rapports de recherches français de Hassi Messaoud ! Apparemment, les colonisateurs cherchaient des ressources nouvelles. Ils ont fait venir une souche de spiruline du lac Tchad pour l'élever. Je n'ai fait que reprendre leurs recherches, mais avec des souches locales que j'ai trouvées.

Ainsi, la spiruline se trouverait également de l'autre côté du Sahara ! Je me promets aussitôt d'enquêter au Tchad pour trouver d'autres indices de cette fabuleuse algue-miracle.

– Quand retournes-tu à Tamanrasset ?

– Le mois prochain. Retrouvons-nous là-bas, me propose-t-il. Je te montrerai la *guelta* du Palmier.

– Entendu !

Avril 2012. Hasard du calendrier, Balal, un ami nigérien, jeune Touareg d'Agadès que je connais depuis des années, me propose de l'accompagner à travers le Sahara avec son 4x4 Toyota jusqu'à Agadès, en passant par Tamanrasset. Je repars donc, trois semaines à peine après ma rencontre avec Abdelkader Hiri à Nancy. La tentation est trop forte de vérifier si la spiruline du Sahara existe bel et bien, de découvrir comment elle peut se développer, trois milliards d'années après son apparition sur Terre… Peut-être même est-elle apparue lors de ce fameux Big Bang puisque, d'après ce que m'avait confié Kadda, elle ne peut exister que lorsque la lave rencontre une eau riche en silice et en urée. Rencontre qui produit évidemment de la fumée, preuve de la production de gaz carbonique. Mais ces microalgues produisent de l'oxygène. Bref, tous les ingrédients de la naissance du monde sont réunis. Le Hoggar, comme un immense laboratoire à ciel ouvert, au centre du Sahara, réunit à lui seul tous ces éléments…

Et c'est le départ. Une fois de plus. Jeune homme, durant plus de dix ans, j'ai parcouru la plupart des pistes sahariennes en vendant de vieux *pick up* vers l'Afrique noire, pour la plupart des Peugeot, parfois des camions sur lesquels j'installais une voiture que je revendais, aussitôt franchie la frontière du Niger ou du Mali. Cela m'a payé mes études. Mais surtout, j'ai appris à m'orienter, à réparer les pannes les plus courantes, et à dessabler avec une pelle et de lourdes plaques d'envol, dans le sable mou et brûlant. Qu'importe ! Je m'amusais bien. J'apprenais. Je fouillais. Et une fois le véhicule vendu, j'avais des

Abdelkader Hiri m'explique qu'il a découvert la spiruline, cette mousse vert-bleu nauséabonde, dans un trou d'eau de résurgence de l'oued Taghmart, en contrebas du Hoggar

francs CFA plein les poches que je dépensais dans les bouges de Lomé, Ouagadougou ou Edéa.

– Cela fait combien de fois que tu descends ? me demande Balal, les yeux endormis sur l'autoroute suisse.

– Franchement, j'ai oublié de compter ! Entre cinquante et quatre-vingts fois…

– Tu connais mieux le Sahara que nous !

Les nomades sortent rarement de leur territoire, qui doit être équivalent à deux départements français. Ils y connaissent chaque point d'eau. Chaque dune. Et le moindre acacia qui fournit de l'ombre. Mais ailleurs, ils sont beaucoup moins à l'aise.

Les nomades sortent rarement de leur territoire qui doit être équivalent à deux départements français. Ils y connaissent chaque point d'eau. Chaque dune. Et le moindre acacia

A l'aube, nous sommes à Gênes. Après vingt-quatre heures de traversée, le port tunisien de La Goulette se profile au ras des flots de la lagune de Tunis. Le surlendemain, nous franchissons la frontière algérienne à Hazoua. Les dunes du Grand Erg oriental nous cernent aussitôt. Et la route s'y engouffre jusqu'aux oasis de El Oued et de Ouargla. Le sol redevient stable. Le long cordon de bitume de la Transsaharienne est à peine interrompu par les postes de contrôle de l'armée et de la police algérienne à l'entrée et à la sortie de chaque oasis. Il faut chaque fois montrer patte blanche avec des autorisations diverses fournies par l'agence de voyage de Balal... même si celle-ci ne fonctionne plus depuis belle lurette. Anémiée. Les touristes ont fui la zone, effarouchés par les terroristes d'AQMI et la guerre, au nord du Mali.

Enfin, après la dernière oasis d'In Salah – où est né notre ami Abdelkader – apparaissent les premiers sommets lointains du Hoggar. On distingue même de très loin l'Atakor, ce bastion colossal de pitons basaltiques qui se dressent comme des sentinelles inamovibles, gardiennes du cœur du Sahara. J'avais fait promettre à Balal de faire un détour. Afin de tenter de résoudre la question de la présence de spiruline.

La piste est de plus en plus caillouteuse et les pneus souffrent sur les éclats de lave. Le sentier devient très mauvais. Les roues dérapent malgré la présence du différentiel. Comme il n'y a quasiment plus de touristes, les pistes ne sont plus entretenues. Les lacets sont de plus en plus serrés. Le dévers, de plus en plus raide. Finalement, le véhicule stoppe sur une sorte de petit col. Deux bâtiments en pierre se font face. Il n'y a pas si longtemps, des foules de passionnés du Sahara s'entassaient en hiver dans les pièces exiguës et glacées pour assister au lever de soleil du haut de la montagne plate qui nous surplombe. Car c'est là que se réfugiait Charles de Foucauld, l'ermite du Hoggar assassiné involontairement par les rebelles Touaregs senoussistes en 1916, et dont le corps avait été rapatrié chez les Pères Blancs d'El Goléa. El Goléa, l'oasis où notre ami Abdelkader avait pris ses premiers cours de mécanique élémentaire.

« L'histoire génère de drôles de coïncidences », ne puis-je m'empêcher de penser. Certains personnages – comme Kadda, notre chercheur d'eau et dompteur de spiruline – transcendent en effet les époques, les conflits et les guerres.

– Viens, dis-je à Balal, allons voir le soleil couchant sur le mont Tahat !

Il me suit sans rien dire, prêt à grimper pendant vingt minutes. Pas pour voir un ermitage construit par des terrassiers militaires pour leur aumônier. Mais pour suivre le cours de l'astre millénaire, qui parcourt et dessèche les étendues immenses de son désert. Le mont Tahat est en effet le point culminant des environs. Et le deuxième sommet le plus haut du Sahara, après le volcan Emi Koussi au Tchad. Les Touaregs ont de curieuses légendes au sujet du piton du Tahat - considéré comme phallique. Quant à l'Assékrem, en forme de dos arrondi, il symbolise une femme.

Le lendemain, un liséré d'eau gazouille avec la chaleur qui renaît. Au bas des contreforts, nous croisons l'oued Taghmart. Nous descendons de véhicule. Quelques trous d'eau, dans le sable et la roche, abritent une masse moussue de couleur verte. On reconnaît bien la spiruline, même si on ne peut observer à l'œil nu les filaments microscopiques en forme de tortillons. Les insectes ne s'approchent pas, car la solution est beaucoup trop basique, chargée en carbonates de sodium. Aucun animal ne peut vivre dans l'eau à spiruline, ni poisson ni crustacé. Même si ces algues – les cyanophycées – sont les organismes les plus nourrissants du monde, ainsi que les plus vieux. D'aucuns pensent même qu'ils sont à l'origine de l'atmosphère terrestre, car ils ont été les premiers à produire de l'oxygène.

Je me retourne pour observer la barre volcanique qui nous surplombe. Non loin se dresse le volcan

Ouksem, qui a dû produire la lave qui s'est jetée dans l'eau, en contrebas. J'imagine les lacs et les rivières dans lesquels la masse en fusion s'engouffrait il y a des millions d'années, reproduisant le tout premier impact subi par notre planète. Comme si le noyau terrestre explosait. Ou qu'un immense météorite frappait notre planète. Il en résulterait de la spiruline…

Cette mousse verdâtre est également la preuve que le Sahara, comme on le sait, a été une savane verte et accueillante. Bien avant l'apparition de l'homme, des lions, des hyènes ou des pachydermes s'abreuvaient au bord de fleuves ou de lacs immenses… Avant cela, des forêts tropicales devaient s'étaler sur des surfaces gigantesques... Sinon, le pétrole, le gaz ou le charbon – issus de leur décomposition – n'existeraient pas. Et ces matières premières existent en grand nombre au Sahara. Cet éden africain s'est lentement transformé en steppe, puis en désert, il y a 17 000 ans environ. Dans ce canyon secret, rien n'a changé. Mais cette espèce de mousse vert-bleuâtre a survécu à toutes les évolutions.

– Viens, me pousse Balal. Nous serons à Tamanrasset dans deux heures. J'ai encore deux jours de piste pour rejoindre le Niger.

Je le suis sans rien dire. Je pense à Abdelkader et à son combat. Faire jaillir de l'eau, là où le désert fait tout pour marquer son emprise. Tenter de nourrir l'humanité en combattant la faim dans le monde… Y a-t-il plus beau rêve ?

Qui d'autre qu'un Touareg connaît mieux la faim, la soif, la souffrance, les disettes des mauvaises années, la perte des enfants en bas âge, la mortalité des mères qui accouchent ? Les nomades, qui se battent toute leur vie contre les éléments, connaissent la valeur d'un peu d'eau, même saumâtre, tenue dans la paume de leur main, rêche d'avoir gratté la terre. Ils peuvent se nourrir d'une datte pendant trois jours, selon ce proverbe touareg : « Le premier jour, on mange la peau. Le deuxième jour, on mange la pulpe. Le troisième jour, on mange le noyau ! »

Mais bien peu ont eu la chance, l'opportunité de suivre leurs rêves et de vivre entre deux mondes : celui du désert et celui des sédentaires.

Abdelkader, lui, a non seulement fait jaillir de l'eau des zones les plus arides, mais il a aussi trouvé, dans de misérables trous aux émanations fétides, la plus riche et la plus vieille des nourritures terrestres.

– Tu as raison, Balal, rentrons à Tamanrasset !

Peut-être dormirons-nous contre les « abreuvoirs » à spiruline du campement 4x4 ? A moins que nous ne bivouaquions sous le couvert de milliards d'étoiles... Alors, nos yeux se fermeront sur le plus beau ciel du monde. §

Après avoir retrouvé l'algue bleue du Hoggar, **Philippe Frey s'envole pour le Tchad,** bien décidé à lever le mystère de la spiruline… Son expédition lui permet de remonter aux sources de l'humanité.

TEXTE ET CROQUIS DE VOYAGE Philippe Frey

À peine ai-je débarqué à l'aéroport de N'Djaména, la capitale du Tchad, qu'un *clando* – taxi moto – s'arrête sous un écrasant soleil au zénith, et m'emporte en direction de l'hôtel Aurora, dans le quartier de Moursal. Enfin muni d'une puce téléphonique Tigo, je passe quelques coups de fils pour savoir où en est l'organisation de notre petite expédition à la recherche des origines de la spiruline, cette algue cultivée à Tamanrasset par Abdelkader Hiri…

– Allô, Adoum ? Le 4 x 4 et les autorisations sont-ils prêts ?

– Philippe ! Le véhicule sort du garage. Et on est veille de petite-journée... répond le loueur hadjaraï (une ethnie du centre).

J'en déduis que rien n'est prêt. Il faudra sérieusement entamer le budget pour obtenir une autorisation de circuler en bonne et due forme, si on ne veut pas traîner jusqu'au lundi. Car vendredi est à moitié chômé. Ainsi que samedi. Et le dimanche, tout est fermé.

– Allô, Moussa, tu vas bien ?

Moussa est un ami. Jeune docteur en paléontologie, il a fait ses études en France puis travaillé avec Michel Brunet sur les premiers hominidés, Abel et Toumaï, découverts dans le désert tchadien. Toumaï est le plus vieil « homme » connu sur Terre.

– Je donne cours à l'université la semaine prochaine. Mais je suis prêt à partir avec toi !

Finalement, notre Toyota Hilux s'engage dans le désert le surlendemain en direction du lac Tchad. Le chauffeur, un petit Toubou – l'ethnie nomade de cette région – se nomme Issa. Il est assez âgé, avec une bonne tête de djinn malin. Mais il s'arrête piteusement dès Massaguet. Diagnostic : le turbo pisse l'huile, il faut le débrancher. Ce qui laisse supposer de nombreux ensablements dans les dunes molles et blanches qui cernent le lac, du moins ce qu'il en reste (10 % de sa superficie d'il y a trente ans). Après de multiples arrêts, en effet, nous arrivons enfin à Bol vers 22 h. En pleine nuit noire. Chaque fois, Moussa et moi devions tôler les lourdes plaques sous les roues, courir derrière le véhicule dégagé, creuser de nouveau à pleines brassées sous les roues. Ce n'est pas encore tout à fait le désert du Sahara, mais cela commence vraiment à y ressembler.

Dès le lendemain, à Bol, nous nous renseignons sur cette fameuse spiruline dite « du lac Tchad ». Cette algue microscopique se développe uniquement dans un milieu saturé en natron, du carbonate de sodium. En aucun cas, l'eau de ce lac ne s'y prête. Car de nombreux pêcheurs ramènent sur les rives des filets remplis de poissons. Cette algue devrait encore survivre ici, mais dans des mares. Elle serait utilisée par les Kanembous, sédentaires qui peuplent ces environs déshérités. Or, personne ne semble la connaître ! Il y a bien quelques projets fumeux financés par l'Union européenne dans des polders en bord du lac, une centaine de kilomètres plus au sud, à Isseïrom. Mais qu'en est-il de ces populations entières censées récolter cette algue et s'en nourrir quotidiennement ?

C'est finalement Ali, policier de son état et natif du lieu, qui nous donne notre première piste. Nous sommes samedi et notre informateur est en civil. Il propose de nous mener à un lieu isolé appelé lac Litri, à une bonne soixantaine de kilomètres au sud-est. Mais il ne sait rien de plus. Un lac dans le désert ? Le Toyota crève une première fois, juste avant les quelques huttes qui signalent N'gourta. Peu après, nous coupons hors-piste parmi les dunes enchevêtrées. La végétation est jaune, brûlée. De nouvelles dunes se déplacent, entravant l'avancée. Heureusement, Ali, avec son mètre quatre-vingts et son visage scarifié de Kanembou, nous accompagne. Sans lui, les rares nomades des environs s'enfuiraient à notre venue. De maigres huttes en banco et en branchages, bâties sur des dunes molles, apparaissent enfin. Nous stoppons et continuons à pied sous le soleil brûlant, afin de ne pas nous enliser.

Deux femmes s'avancent aussitôt. Elles se nomment Bintou Mahamat et Aïta Kabroun. Toutes deux sont d'un noir d'ébène profond, ridées par la vie dans le désert, vêtues de cotonnades multicolores. Leurs chevilles sont un peu épaisses. Ce sont indéniablement des Azzas, appartenant à la classe un peu méprisée, chez les Kanembous, des « forgerons ». Elles acceptent de nous montrer leur trésor. Nous nous dirigeons vers le sud parmi les volutes de sable brûlant projeté. Il est midi, le soleil darde fort. Là où l'ocre s'étendait à perte de vue, apparaît soudain une oasis verdoyante au creux des dunes. Des doums vert olive et une prairie encerclent un petit lac de couleur métallique. Les rives bleutées miroitent au soleil. En observant mieux le site, on comprend qu'un bras du lac Tchad, encombré de dunes, doit encore alimenter saisonnièrement cet éden inespéré. Ce serait le wadi Kouloïrom. Quand on atteint la rive, on sent d'abord une odeur de pourri, mi-animal mi-végétal. Le sol boursouflé est constitué d'un mélange de natron et d'algues sèches de couleur bleue. Quelques volutes de mousse verte stagnent dans l'eau. Avec une sorte de bassine ronde en fer, appelée *korro,* les deux femmes pénètrent dans l'eau saumâtre et récupèrent cette écume. Puis elles la déversent au sol. La mousse verte est peu ragoûtante.

De maigres huttes en banco et en branchages apparaissent enfin. Nous continuons à pied sous le soleil brûlant, afin de ne pas nous enliser. Deux femmes s'avancent aussitôt

– Vous ramassez cela toute l'année ?

– Non, quelques mois par an, selon la crue du lac, traduit Ali. Quand elles le peuvent, les femmes laissent courir le bruit que le *dihé* est bon. Elles sont alors une trentaine à travailler ici. Aujourd'hui, il y a trop de vent de sable…

Au Tchad, la spiruline se nomme donc *dihé*. Les deux femmes confirment que les autochtones, nomades ou sédentaires, ont toujours apprécié le goût et les qualités nutritives de l'algue bleue.

– On en met dans les sauces. On en consomme presque tous les jours, affirme Aïta, contente d'expliquer son travail. On la vend sèche, bien sûr !

La zone étant de plus en plus déshéritée et ensablée, le lac Litri est, paraît-il, devenu le dernier endroit où l'on peut encore en trouver. Toutes les autres mares dépendantes du lac Tchad se sont peu à peu asséchées. Mais le processus n'est pas inéluctable : cette algue étonnante est capable de s'enkyster en cas de sécheresse et de ressusciter, une fois la pluie revenue ou la nappe phréatique remontée. Ainsi, nomades et sédentaires connaissent les vertus de cette plante, l'une des plus vieilles du monde, contenant trois fois plus de protéines que la viande ou le poisson. Et cela depuis des millénaires ! Un peu comme si les estomacs affamés avaient découvert naturellement les vertus de la nature. Moussa intervient dans la conversation. Il est assez jeune, le visage vif et régulier. Ses parents sont des nomades Toubous de la tribu des Daza Medalla. A ce moment, il se souvient avoir mangé du *dihé* dans sa jeunesse.

– Vous utilisez de la spiruline si loin dans le désert ? je demande, très étonné en l'apprenant. Elle doit provenir d'ici…

– Non, non. J'ai entendu dire qu'il y avait des lacs au Kanem ! m'interrompt Ali.

Le Kanem, c'est cette zone de très hautes dunes stabilisées au nord du lac Tchad. De là, peu à peu, on s'engage dans le vrai grand désert que rien n'arrête, jusqu'au massif volcanique du Tibesti, au centre du Sahara. Je croyais connaître la zone, y étant passé plusieurs fois en chameau, en moto ou en voiture. Mais jamais je n'avais entendu parler de lacs. Moussa, pourtant né sous la tente, non plus.

– J'ai un oncle à Mao, le chef-lieu du Kanem, à deux cents kilomètres plus haut. Il sait peut-être quelque chose. Il organisait des caravanes. Et le campement de mon père est situé à deux jours de chameau, à l'est, dans les grandes dunes. Ils pourront peut-être nous éclairer.

Nous remercions nos hôtes et décidons de gagner le vrai désert à la recherche de cette dernière spiruline sauvage qui semble avoir traversé les millénaires. A mieux y réfléchir, toutes les conditions pourraient être réunies, la lave volcanique du Tibesti se jetant dans le lac Tchad, le plus grand d'Afrique, il y a plusieurs dizaines de milliers d'années. Il occupait alors la moitié du Niger et la moitié du Tchad.

Mais l'homme désire et le désert dispose. Car à peine le véhicule est-il en branle que nous crevons une seconde fois. Et nous n'avons qu'une roue de secours, déjà utilisée. Il faut donc démonter et faire rouler la roue sur des kilomètres afin de gagner la seule piste d'accès. Nous attendons six heures durant le passage d'un véhicule surchargé, qui accepte de convoyer la roue molle vers Bol.

Deux heures encore qu'un *clando* en moto nous la rapporte, colmatée. Une journée de perdue. Nous dégottons un autre 4x4 Land Cruiser plus adapté, qui nous conduira dans le vrai désert. Adieux à Issa, le petit Toubou à tête de djinn…

Plus nous nous dirigeons vers les dunes, de plus en plus majestueuses, plus les villages se raréfient. Les vrais nomades apparaissent. Notre nouveau chauffeur est un jeune Toubou de la tribu des Kredas. En roulant, Moussa et moi échangeons nos idées. Nous en venons à penser que le milieu nécessaire à la spiruline – de l'eau très chargée en silice et en oxygène que l'algue produit elle-même – serait favorable à la conservation des plus vieux ossements humains ou animaux connus sur Terre. Moussa a travaillé sur les trois cents sites archéologiques répertoriés de l'erg du Djourab, à peine plus au nord. Parmi ceux-ci, cinq sont des sites à hominidés. On y a retrouvé parfois une dent, parfois un fragment. Et un jour, le crâne de ce fameux Toumaï, notre « ancêtre » vieux de sept millions d'années.

– Je vais analyser cette eau et cette algue, décide Moussa. Ce n'est peut-être pas un hasard ! Jusqu'à présent, je pensais que c'étaient les diatomées qui aidaient à conserver les ossements. Mais c'est probablement la spiruline. Car elle se développe dans un milieu bien plus concentré en oxygène et en silice !

Les diatomées sont des algues d'eau douce. Ici, leurs particules sont omniprésentes. Une fois les lacs à sec, les poussières de diatomées sont emportées par les vents puissants qui traversent le Sahara. Ce phénomène explique le ciel voilé de jaune, pendant des semaines, en Mauritanie, au Mali ou au Tchad. Certains pensent même que les nuages de diatomées jouent un rôle dans la recrudescence des cyclones. Les vents de poussière projetés du Sahara vers l'ouest empêchent en effet l'évaporation dans l'Atlantique. En conséquence, les dépressions sont plus violentes.

La révélation de Moussa nous donne des ailes pour rejoindre la ville de Mao, que nous atteignons enfin. L'oncle de Moussa, un vieux Toubou aux cheveux blancs, à présent sédentarisé, nous reçoit très aimablement dans sa demeure.

– Tout le monde ici connaît le *dihé* du désert ! Allons-y si vous voulez !

Quelqu'un est mort dans le quartier, et ce voyage inopiné lui évite de payer pour les rites d'enterrement.

Trente-cinq kilomètres plus au nord dans le désert, nous découvrons une oasis extraordinaire. Des bananiers, des manguiers, des goyaviers cernent un petit lac bleu nuit, le lac Toufou. Les rives sont violacées. La vision est à couper le souffle. Que fait donc ce lac au cœur des dunes du Kanem ?

Aussitôt, les habitants des hameaux environnants accourent à notre rencontre. Ce sont eux qui acheminent leur « or bleu » vers Mao et aux alentours. Un *korro*, une bassine d'un ou deux litres, se négocie sur place à 5000 francs CFA. Soit 8 euros. C'est bien moins que 80 dollars le kilo aux Etats-Unis, mais pour la communauté des Azzas, cela reste intéressant. Les villageois nous montrent comment ils préparent la matière sèche en déversant l'eau chargée du lac dans des trous creusés dans le sable. A ce stade, la mixture a tout – consistance, odeur et aspect – du vomi. Trois heures plus tard seulement, la matière est sèche et ressemble à de l'argile craquelée. Au goût, c'est fumé, un peu salé et astringent. Nous avons enfin découvert, au fin fond du désert du Kanem, l'unique filon exploitable d'or bleu du Sahara ! Mais surtout, Moussa et moi avons touché du doigt un des mystères de la création du monde.

Dans les dépressions de l'erg du Djourab, une poudre blanche crisse sous nos semelles comme de la neige. Une poudre d'ossements, sur plusieurs couches, formée par les restes de créatures de toutes les périodes – silures, hippopotames, éléphants, bovidés et hominidés mêlés. Cette quête nous a peut-être permis de comprendre comment le désert a pu conserver les ossements des plus vieux hominidés. Saturée en silice et en oxygène, l'eau dans laquelle se développe la spiruline contient tous les ingrédients indispensables à la conservation des os, ainsi que nous le prouveront les analyses de Moussa. Grâce à l'algue bleue du Sahara, les squelettes de nos plus vieux « ancêtres » sont parvenus jusqu'à nous. §

Philippe Frey

Docteur en ethnologie, spécialiste des déserts, prix Liotard de l'exploration scientifique, Philippe Frey a parcouru les zones les plus hostiles de la planète. Il en a rapporté de nombreux récits de voyages, parmi lesquels Nomade Blanc *et* Le Désert des prophètes. *Il a également écrit des romans, dont* Le Chevalier Songhaï *(Robert Laffont), salué par l'Académie française.*

Copenhague
Danemark

BIENVENUE EN UTOPIE

Serait-ce la fin de la dernière enclave hippie d'Europe ? Fondée en 1971 en plein Copenhague, la micronation autonome de **Christiania** lutte depuis des années pour sa survie. Pressions gouvernementales et mainmise des gangs armés sur le trafic de drogue menacent la *Fristaden*, contrainte de racheter les terrains squattés.

Par Julien Bisson / Photos Alexandre Baron

Depuis 1971, *date de sa création, Christiania bénéficie d'un incroyable capital-sympathie. Elle est aujourd'hui la deuxième attraction touristique du Danemark, devant la célèbre statue de* La Petite Sirène.

CHRISTIANIA
FOLKE AKTIE
DU HAR EN
BID AF
MIT
BLØD
LYKKE

***Au bar* Woodstock,** *l'un des plus anciens de Christiania, se retrouve la vieille garde du quartier – fumeurs de chillum aux cheveux gris, Inuits passablement éméchés ou* pushers *(trafiquants) en pleine pause-café. Moins branché que son voisin, le* Pêcheur de Lune, *ce troquet à l'aspect un peu miteux, fait néanmoins figure de dernier bastion hippie.*

Deuxième, voire troisième génération, *née au sein de la communauté, la jeunesse christianite cherche aujourd'hui à trouver sa place dans cette utopie édifiée par ses parents. A l'image de Julie, 20 ans, ils se retrouvent souvent au skate-park ou au café* Nemoland, *quand ils ne deviennent pas à leur tour* pushers

IA
4.
SOLD OUT
CYKELVÆRKSTED
5.
FRISTADEN
CHRISTIANIA
6.
ONE OR TWO A DAY KEEPS
ROOTS THE DOCTOR AWAY
FGV
KON TRA PON
FREE PALESTINE
CAPTAIN CHRISTIANIA
GRAND SUD
MERLOT
Mulepose 100,-
BYENS LYS
The Cuckoos Nest ca
baret show part II
Tickets cost 100 DKKR
and include :
CHRISTIANIA
DU HAR MIT HJERTE
FALAFEL
FISHERMAN'S FRIEND
45

Dans la très encombrée Indkøberen, *l'épicerie locale, les habitants peuvent se fournir en produits bio et en alcool, mais aussi en piles, en journaux ou en livres. Ce n'est pas le seul commerce de la ville, qui compte aussi une boulangerie, un magasin d'outils, une boutique de vélos, ainsi qu'une demi-douzaine de bars et restaurants. Libre, mais pas livrée à elle-même, Christiania a par ailleurs su développer au fil des ans ses propres services publics, qui comptent aujourd'hui une garderie d'enfants, une poste, un sauna ou encore une brigade d'éboueurs…*

Les anciennes bâtisses militaires ont laissé place à de nombreuses salles de spectacles et de concerts, *parmi les plus courues de Copenhague. Le* Byens Lys *(littéralement « Les Lumières de la Ville »), avec ses sièges abîmés et son sol couvert de sable, sert ainsi de cinéma et de salle de cabaret, décor de bon nombre de soirées déguisées, à l'ambiance canaille.*

Sévèrement gardés par leurs propriétaires, *une vingtaine de stands proposent du cannabis à la vente, sous forme de feuilles, de résine, ou de joints préroulés. Un juteux business estimé à plus de 130 millions d'euros par an.*

Un kilomètre et demi de nature *au cœur de Copenhague, le long des anciens remparts. Des dizaines de maisons à l'architecture originale sont disséminées au bord du canal.*

Le 1er juillet 2012, le dernier grand squat d'Europe a fermé ses portes. Ou plutôt a-t-il dû changer de nature, contraint par la loi d'accéder à la propriété. Quarante ans après avoir fait sécession du reste du Danemark, la micronation autonome de Christiania a ainsi cédé un peu de terrain devant les injonctions du gouvernement danois. Une première défaite qui n'a toutefois pas mis sous l'éteignoir les aspirations libertaires de cette enclave grande comme deux fois le jardin du Luxembourg, qui a su instaurer sa petite utopie à dix minutes à pied à peine du centre-ville de Copenhague. Une *Fristaden* célèbre pour son marché de cannabis à l'air libre, où résident aujourd'hui quelques 900 habitants – dont 200 enfants –, dans un joyeux bazar qui contraste avec l'agencement bien tranquille de la capitale danoise. Mais le pays des *smørrebrøds* et des 13 millions de porcs n'est pas à une contradiction près, et si les piétons attendent sagement avant de traverser une rue, ce n'est que pour mieux se précipiter fumer un joint dans les cafés branchés de Christiania ! Avec un million de visiteurs par an, ce laboratoire libertaire est aujourd'hui la deuxième destination touristique du Danemark, derrière le parc de Tivoli, mais devant *La Petite Sirène*.

Pour repérer le quartier, il suffit d'ailleurs de suivre les grappes de jeunes qui traversent l'île de Christianshavn, un district paisible abritant, entre autres, le grand opéra de Copenhague et le restaurant *Noma*, classé ces deux dernières années comme le meilleur du monde. L'environnement y est si propret qu'on en vient à douter qu'au bout de la rue Prinsessegade se trouve l'un des derniers bastions de la contre-culture en Europe. Il faut apercevoir les premières fresques hippies sur les pierres séculaires pour se convaincre d'être arrivé. Conviction confirmée lorsqu'on franchit le « portail » de la ville, sur lequel sont inscrits les mots : *« Vous quittez maintenant l'Union européenne »*. S'ouvre alors un vaste espace de 34 hectares, plus long à explorer qu'il n'y paraît.

Les Christianites, après dix années de luttes épuisantes, ont dû poser un genou à terre et accepter l'irruption des lois du marché

S'aventurer dans les rues de Christiania, c'est se confronter à un drôle de mélange humain, entre hipsters à barbe de trois jours, adolescents acnéiques et hippies mal dégrossis. Un étonnant village au cœur de la métropole, où l'on doit se faufiler entre les chiens errants et les traditionnels *Christiania Bikes*, des triporteurs, seuls véhicules habilités à circuler. A l'ombre des vieux bâtiments de pierre se dévoile alors une société mosaïque, fascinante. Les Inuits, jamais bien intégrés dans la société danoise, s'agglutinent au café *Operaen*. Plus loin, devant le jardin d'enfants, c'est le rendez-vous des alcooliques militants, vieux fous pas bien méchants, adeptes du café allongé à la vodka. *« Je traîne dans le coin depuis le début, même si je n'ai jamais vécu ici. Car l'alcool y est le moins cher de la capitale »*, clame Carsten, sosie de Trotski au cheveu sale sous sa chapka.

D'autres encore, activistes de la première heure, ont moins souffert du passage du temps. Et s'ils n'ont pas refusé quelques drogues à la grande époque, Nils Vest et Britta Lillesøe font aujourd'hui figures de gardiens du temple, prêts à tordre le cou aux racontars. *« Vous lirez partout que Christiania est née en 1971, mais c'est faux »*, avance Britta, solide Viking dont les photos de jeunesse évoquent Meryl Streep. *« Au milieu des années soixante, les jeunes avaient des problèmes de logement, les loyers étaient trop chers. Alors, on a commencé nos premiers squats dans des appartements, à l'autre bout de Christianshavn. Mais la police s'acharnait pour nous déloger. Il fallait viser plus grand. »*

En 1967, alors que les besoins de défense de la capitale diminuent, l'armée décide d'évacuer sa principale base navale, sans réel projet de reconversion. Tout juste la caserne et ses anciennes poudrières sont-elles protégées d'une grande palissade en bois, rapidement abîmée. *« Il y avait des trous, par lesquels les enfants se faufilaient pour profiter de ce terrain de jeu géant*, se souvient l'ancienne actrice. *Puis leurs parents les accompagnèrent. Et certains d'entre nous finirent par s'y installer. On imagine un déploiement festif, avec du spectacle et de la musique. Mais ce dont je me souviens, c'est le silence. L'invasion du lieu dans le plus grand des silences. »*

Le mot se passe discrètement, de petits groupes bravent la palissade en cachette. Le 26 septembre 1971, un journal alternatif publie un article titré « Emigrez avec le bus numéro 8 ! », vantant la conquête de la « cité interdite ». Dans les semaines qui suivent, des centaines de squatters affluent sur la Prinsessegade – hippies, anarchistes, vagabonds, petits délinquants... Le premier hiver est rude dans ces bâtiments de pierre non-chauffés, dont

Nostalgiques ou modernes, *des fresques ornent la plupart des bâtiments de la ville.*

la plupart des vitres ont été brisées. Mais la micronation tient bon. Et peut bientôt proclamer ses premières règles, parmi lesquelles la démocratie par consensus, la légalisation des drogues douces et l'interdiction des armes, du vol, des voitures et de la propriété immobilière. Une monnaie est frappée, des timbres sont émis, une gazette hebdomadaire imprimée. Résolument libertaire, la communauté s'organise aux cris du « Vivre et laisser vivre ». Et se choisit un étendard, trois points jaunes sur fond rouge, rappelant les trois « i » de Christiania.

D'abord circonspect devant ce mouvement hippie, le gouvernement danois décide de laisser trois ans à cette *« expérience sociale »*, avant de lui faire plier bagage. Il ne se doute pas alors que Christiania deviendra l'une des communautés autogérées les plus pérennes du monde occidental. *« Les autorités ont sous-estimé la cote de popularité que notre mouvement pouvait s'attirer »*, estime le réalisateur Nils Vest a posteriori. Un jugement corroboré par les détracteurs même de la ville, à l'image de Peter Skaarup, l'un des leaders du Parti populaire danois (classé à l'extrême droite) : *« Christiania, dans le fond, est typique de l'esprit danois : frondeur, libre penseur, qui refuse de se faire dicter des règles. »* D'autant que Christiania ne fait pas que résister en silence. Enthousiastes, les habitants s'organisent en coopératives, multiplient les actions culturelles, encouragent le théâtre de rue. Aussi quand, en avril 1976, le gouvernement menace d'envoyer des bulldozers pour récupérer le terrain occupé, il a affaire à une communauté structurée, prête à se défendre et soutenue par la population. Jusqu'à la dernière minute, on craint le siège. Les voisins accourent, la Rainbow Army est mobilisée. Finalement, les bulldozers n'entreront jamais. Et Christiania put prendre son envol.

De ces débuts tapageurs, on discerne encore la trace en circulant dans l'enclave. Les anciens bâtiments militaires ont été peu à peu reconvertis en logements, en salles de réunions, en industries de première nécessité – on compte notamment une « Forge des femmes », une poste, un restaurant végétarien ou un sauna mixte. Les boulets de canon ont disparu au profit de fresques psychédéliques, de godillots dans les arbres, de stupas bouddhistes. Alice y poursuit sur les murs sa quête du pays des merveilles. Toute une mythologie encore intacte qui fait le bonheur des touristes défilant régulièrement dans les rues du centre, avant de siroter une bière (pas chère) au bar *Woodstock*, ou fumer un joint au *Pêcheur de lune*. Mais cet aspect de Christiania, s'il est le plus connu, ne reste qu'une jolie vitrine – et comme dans tout magasin qui se respecte, c'est parfois dans l'arrière-boutique qu'on trouve les articles les plus intéressants.

Au pays d'Andersen, on a l'habitude des contes. Et à Christiania, les maisons ressemblent à celles des *Trois Petits Cochons*. Il y a celles de briques donc, héritages du fort militaire, regroupées pour la plupart à l'entrée de la ville. Il y a celles de bois, érigées par les Christianites au fil des ans, selon des modèles architecturaux audacieux et créatifs. Et il y a celles de paille, montées à la va-vite le long des anciens remparts, ou délaissées par leurs propriétaires, peu désireux d'investir dans un logement dont ils ne garderont rien. Pour apercevoir ces maisons de bois et de paille, il faut s'aventurer hors du centre de Christiania et pousser vers le nord, au fil du canal dont les habitants ont colonisé les deux rives. Là, c'est une tout autre ambiance qu'on découvre. L'imagerie hippie se raréfie, les touristes disparaissent. Avec ses sentiers forestiers, ses crottes de poneys et ses édifices sur pilotis, équipés de panneaux solaires, on se croirait davantage dans un centre de vacances qu'au cœur d'une capitale européenne. Le dimanche matin, les familles viennent se promener le long des remparts délabrés, les joggers, y goûter l'air frais. On entend les trilles des poules d'eau, le grincement des roues de vélo. Une petite plage a été aménagée non loin de la garderie pour enfants : il y a quinze ans, les gosses pouvaient s'y baigner, puis les habitants ont découvert que l'eau était polluée par une usine en amont. C'est dans cette partie familiale de la ville que résident Birgitte et Hans Jørgen Wester, un couple de Christianites établis ici

Les **Christiania Bikes** *restent aujourd'hui le moyen de locomotion préféré des habitants.*

depuis près de trente ans. Leur maison sur deux étages servait autrefois de stock à munitions. Ils s'y sont installés par hasard, et y sont restés par conviction comme beaucoup de Christianites. Birgitte, aujourd'hui directrice artistique d'une boîte de design, se souvient : *« Il en fallait de la force, à seize ans, pour vivre au jour le jour, sans eau, sans feu, à transporter des bidons de 50 litres à brouette. Mais nous avons tenu. Et seuls les gangs et les drogues dures ont failli nous convaincre d'abandonner, et d'élever nos enfants ailleurs. »*

Leur blonde fille, Julie, a 20 ans et de faux airs de Scarlett Johansson. Née et élevée à Christiania, elle vit désormais à Fredens Ark (l'arche de la Paix), le plus grand bâtiment de la ville. Cette ancienne caserne d'officiers, où habite une grosse centaine de Christianites, a conservé ses antiques poêles de fonte. Et si les couloirs sentent l'urine et le tabac froid, la situation autrefois a été bien pire. *« A la fin des années soixante-dix, le bâtiment était entièrement squatté par des junkies. A l'époque, un habitant de Christiania sur sept était héroïnomane, et une vingtaine d'entre eux crevaient chaque année »*, rappelle notre hôtesse au lipstick rose bonbon. Plusieurs campagnes de désintox avaient été menées, dont un voyage ubuesque au pied des Pyramides. Mais rien n'y fit, d'autant que la police de Copenhague avait pris la délicate habitude de déposer à l'entrée du quartier tous les camés de la capitale. Alors les activistes décidèrent de rompre leur idéologie du « laisser vivre » et d'expulser par la force les héroïnomanes. Une opération seulement rendue possible par le soutien des dealers de hash, qui acceptèrent de jouer les gros bras, à condition de voir leur commerce garanti. Résultat : les drogues dures n'eurent jamais plus droit de cité à Christiania. Ce jour est née l'alliance objective, faite de mutuelle dépendance et de haine cordiale, entre les activistes et Pusher Street.

Pusher Street, c'est le cœur battant de Christiania, une petite artère d'une centaine de mètres qui accueille une vingtaine de stands, où sont proposés à la vente herbe, résine de cannabis et joints préroulés. Les groupes de jeunes s'y pressent par grappes, les touristes jettent des regards canailles en coin. On peut y voir des mères de famille acheter leur shit, en tenant leurs enfants par la main. Mais ce n'est pas parce que l'air sent la skunk que l'ambiance y est *peace and love*. Abrités derrière de grosses bâches de camouflage, les dealers surveillent attentivement la rue, à l'affût de la moindre menace. Le soir, ils restent tapis dans une semi-obscurité, à peine éclairés par des flammes sorties de barils sans âge. Dans ce Green Light District, il est d'ailleurs strictement interdit de prendre des photos, par peur des indics. L'un des dealers nous le rappellera sans grand ménagement, avec insultes à la clé et menaces de nous fracasser le crâne. D'autres, cela dit, ont connu pire. *« Il n'y pas si longtemps, ils n'hésitaient pas à foutre à poil les intrus. Puis à lancer les chiens à leurs trousses »*, confie un vieil hippie à bandeau rose fluo dans les cheveux. Il faut dire que les sommes engagées n'incitent pas franchement à rigoler. Le commerce du hash à Christiania, c'est un juteux business estimé à environ 150 millions d'euros par an – de quoi alimenter pas mal de convoitises. Au début des années quatre-vingt, une bande de motards baptisée « Bullshit » s'est ainsi forcée un chemin dans la ville pour mettre la main sur le trafic. Violents et lourdement armés, ils ont été éradiqués au bout d'une terrible guerre des gangs, conclue par la découverte du corps de leur leader, découpé en morceaux et enterré sous une maison.

Depuis, Pusher Street se retrouve sous la coupe des Hell's Angels. Une mafia à blousons de cuir qui emploie sur place une poignée de Christianites, seuls habilités à tenir les stands. Brian, proche de la trentaine, est l'un d'entre eux. Doudoune noire et bonnet vissé sur le crâne, ce natif du coin sert souvent de médiateur entre les différentes populations de la ville. Ce qui ne l'empêche pas d'assumer la violence de son métier : *« Nous sommes forts, car nous nous connaissons tous. C'est la seule façon de nous défendre lorsque la police ou d'autres gangs viennent nous attaquer. Et s'ils essayent de venir, nous avons des caches à proximité où planquer notre herbe, et des armes et des pierres pour riposter. »* Quant à ses produits, Brian ne cache pas sa fierté : *« Notre hash est meilleur que celui d'Amsterdam. L'Europe entière vient se fournir chez nous. »*

De l'autre côté de la « frontière », on se passerait volontiers d'une telle publicité. D'autant que la politique menée au cours de la dernière décennie à l'encontre de Christiania n'a pas été des plus conciliantes. Bien au contraire. En 2001, un gouvernement d'alliance entre la droite et l'extrême droite, dirigé par Anders Fogh Rasmussen, a été élu. Ce dernier s'est juré de serrer la vis et mettre un terme à l'expérience de la *Freetown* – à commencer par son marché de cannabis à ciel ouvert. *« On peut comprendre que les gens désirent tenter des voies alternatives »*, concède le débonnaire Claus Hjort Frederiksen, ancien ministre des Finances danois, en charge d'une partie du dossier. *« Mais il était intolérable de laisser les Hell's Angels vendre de la drogue à nos enfants et faire régner la terreur en plein cœur de Copenhague. Nous devions restaurer l'ordre et permettre une normalisation du quartier. »* Conscients qu'une évacuation de la *Fristaden* par la force passerait mal auprès de la population danoise, le gouvernement a donc choisi le harcèlement systématique par la police : quatre à six patrouilles par jour, une vingtaine d'hommes lourdement armés dans chaque troupe. Et un premier résultat dès 2004, quand les *pushers* détruisirent eux-mêmes leurs stands à fleurs, quelques heures avant une opération policière d'envergure – l'un de ces stands est toujours visible au Musée national. *« Quand ils ont fermé ces stands, les vieux hippies, les mères de famille ont pris peur »*, souligne Charlotte Oestervang, une photographe acclamée, auteur d'une splendide monographie sur Christiania. *« Ils ont été remplacés par des types plus durs, plus paranos. Des types en treillis militaires qui n'avaient pas grand-chose à voir avec ce que Christiania représentait. »*

Autres conséquence de cette politique répressive : le marché de la drogue s'est déplacé dans de nouveaux quartiers de la capitale, attirant la convoitise de nombreux groupes mafieux jusque-là tenus à l'écart. Des gangs venus d'Europe de l'Est, d'Afrique du Nord et du Pakistan, qui ont cherché à profiter des difficultés de Pusher Street pour asseoir leur pouvoir naissant. En 2005, un jeune de vingt-six ans est tué et trois autres Christianites sont blessés lors de l'attaque à la mitraillette d'une bande de Nørrebro (faubourg du nord de la ville). En avril 2009, une grenade est lancée dans la foule, au milieu du populaire café *Nemoland*. *« J'étais là, ce soir-là*, se souvient Julie Wester. *Nous étions attablés, la musique était forte, quand nous avons entendu un bruit bizarre. Et là, j'ai vu un homme tituber, avec la moitié du visage arraché, les os à nu et des morceaux de chair sanguinolents qui pendaient de son visage... Ce jour-là, j'ai vraiment eu peur de rester. »*

Autrefois tenus par de vieux hippies inoffensifs, les stands de cannabis sont aujourd'hui sous la coupe quasi-militaire des Hell's Angels

Prise dans l'étau entre la violence des gangs et la détermination du gouvernement, épuisée par les descentes de police et les bombes lacrymo, Christiania a dû mettre un genou à terre. En proie à de profonds clivages internes, entre tenants de la ligne dure et d'autres, plus conciliants, désireux de retrouver un semblant de paix. *« Il y a trente ans, nous n'aurions jamais cédé*, rumine Charlotte Oestervang. *Mais il n'y a plus cette unité qui faisait notre force. Aujourd'hui, il y a trop de personnes qui songent à leurs propres intérêts avant celui de la communauté. »*

Le dénouement de cet interminable affrontement s'est tenu devant les tribunaux. En 2007, la justice a rappelé l'autorité légale de l'Etat sur l'ancienne base militaire. Un jugement confirmé par la Cour suprême l'an dernier, quelques semaines avant le quarantième anniversaire de la ville libre. Sous pression, les habitants de l'enclave autogérée acceptent de négocier avec le gouvernement, et s'entendent sur l'établissement d'une Fondation appelée à racheter les terrains occupés. Après quatre décennies de squat, voilà Christiania contrainte d'abandonner son sacro-saint droit d'usage pour devenir propriétaire. *« C'est sûr, on n'a pas ouvert le champagne le soir de la signature de l'accord*, soupire Birgitte Wester. *Mais au moins, on pouvait apercevoir la fin du tunnel, et on allait pouvoir consacrer notre énergie à de nouveaux défis. Avant l'accord, on avait six mois devant nous. Aujourd'hui, on se dit qu'on a au moins dix ans. »*

Entré en vigueur le 1er juillet 2012, l'accord prévoit le versement à l'Etat danois d'une somme de 76 millions de couronnes (environ 10,2 millions d'euros). Soit un prix d'achat de 470 euros du m², dix fois moins que dans le reste de la capitale. Un *« scandale »* pour l'extrême droite et Peter Skaarup, qui y voient une *« bénédiction donnée aux parasites et aux tenants de l'illégalité »*. Mais même sous-évalué, ce prix d'achat reste problématique pour Christiania, dont la majorité des habitants ne roulent pas franchement sur l'or. Pour financer cette acquisition foncière, la Fondation a alors eu l'idée d'émettre des « actions populaires », en réalité des mini-posters au design moderne, vendus à différents prix et avec pour slogan *« Cette action vaut plus que de l'argent »*. La stratégie derrière cette audacieuse campagne est simple : s'attirer le soutien pécuniaire des centaines de milliers de visiteurs qui, chaque année, arpentent Christiania et souhaitent voir le quartier subsister. Avec un succès certain : à ce jour, 50 000 personnes ont versé leur obole pour la survie de la communauté, des dons qui ont jusque-là permis de récolter près d'un million d'euros. Une jolie somme, certes, mais loin d'être suffisante encore. *« Notre campagne de promotion n'en est encore qu'à ses débuts »*, veut croire Risenga Manghezi, jeune homme dynamique en charge du projet. *« Pour beaucoup de gens, il est important de savoir que Christiania existe, qu'il y ait encore sur cette planète des endroits comme celui-ci où perdurent des idéaux et des valeurs différents du reste de la société. »*

Pour combler les millions d'euros manquants, la communauté a dû avoir recours à un emprunt, garanti par l'Etat, auprès d'une banque coopérative. Un apport financier vital, mais que les Christianites vont être contraints de rembourser. *« Il faudra sans doute augmenter le loyer pour dégager de nouvelles recettes »*, concède Risenga Manghezi. Aujourd'hui fixé à 325 euros par mois et par habitant, quel que soit son logement, celui-ci pourrait notamment être indexé sur la superficie usée par chacun. *« Au final, il est raisonnable de penser que le coût demandé devrait augmenter de 50 à 75 %. »* Dans une communauté où le chômage est sept fois plus important que dans le reste de la capitale, une telle augmentation pourrait bouleverser le paysage local. Et si la Fondation se défend de vouloir « expulser » les résidents qui ne pourraient plus payer leur loyer, la question pourrait néanmoins venir à se poser.

Dans une communauté où le chômage est sept fois supérieur au reste de la capitale, l'augmentation des loyers pourrait bouleverser le paysage local

Quant aux nouveaux habitants qui afflueront dans les prochaines années, leur profil pourrait s'avérer nettement plus bourgeois que bohème. De quoi mettre en péril l'identité même de la *Fristaden*, déjà menacée par une « boboïsation » rampante. Une évolution d'ailleurs ouvertement souhaitée par la municipalité de Copenhague, qui lorgne au grand jour sur ces terrains à forte valeur ajoutée. *« Christiania a vieilli, aujourd'hui ce n'est plus qu'un musée vivant de l'esprit soixante-huitard. Il est temps d'y introduire de nouvelles personnes, de nouvelles idées, pour donner un nouvel élan à cette partie de la capitale »*, juge ainsi avec sévérité Paul Sax Moeller, directeur des affaires financières de la capitale. Il rêve notamment de construire une « autoroute » cyclable qui relierait le centre de Copenhague à la plage, coupant de fait Christiania en deux.

Alors à quoi ressemblera demain ce monument de la contre-culture ? Peut-il encore survivre aux coups de boutoir du gouvernement, des gangs rivaux, des promoteurs immobiliers ? Les vieux hippies veulent y croire, mais beaucoup sont désormais trop fatigués pour lutter. Ils souhaiteraient pouvoir passer la main à leurs enfants, pas toujours aussi militants que leurs parents ne l'étaient. *« Aujourd'hui, beaucoup de gens de ma génération ne vivent plus à Christiania par attachement à l'esprit originel de la ville, mais parce que ce n'est pas cher, que c'est central, et qu'il y a de bons concerts »*, déplore ainsi Julie Wester. Et la jolie blonde d'espérer voir arriver de nouvelles têtes, prêtes à s'investir pleinement dans la communauté, si tant est qu'elles soient cooptées pour ces places très demandées. A charge pour elles de réinventer un modèle alternatif, qui ne soit pas une simple copie de ce qui se tramait il y a quarante ans.

Le dernier mot est celui d'Ida Klemann, icône rock qui fit fantasmer pas mal d'hommes à Christiania. L'ex-chanteuse du groupe Bifrost a gardé une allure hippie, avec ses mitaines multicolores, sa cicatrice en croix sous l'œil gauche. En 1976, elle entonnait *You cannot kill us*, hymne officieux de la communauté. Le refrain a changé, mais son refus de baisser les bras n'a pas faibli : *« Si nous sommes encore là, c'est bien la preuve qu'une autre vie est possible. Christiania, c'est un peu comme l'*Hôtel California *des Eagles. Vous pouvez quitter la ville quand vous le désirez, mais vous ne pourrez jamais vraiment partir… »* §

Devant les bâtisses séculaires *ont poussé des édifices moins solides, à la déco hippie.*

Julien Bisson
est critique littéraire et grand reporter. Après avoir vécu plusieurs années à l'étranger, en Italie et aux Etats-Unis, ce diplômé en sciences politiques met aujourd'hui sa plume au service de la presse culturelle (Lire, Technikart, Madame Figaro) *et internationale* (France-Amérique, France Today).

Alexandre Baron
est photographe et professionnel du développement international. Spécialiste du Maghreb et du Proche-Orient, il a notamment mené plusieurs missions pour la Commission européenne en Libye et en Syrie. Ses clichés sont régulièrement publiés dans des magazines internationaux.

Sana'a
Yémen

***Ameen** et ses amis réclament la fin des injustices et de la corruption. Multipliant les actions dans la rue, ils se font parfois rabrouer par les militaires qui tentent d'endiguer leurs manifestations.*

L'INDIGNÉ DE LA PLACE DU CHANGEMENT

Ameen al Awhadi campe depuis mars 2011, comme des milliers d'autres **jeunes Yéménites**, sur la place du Changement à Sana'a. Entre son job pour une ONG, les manifestations quasi quotidiennes et les discussions sur l'avenir de son pays, voici l'ordinaire d'un révolutionnaire…

Photos Benjamin Petit

Ils sont une vingtaine à occuper cette tente.
Ameen se tient à l'entrée. Bientôt ce sera son tour de préparer les repas communs. Comme lui, des milliers de jeunes ont investi le quartier, situé au pied de l'université et rebaptisé « place du Changement ».

Les armes sont interdites sur la place du Changement.
Ameen garde donc sa Kalachnikov chez lui. Le Yémen compte 60 millions d'armes à feu pour 25 millions d'habitants.

En tant que secrétaire d'une association caritative
liée à al-Islah, principal parti islamiste d'opposition, Ameen gagne 30 000 rials par mois (120 euros).

Au micro, Mohamed al Adroee, *un chanteur très populaire au Yémen. Il a interprété des chants révolutionnaires pendant les manifestations, afin d'encourager la population à s'exprimer, même sous les tirs des forces armées de l'ancien président Ali Abdallah Saleh. Depuis le début de la révolution, Mohamed a installé son studio sur la place du Changement.*

La grande prière du vendredi rassemble des milliers *de fidèles. La prière se déroule de midi à 15 heures. Les musulmans yéménites sont sunnites à 55 % et chiites à 45 %. Pendant la prière, les fidèles font circuler des parapluies dans lesquels ils déposent leur dons.*

La chaleur est écrasante, les parapluies servent de parasols.
Les prières ont lieu sous les affiches du nouveau président Abd Rabbo Mansour Hadi, élu en février dernier pour deux ans. Unique candidat à cette élection, l'homme qui fut pendant huit ans vice-président du président Saleh, ne convainc pas les Yéménites de sa capacité à réformer le pays.

Ameen passe *beaucoup de temps dans un café Internet de la place du Changement. Il peut ainsi se connecter à Facebook, obtenir des informations sur les prochaines manifestations, discuter de la situation au Yémen, poster des photos…*

Benjamin Petit *est né à Paris en 1984. Après des études parisiennes à l'ENS Louis-Lumière, il suit une formation en photo-journalisme à l'International Center of Photography de New York. Il a reçu le prix Coup de cœur du jury au concours de photo-reportage Paris Match 2011 pour son sujet* Wesley Thompson, ramasseur de canettes. *Benjamin Petit collabore régulièrement avec le* New York Times.

Les hommes passent l'essentiel *de leur journée dans leur tente. Régulièrement, ils dansent pour se divertir. Au Yémen, la charia (loi islamique) est appliquée de façon stricte.*

LE LUXE RACONTE LA CHINE

Le libéralisme économique, encouragé par le Parti, a permis à des millions de Chinois de s'enrichir. Pour satisfaire leur appétit de luxe, les grandes marques investissent le pays. Et dans **les quartiers réservés,** fleurissent clubs privés, marinas et palais.

Par Alain Wang

VUITTON

Sur la pointe du territoire des Neuf-Dragons, à Tsim Sha Tsui, face au port de l'île Victoria, s'élève le mythique *Peninsula* surnommé la « Grande Dame de Hongkong ». Lors de son ouverture en 1928, le légendaire hôtel de style anglais était le plus luxueux « à l'est de Suez ». Ce matin-là, un doux soleil de printemps inonde l'immense couloir or et blanc, aux arches de style néoclassique. Installé à un balcon en mezzanine, un orchestre joue pour les clients attablés devant leur petit-déjeuner. Soudain, un jeune marié en longue tunique traditionnelle de soie colorée, chaussé de baskets, s'élance sur le sol de marbre blanc pour rejoindre sa jeune épouse, en robe de mariée occidentale. Elle s'engouffre dans l'une des quatorze Rolls-Royce Phantom vertes du palace. Cet instant furtif reflète une certaine nostalgie du faste d'une époque coloniale, pas si lointaine.

L'occidentalisation des habitants de Hong Kong s'est accélérée à partir des années cinquante, en réaction à l'arrivée massive de réfugiés chinois fuyant le communisme de l'autre côté de la frontière. Le magnat de la presse locale, Jimmy Lai, aime raconter cet épisode de son enfance à Canton : un jour, un homme d'affaires hongkongais lui a offert un simple carré de chocolat pour le remercier d'avoir porté sa valise. Il n'avait jamais rien goûté de tel et dans son esprit, Hong Kong était devenu une sorte de paradis. En 1960, âgé de douze ans, il s'y réfugia avec ses parents puis fit fortune.

Quand Cartier ouvre son premier point de vente en 1970, les Hongkongais ne sont pas encore riches. Une centaine de grandes familles de *tycoons*, les milliardaires locaux, développent leur fortune grâce à la construction immobilière, le transport maritime, la finance, le jeu ou autres activités illicites depuis la frénétique région autonome spéciale de Macao.

Il faudra attendre neuf ans, avec l'ouverture d'un magasin Louis Vuitton, pour comprendre que la colonie britannique est en passe de devenir le paradis du shopping de luxe en Asie. Les hôtels de grand standing surgiront sur les espaces de bord de mer, pour loger les riches touristes japonais des années quatre-vingt et quatre-vingt dix. L'enrichissement des classes moyennes encouragera la création d'un véritable marché du luxe local, les excentricités de quelques-uns créeront le mythe d'une cité de milliardaires. Le style de vie atteint un niveau de sophistication stupéfiant en 1997, lors de la rétrocession à la République populaire de Chine. En 2012, les sept millions de Hongkongais se classent à la dixième place mondiale du revenu par habitant, devant les Emirats arabes unis. Comment en sont-ils arrivés là ?

La clientèle japonaise s'est raréfiée au cours de la longue crise économique qui a frappé l'archipel nippon. La Chine, à l'inverse, affiche des taux de croissance insolents. Hong Kong, longtemps perçu comme un modèle économique, résiste mal aux aléas de la finance mondiale. Au tournant du millénaire, les touristes chinois du continent commencent à affluer vers la Région autonome spéciale, où ils découvrent le luxe. En cinq ans, ils deviennent la clientèle principale des boutiques et des *shopping malls*. Cent soixante-quinze millions de continentaux en dix ans.

Les grands joailliers et les maisons de haute couture n'hésitent plus à affréter des avions privés pour convier les riches Chinois à Hong Kong ou à Paris, lors des grands défilés ou lors d'événements privés

À quelques pas du *Peninsula*, sur Salisbury Road, les cinq bâtiments du quartier général de la police maritime ont été restaurés et rebaptisés « 1881 Heritage », pour accueillir Cartier, Shanghai Tang, Vacheron Constantin, Tiffany, Vivian Tam, l'horloger suisse IWC, Tudor ou Rolex... Un hôtel de charme et des restaurants de gastronomie chinoise complètent l'ensemble. À quelques mètres, au n° 5 de la Canton Road, s'élève le plus grand *flagship store* de Louis Vuitton en Asie. A proximité, la boutique Chanel voit sa file de clients s'allonger sur le trottoir chaque week-end. Les Hongkongais, qui dépensent moins, ont perçu peu à peu qu'ils n'étaient plus les bienvenus.

En janvier, devant Dolce&Gabbana, un millier de personnes ont manifesté contre l'interdiction faite à des passants hongkongais de prendre des photos de la vitrine, alors que des touristes chinois y étaient autorisés au même moment. Le professeur Kong Qingdong, de l'université de Pékin, n'a rien arrangé en déclarant que les Hongkongais *« étaient les chiens courants du gouvernement britannique, qu'ils n'étaient pas humains ! »* Il venait de visionner sur Internet la vidéo d'une Chinoise du continent, admonestée par les passagers du métro pour avoir consommé de la nourriture malgré l'interdiction de manger dans les wagons. Le choc culturel est violent face à l'arrivée massive d'une clientèle si peu sophistiquée.

Dans le dédale des couloirs de marbre blanc du *Harbour City* – où neuf grandes marques mondiales de luxe se partagent des centaines de boutiques sur plusieurs étages – le comportement de ces nouveaux riches détonne. *« Ils n'ont ni goût ni culture »*, lancent certains boutiquiers locaux. D'Urumqi ou de Kunming, de Wenzhou ou de Harbin, de Pékin ou de Shanghai, ils viennent dépenser 700 euros par jour en moyenne. La moitié de leurs achats de produits de luxe hors de Chine s'effectue ici, car l'absence de taxes revient à proposer des prix 40 % moins chers qu'au pays. Cela permet le maintien de 70 000 emplois à Hong Kong. Seules les marques les plus réputées les intéressent. Les achats s'effectuent en groupe, en plusieurs exemplaires du même modèle si possible, avec un logo bien visible. Les plus scrupuleux n'hésitent pas à envoyer la photo du produit à l'acheteur final avec leur iPhone, pour rassurer leur client sur son authenticité, car les contrefaçons sont courantes en Chine

« Ils crachent sur le trottoir », *« Certains urinent dans les salons d'essayage »*, *« Ils jettent leur mégot sur la moquette avec désinvolture »*, entend-on dire… Combien sont-ils à se déconsidérer de la sorte ? Ces nouveaux riches de l'ancienne Chine communiste peuvent être déroutants. Le propriétaire d'une boutique de chaussures de luxe dans Central District se souvient avoir vu un groupe de continentaux forcer sa porte à l'heure de la fermeture. De la vitrine à l'arrière du comptoir, aucune chaussure, aucune boîte ne furent épargnées. La vente fut frénétique mais exceptionnelle.

La nouvelle confiance en eux des Chinois du continent inquiète : ils se comportent de plus en plus durement à l'égard du personnel local, comme ils le font en Chine, avec agressivité. Ils sont trente-huit millions à déferler ici en 2012, soit un tiers de plus qu'en 2011, à fréquenter les luxueux centres commerciaux construits à leur intention à des emplacements stratégiques. *Festival Walk*, avec ses deux cents boutiques installées autour d'une patinoire, est desservi par la ligne de métro du MTR, qui mène à la frontière avec la zone économique spéciale de Shenzhen. *Elements* étale ses 82 500 m² au-dessus de la station ferroviaire de Kowloon, sur la ligne de l'Airport Express.

La grande vague des acquisitions immobilières par les Chinois du continent a entraîné une flambée des prix. Ils ont aujourd'hui les moyens de s'installer dans les districts résidentiels les plus huppés, comme Repulse Bay ou les hauteurs du Peak. Habiter Hong Kong n'est pas l'objectif : il s'agit d'un placement financier, éventuellement d'une résidence de vacances ou d'un appartement pour les enfants, s'ils souhaitent poursuivre leurs études dans les instituts supérieurs de la Région autonome.

Dans l'ensemble de la Chine, depuis deux ans, la croissance de la consommation de produits de luxe – essentiellement occidentaux – est d'environ 30 % par an. Avec une cinquantaine de milliards d'euros de dépenses dans ce secteur en 2015, la Chine tiendra la seconde place derrière les Etats-Unis et représentera un cinquième du marché mondial du luxe. Les grands joailliers et les maisons de haute couture n'hésitent plus à affréter des avions privés pour convier les riches Chinois à Hong Kong ou à Paris, lors des grands défilés ou d'événements très privés. Il y a encore cinq ans, les hommes étaient les principaux clients du marché de la mode. Aujourd'hui, les femmes accèdent, à égalité, au prêt-à-porter de luxe. Il n'est plus surprenant de croiser dans les salons parisiens de Dior Haute Couture ou d'Yves Saint Laurent, une milliardaire chinoise en plein essayage sous le regard avisé et complice de sa fille.

La Chine est devenue un marché incontournable, objet d'une véritable bataille. Gucci a ouvert cinq nouveaux magasins en 2012 pour concurrencer Louis Vuitton, la marque la plus connue des Chinois devant Chanel. Hermès n'est arrivé en Chine qu'en 2005 mais a doublé son chiffre d'affaires et pris la troisième place pour les produits en cuir les plus convoités. Les *flagship stores* et les *concept stores* – où les marques proposent leur univers – se multiplient : en 2010, Dior au *Plazza 66*, centre commercial de luxe sur la rue de Nankin à Shanghai ; Louis Vuitton, à deux pas du lac de l'Ouest à Hangzhou dans le Zhejiang ; Burberry, sur l'avenue Jianguomen à Pékin ; en 2011, Max Mara à Chengdu, au cœur de la province du Sichuan.

A terme, les villes considérées comme des agglomérations de deuxième ou de troisième niveau, seront des relais importants pour la croissance des marques. Dans la ville d'Urumqi, au cœur d'une région considérée comme le Far West chinois, Cartier a ouvert une de ses vingt-quatre boutiques. Pour toucher la clientèle des provinces, l'américain Coach, qui a déjà ouvert soixante-cinq boutiques dans vingt-huit villes, se prépare à lancer son propre site de vente en ligne. Le groupe Neiman Marcus, détaillant de produits de luxe, leader aux Etats-Unis, s'est quant à lui rapproché récemment du site de e-commerce hongkongais Glamour Sales Holding pour ouvrir, fin 2012, un site de ventes multimarques, sans discount.

Internet joue un rôle majeur dans le monde du luxe en Chine. Un produit haut de gamme sur dix est commandé sur les sites Web. Les joailliers Chow Tai Fook et Chow Sang Sang utilisent le premier site de e-commerce chinois Taobao et sa plateforme TMall, malgré l'importance des ventes de contrefaçons sur le Web chinois. Par exemple, dans la région minière du Shanxi, environ un tiers des ventes de diamants sont effectuées en ligne.

Internet s'est surtout imposé comme le second canal d'information pour deux tiers des riches. Mais les revues consacrées au luxe et au style de vie comme *Noblesse*, *Robb Report*, *Club Life* ou *Beijing Tatler* restent des outils de référence pour les nouvelles fortunes, encore au stade de la découverte et de l'éducation. Quant aux plus petites marques, elles ont bien compris l'utilité de rémunérer des blogueurs sur les réseaux sociaux pour accroître leur notoriété.

Le luxe en Chine est occidental. Les Chinois semblent avoir oublié les cinq mille ans d'une culture qui firent d'eux un des peuples les plus raffinés, aux productions artisanales d'excellence dans la soie, la porcelaine, la sculpture sur bois ou celle du jade – tellement prisées en Occident du XVIIIe au XIXe siècle. La révolution communiste, les campagnes de masse maoïstes qui firent rage jusqu'à la fin de la Révolution culturelle (1976) auraient-elles eu raison de cet héritage d'exception ? Le style de vie de l'élite sociale d'avant 1949 a-t-il été totalement oublié pendant le régime communiste ? Sous Mao, « l'homme nouveau » devait adhérer à un idéal de simplicité *(pusu)* et la moindre tentative de s'occuper de soi était prohibée. Il fallait se sacrifier pour la collectivité, se fondre dans un total anonymat par son apparence physique et vestimentaire.

Les « quatre modernisations » lancées par Deng Xiaoping en 1978 provoqueront un décloisonnement social et culturel. Le changement des fondamentaux économiques et l'ouverture au monde autoriseront chacun à s'infiltrer dans de nouveaux territoires d'expression. Dans les années quatre-vingt-dix, à Canton, Pékin, puis Shanghai, la petite partie de la population urbaine la plus dynamique se « jette à la mer » *(xia hai)*. Ce sont ceux-là qui, rapidement, dans le sillage de la privatisation des entreprises d'Etat ou collectives et de la libéralisation du commerce, feront fortune.

Durant cette période, les nouveaux riches chinois se font discrètement plaisir. Leur première expérience du luxe se fera souvent dans les hôtels étoilés étrangers qui se sont construits pour accueillir les touristes et les hommes d'affaires des pays occidentaux. Certains comportements ostentatoires montrent déjà l'émergence d'une future boulimie de consommation de produits haut de gamme.

En 1978, Pierre Cardin est un des pionniers du luxe. L'Italien Ermenegildo Zegna ouvrira à Pékin sa première boutique monomarque en 1991, suivi de Louis Vuitton en 1992.

Au lendemain de l'écrasement sanglant du mouvement populaire du printemps 1989, dans la nuit du 3 au 4 juin sur la place Tian'anmen, le régime communiste passe un pacte avec la population, sous forme d'un consensus dit « de Pékin ». Le contrat est simple : le libéralisme économique est encouragé à condition que chacun s'abstienne de revendiquer la moindre réforme démocratique dans le champ politique, réservé exclusivement au Parti unique communiste. En 1992, dans le cadre de la théorie des « trois représentativités » initiée par le président Jiang Zemin et son entourage, les hommes d'affaires sont les bienvenus au sein du Parti. N'oublions pas de mentionner que le « petit timonier » Deng Xiaoping, aimait à rappeler : *« Socialisme ne doit pas rimer avec pauvreté. »*

Sans être tous riches, deux à trois cents millions de Chinois consomment du luxe, la moitié « pour se récompenser d'un investissement important et difficile dans leur travail, générateur de stress ». *Shechipin* est le terme le plus employé pour désigner « un produit dont on n'a pas forcément besoin ». Dans les années deux mille, des fortunes considérables se créent dans le sillage de l'appareil de l'Etat et du Parti.

La corruption est endémique. L'achat d'un produit de luxe devient alors un acte « surdéterminé », presque politique, dans le sens où il est affirmation ostentatoire d'un nouveau statut social et économique. Mais il suppose aussi une forme d'allégeance volontaire aux représentants du système officiel. Le cadeau, qui huile les relations au sein des réseaux d'affaires, politiques et familiaux – constitutifs de la réalisation du moi social en Chine – représente aujourd'hui un quart des achats de produits de luxe (vins prestigieux, cognac et maotai, cigares, cartes de membres d'un VIP club, voyages à l'étranger, voitures, appartements, etc).

Les foyers ayant un revenu de 300 000 à un million de yuans (120 000 euros) sont considérés comme « riches » et seront plus de cinq millions en 2015. Les très riches – de un à dix millions de yuans –

seront un million. 960 000 personnes ont une fortune qui excède les dix millions de yuans et 60 000 sont milliardaires en yuans (douze millions d'euros).

Selon le dernier rapport du cabinet d'audit KPMG, ils vivent en majorité à Pékin. Mais leur nombre augmente rapidement dans la province du Zhejiang, qui talonne la municipalité de Shanghai, placée en troisième position derrière Canton.

Les multimillionnaires en yuans ont en moyenne trente-neuf ans, les milliardaires, quarante-trois ans, et les multimilliardaires, plus de cinquante ans.

Sous Mao, « l'homme nouveau » devait adhérer à un idéal de simplicité et la moindre tentative de s'occuper de soi était prohibée. Il fallait se sacrifier pour la collectivité, se fondre dans un total anonymat

Le milliardaire Zhang Yuchen appartient à la catégorie des plus de cinquante ans. En 2004, il a achevé le château-hôtel *Zhang Laffitte*, après trois ans de travaux et cinquante millions d'euros de dépenses. Cette adaptation par l'architecte Liu Peirong, au nord de la capitale chinoise, d'un bâtiment attribué à François Mansart situé à Maisons-Laffitte dans les Yvelines, est à l'origine de la célébrité internationale de M. Zhang.

Ce dernier est né à la fin de la guerre sino-japonaise. A l'âge de sept ans, ses parents s'installent dans le Nord-Est, puis à Pékin. Garde rouge, il reprend ses études à trente-deux ans en 1978, puis devient directeur financier de la plus grosse société d'Etat de construction de Pékin. Il se « jette à la mer » en créant, en 1991, la Yuchen Group Company, mais il reste cadre du Parti communiste.

Le projet immobilier de construction de maisons individuelles, près du village de Beiqijia, sur un terrain appellé *Ba Xian* (les « Huit Immortels », personnages symboles de chance de la mythologie taoïste), lui apporte en quelques jours les fondements de son immense fortune. En une journée, des artistes, des écrivains, des Chinois de l'étranger s'arrachent deux cent quatre-vingts maisons sur plan. A la fin de la semaine, cinq cents auront été vendues. Une majorité des grandes fortunes chinoises proviennent d'affaires réalisées dans l'immobilier.

La consultante Françoise Onillon définit M. Zhang comme un bâtisseur de châteaux et un amoureux de la culture française – même si, derrière cette image, se cache un homme d'affaires redoutable et pragmatique. Ce domaine seigneurial a permis de valoriser l'environnement d'une zone d'un demi-millier de villas. Mais de nombreuses malfaçons sont apparentes dans ce château et l'aménagement intérieur a été quelque peu délaissé. Cinquante chambres,

Ces ultrariches se cachent, prêts à payer de fortes sommes pour disparaître du Rapport annuel Hurun, qui classe les cent plus grandes fortunes du pays (inutile de préciser que ce rapport intéresse pourtant grandement le gouvernement et le fisc chinois).

Parmi les millionnaires qui ont des actifs supérieurs à dix millions de yuans, un peu plus de la moitié d'entre eux sont des spéculateurs boursiers, un sur cinq est un cadre dirigeant, un sur dix est un spéculateur immobilier. Quant au reste, ce sont des entrepreneurs privés.

une cave à vin, des salons de réception, mais rien qui permette d'y vivre vraiment. Dans le parc de trente-trois hectares, un nouveau château s'élevera. Cette fois dans les règles de l'art, grâce à un architecte français spécialiste des demeures du XVIIIe.

La future propriété familiale a demandé l'acheminement de trente-deux containers de cette pierre de Bourgogne qui servit à bâtir l'abbaye de Fontenay. Des tableaux, des meubles des XVIIIe et XIXe siècles ont déjà été acquis chez des antiquaires français ou aux enchères de la salle Drouot. Deux musées, l'un consacré au vin, l'autre à l'art français, agrémenteront l'ensemble et seront ouverts au public. Un luxe bien calculé.

La femme de Zhang Yuchen aime rappeler le temps où trouver du lait pour nourrir ses enfants était difficile. Aujourd'hui, dans un coin du parc, un potager et ses jardiniers fournissent une grande partie de leurs besoins alimentaires. Les Zhang ne sont pas les seuls. A Shanghai, à Pékin, aux abords des grandes villes, maintes riches familles ont enrôlé des paysans à leur service, pour les fournir en légumes, fruits, œufs, volailles et viande de porc… Des contremaîtres vérifient qu'ils pratiquent bien la fertilisation organique – qui exclue les pesticides – dans le but de protéger au mieux les ressources environnementales. Le SRAS en 2003, l'affaire du lait contaminé à la mélamine, l'explosion des cas de cancers ont déclenché une profonde prise de conscience de l'impéritie de l'Etat en matière de sécurité alimentaire et des effets de la pollution.

Cette soudaine richesse a aussi ses revers. Le fils des Zhang est oisif. Avec bon nombre d'héritiers, il forme aujourd'hui une « génération perdue ». Les parents affairés ont souvent compensé leur absence par un flot inconsidéré de facilités qui ont gâté leurs adolescents.

L'entourage n'a pas su leur inculquer une attitude responsable vis-à-vis de l'argent, ni la valeur du travail. Sans ambiguïté, M. et Mme Zhang ont reporté leurs espoirs sur leur petit-fils de huit ans, élevé comme le successeur. Ses grands-parents projettent de lui offrir une propriété en France. Le confucianisme considère l'éducation comme indispensable à la nature humaine. Le communisme avait rendu l'école accessible aux plus indigents. Depuis vingt ans, l'éducation est devenue l'apanage d'une nouvelle oligarchie élitiste. Les prix ont bondi à Pékin : une année en jardin d'enfants peut atteindre les 12 000 euros dans un établissement bilingue. De l'âge de trois ans à la fin du secondaire, les frais de scolarité dans les meilleurs établissements privés dépassent les 150 000 euros. Et pour valoriser le

statut social des parents, les enfants sont souvent habillés comme des princes et arborent les gadgets électroniques dernier cri.

Une cinquantaine de châteaux, plus ou moins kitchs, ont été bâtis au nord de la capitale chinoise. Et il y aurait, en Chine, des milliers de minipalais de plus de 3 000 m². Ancien responsable d'un grand magasin d'Etat de la ville de Dalian, Niu Gang, 52 ans, est le patron du groupe Dashang fondé en 1992, qui possède cent quatre-vingts *malls* dans le pays.

Récemment, ce passionné de bons vins a décidé de transformer en caves des entrepôts militaires désaffectés, à Dalian, afin d'y stocker les meilleurs crus, destinés à approvisionner une nouvelle chaîne de *concept stores*. Un château privé devrait couronner l'endroit. A moins que le scandale ne secoue les proches de l'ancien maire de Dalian, dont la femme est suspectée d'homicide volontaire sur un consultant anglais.

La presse de Hong Kong a révélé que le groupe Dashang aurait versé un demi-million d'euros environ sur différents comptes bancaires en Chine et à Hong Kong, pour payer les frais de scolarité à Harrow et à Oxford du fils de M. Gang, Gua Gua, connu pour ses excentricités et ses voitures de luxe.

Les dirigeants du pays sont en général discrets, mais ne sont pas indifférents au luxe. En mars dernier, un blogueur a posté sur Internet des photos des représentants du peuple se rendant à la séance d'ouverture de l'Assemblée nationale populaire à Pékin. Fini les tenues kaki au col Mao ! L'événement a été rapidement requalifié comme « la véritable *China Fashion week* » : sac Birkin d'Hermès à 7000 euros, sac Céline à 3 500 euros ou lunettes en or à 25 000... Au cours de la session, la Société du 3 septembre, un des huit partis non-communistes légaux, a dénoncé les dépenses de trente-sept milliards d'euros (vous lisez bien) d'argent public consacrés à des banquets officiels en 2011.

Les révélations des affaires de corruption qui lient le monde des affaires aux représentants de l'Etat ou du Parti circulent régulièrement sur le Web. En trois décennies, quelques quatre mille responsables officiels ont fui la Chine en détournant plus de six milliards d'euros de fonds publics. Les entreprises admettent faire des cadeaux substantiels aux officiels : ces dépenses apparaissent parfois sous des noms de code dans leur bilan. Comment une directrice du bureau d'inspection de la qualité, de la province du Jilin, au salaire mensuel de 1 000 euros, peut-elle s'acheter une montre Omega Constellation sertie de diamants ?

Les *xiaojie* (prostituées) et les *xiaosan* (accompagnatrices) font partie de l'environnement de cette nouvelle classe enrichie. Une jeune femme habile peut séduire un homme puissant ou riche en quelques nuits de KTV (karakoé), entre un verre de Chivas mélangé à du thé vert et quelques airs de cantopop. Dans le Sud, la *xiaosan*, ou concubine moderne, est un révélateur du statut social de l'homme qui a réussi. Ces cavalières ne cachent pas ce qu'elles sont, les boutiques de luxe reconnaissent en elles d'excellentes clientes, qui n'hésitent pas à obtenir tels produits en série limitée, pour les solder immédiatement sur des sites d'e-commerce. Elles fréquentent les instituts de chirurgie esthétique ou de beauté et les *health clubs*, s'adonnent au Pilate ou au yoga pour s'entretenir. Certaines d'entre elles, devenues millionnaires, sont aujourd'hui des modèles de l'ascenseur social pour la jeunesse. Mais gare à la jalousie des épouses ! Car ces dernières ont généralement joué un rôle complice et beaucoup travaillé elles aussi à l'enrichissement du couple. C'est ainsi qu'un mari volage eut la mauvaise surprise de voir la police forcer les portes de sa résidence et arracher le plancher sous lequel il cachait de fortes sommes d'argent en liquide.

Dans le Sud, la *xiaosan*, ou concubine moderne, est un révélateur du statut social de l'homme qui a réussi. Ces cavalières ne cachent pas ce qu'elles sont, les boutiques de luxe reconnaissent en elles d'excellentes clientes

Après les restaurations successives des *siheyuan* – constructions traditionnelles composées d'un jardin entouré de quatre bâtiments – au cœur de l'ancienne ville impériale de Pékin, la mode est au démontage de belles demeures mandarinales du sud de la Chine, remontées dans la capitale.

Pour les grosses fortunes, une résidence en ville se conjugue souvent avec la possession d'une belle villa dans une *gated community* en proche campagne. Ces ensembles fermés, plus ou moins luxueux, occupent à Pékin l'équivalent de la surface de Paris intra-muros. Près de Canton, l'un d'entre eux renferme près de dix mille constructions. Sur les 234 hectares de *Dongfang Taiyang Cheng* (la Cité de l'Orient rouge), d'opulents retraités vivent dans un millier de villas de 250 à 500 m². Ils y disposent d'un golf dix-huit trous, d'une université du troisième âge, d'un complexe géothermal et d'un supermarché. Le kidnapping des riches et l'augmentation de l'insécurité ne sauraient faire oublier que cette nouvelle élite essaie aussi de se cacher des regards du peuple : les inégalités sociales, mesurées grâce à l'indice GINI, ont en effet atteint un niveau très inquiétant.

Au portail d'entrée du complexe *Bishui Villas* (les villas du lac Emeraude), situé au nord-ouest de Pékin, des gardes armés de talkies-walkies contrôlent votre identité. On longe un bâtiment administratif, un immense complexe sportif avec piscine et jardin d'hiver… puis la voie pavée débouche sur les rives d'un lac artificiel. A chaque carrefour, des gardiens à vélo vérifient que la voiture ne s'écarte pas de son parcours dans un labyrinthe de centaines de demeures, dont la superficie avoisine en moyenne 1 500 m². On admire ainsi des villas hollywoodiennes – l'Amérique du Nord est un modèle – mais aussi un petit palais chinois en briques grises typiques de Pékin, au toit de tuiles vernissées jaunes et vertes. Un peu plus loin apparait un palais de style mauresque.

Au bord du lac Emeraude habite l'un des cinq collectionneurs du pays à avoir acquis, au début des années deux mille, la moitié des œuvres d'artistes contemporains chinois aujourd'hui les plus cotés. Extérieurement, sa villa de 1 700 m² est assez banale. Mais une fois la porte d'entrée franchie, on se retrouve dans un véritable musée. Zhang Rui et sa femme Lan possèdent plus de huit cents œuvres d'art.

Après quelques pas, on comprend pourquoi cette demeure est surnommée « le Petit Guggenheim » : un escalier en spirale inspirée de l'œuvre architecturale du New Yorkais Franck Lloyd Wright dessert les étages, sur les murs blancs s'étalent les créations plastiques de Zhang Xiaogang, Wang Guangyi, Fang Lijun, Yue Mingjun… Et un portrait de Zeng Fangzhi, acheté 9 500 euros, dont la valeur est actuellement estimée à plus de deux millions et demi. Zhang Rui avoue n'avoir rien vendu jusqu'à présent.

Un tiers des objets vendus aux enchères dans le monde se retrouve dans des collections chinoises (il s'agit neuf fois sur dix d'antiquités ou d'art chinois). En Chine, ce marché aurait été multiplié par huit entre 2002 et 2011 et serait le premier devant les Etats-Unis. Le président de l'Association des galeristes, Xin-Dong Cheng, considère que les riches Chinois se sentent investis d'une mission en rachetant leur patrimoine éparpillé dans le monde aux XIXᵉ et XXᵉ siècles. Mais l'art a aussi une valeur spéculative : une œuvre de Qi Baidu a atteint les 57,2 millions de dollars américains l'année dernière, à Pékin.

Plus de quatre cents musées privés ont été ouverts depuis le début des années quatre-vingt-dix. En novembre dernier, Zhang Rui a ouvert sa *Gallery Hotel*, près du stade des Travailleurs, dans le quartier très animé de Sanlitun.

Au premier étage, dans un coin de la chambre de sa fille unique de huit ans, de multiples récompenses trônent au milieu de nombreuses photos de famille. Au pied du lit de l'enfant est installée la couche d'une préceptrice, à sa disposition vingt-quatre heures sur vingt-quatre. Le personnel de service de ces riches demeures, composé de paysans migrants sans autorisation de séjour, est en général mal payé et corvéable à merci. Certains « domestiques » dorment à même le sol dans la cuisine ou le cellier attenant. En mars dernier, l'Assemblée nationale populaire leur a octroyé le droit à un jour de congé. Mais ce droit sera-t-il réellement appliqué ?

Les riches quadragénaires, à l'instar de Zhang Rui, sont plus cultivés que la génération précédente. Créateurs de leur propre entreprise, ils sont à l'origine de leur fortune. Occidentalisés par certains aspects, ils restent finalement profondément Chinois dans leur style de vie et aiment se retrouver entre personnes aux moyens financiers similaires.

Wang Maoquan vit entre Shenyang et Dalian. Sa société construit des usines de retraitement des eaux usées. Tous viennent d'abandonner leur portefeuille Louis Vuitton – devenu trop commun – pour le même Bottega Veneta, comme ils ont délaissé leur Nokia pour un iPhone. Une manière de se rassurer, de préserver la face de chacun dans le groupe, de rester entre soi

Leur passion ? Les raids en moto. Dans son Ford Fiso Raptor, Wang a la possibilité d'emporter deux engins : il choisit entre une Big Dog Chopper customisé comme une Harley, une Indian Chief Dark Horse ou une Harley Davidson Motor Upgrades. Trois fois par an, il s'évade une dizaine de jours sur les routes de Mongolie intérieure ou du Tibet, jusqu'aux Etats-Unis parfois, pour s'échapper des contraintes du quotidien. Deux jeeps Cherokee et une BMW série X5 complètent sa collection.

Mike Yang est de la même génération. Après avoir développé son entreprise de peinture industrielle, il a décidé d'en confier la gestion à son ancien adjoint, qui lui reverse régulièrement une forme de royalties. Mike ne travaille donc plus. Il se contente d'une simple Audi à l'intérieur cuir et a choisi de loger dans un grand studio du quartier de la cathédrale Xujiahui, à Shanghai. Son passe-temps consiste à investir dans des fonds de capital-investissement privés, comme le Dore Capital qui gère un milliard de yuans.

Mike joue de temps en temps au mah-jong ou au poker au *Kee Club* de la rue Huaihai, dans l'ancienne concession française. La carte de membre coûte 6 000 euros par an et ouvre le droit de participer à des soirées où les joueurs misent certains soirs plusieurs dizaines de milliers d'euros ! La Chine vit à l'heure des clubs, des cercles de pouvoir et d'intérêts. La carte annuelle de membre du *Hong Kong Jockey Club*, installé à Pékin depuis 2008, dans un palais de 38 000 m² à l'architecture Ming et Qing, coûte 3 000 euros, plus 150 euros d'abonnement mensuel. En réalité, seul importe le statut social : appartenir à l'un des clubs de polo de la capitale, être vu dans tel hôtel de luxe ou tel restaurant en vogue. Les affaires se traitent secrètement dans des dizaines de petits clubs privés que l'œil non averti ne soupçonne pas. Dans ces lieux impénétrables se mêlent hommes d'entreprises et politiciens. Les étrangers y sont rarement conviés.

La côte chinoise comptera dans quelques années une quarantaine de marinas. Une cinquantaine de yacht-clubs existent déjà. Le yachting est emblématique de la montée du luxe, même si les riches Chinois n'ont pas le pied marin. Rien n'est plus *french riviera* que de sauter dans son jet privé à l'aéroport de Pékin ou de Shanghai, un soir de Nouvel an chinois, pour se retrouver trois heures plus tard sur l'île de Hainan, à Sanya.

Calé dans un confortable fauteuil, on contemple en famille depuis le pont en teck un coucher de soleil tropical, un verre de cognac Camus cuvée spéciale à 5 400 euros le flacon dans une main, un bon Habanos roulé spécialement pour vous dans l'autre. Certains milliardaires préfèrent s'envoler en jet privé – il en existe 132 dans tout le pays – pour leur château du Bordelais ou de Bourgogne et savourer quelques crus prestigieux avec un groupe d'amis…

Mais ces fortunes trop rapidement bâties, à coups de corruption et de spéculations financières en tous genres, ne devront-elles pas, un jour ou l'autre, rendre des comptes face à l'explosion du mécontentement social ? En octobre 2011, un sondage réalisé par le Rapport Hurun et la Banque de Chine auprès de 980 millionnaires (en euros) révélait que la moitié d'entre eux pensent à quitter le pays.

Alain Wang, *sinologue et journaliste, traducteur des livres du dalaï-lama pour les éditions Plon, fut rédacteur en chef d'*Asia Magazine *de 2007 à 2009. Il enseigne à l'Ecole centrale de Paris et à l'Institut français de la mode. Il est coauteur de* La Chine Nouvelle *(Ed. Petite encyclopédie Larousse).*

Océan Indien
Australie

MASSACRE DE REQUINS EN AUSTRALIE

Engagé pour participer à une pêche au thon, un voyageur français assiste à un véritable carnage : des pêcheurs peu scrupuleux traquent les requins pour leurs ailerons. Appelée **finning,** cette pratique illégale menace l'écosystème marin.

Par David Fauquemberg

ILLUSTRATION Icinori

C'était l'an 2000, je voyageais en Australie. J'avais quitté Melbourne vers l'ouest, en stop. En cinq jours, j'avais parcouru trois mille kilomètres, traversé l'immense désert de Nullarbor. Je voulais voir du pays. Le soleil se couchait sur l'océan Indien quand je suis entré dans Fremantle, la banlieue portuaire de Perth. Sans attendre, je suis descendu vers les docks. C'est Steve, mon ami de Melbourne, qui m'avait parlé des thoniers : *« A Fremantle, c'est une mafia… Ils t'embaucheront au noir sur les palangriers. Le thon part chez les Japonais, ça paie pas mal… »* J'étais fauché.

Le ponton des thoniers était perdu dans un labyrinthe de grues, d'entrepôts, de conteneurs empilés. J'ai franchi le grillage qui en barrait l'accès. Il y avait trois bateaux amarrés à couple. Sur le dernier, l'équipage lessivait le pont en sifflant des canettes de Victoria Bitter. *Pearl of the Seas*, lisait-on sur la poupe – la *Perle des Mers*. Je restais indécis sur le ponton flottant, j'allais faire demi-tour quand une voix a rugi : *« Hé, tu cherches du boulot ? »* Un colosse roux, jean et chemise à carreaux, se tenait devant la cabine. Il me dévisageait, poings sur les hanches. On devinait à son regard, au diamètre des avant-bras, qu'il ne fallait pas le chercher. J'ai fait oui de la tête, il a grommelé : *« Départ ce soir, neuf heures… »* avant de disparaître, et je suis resté seul dans la lumière des projecteurs. Bourru, la barbe broussailleuse : j'avais trouvé mon loup des mers.

Sans le savoir, l'ami Steve m'avait mis dans un sacré pétrin avec ses histoires de grand large. Steve gardait la nostalgie de ses années de pêche sous les ordres d'un capitaine maori de Nouvelle-Zélande, capable de rester trois jours et trois nuits à la barre quand les tempêtes antarctiques essoraient l'Austral, soulevant des déferlantes hautes comme des tours qu'il négociait de biais, pipe aux dents, entre deux rasades de café. Surfer avec un chalutier des monstres de vingt mètres, en tirant sur un bec de pipe, ça classe le marin. Une fois, l'homme avait dû se résigner, la mort dans l'âme, à larguer le fruit de trois semaines de pêche. Le navire alourdi risquait de sombrer au creux des vagues. *« Quand je suis remonté lui porter du café, il pleurait de colère, cramponné à sa barre : "Tout ce gâchis, putain, ça n'a aucun sens… " »* Sur la *Perle des Mers*, j'ai souvent repensé aux larmes du Maori.

J'avais quitté Melbourne vers l'ouest, en stop. En cinq jours, j'avais parcouru trois mille kilomètres, traversé l'immense désert de Nullarbor. Je voulais voir du pays. Le soleil se couchait sur l'océan Indien quand je suis entré dans Fremantle

Il nous a fallu vingt-quatre heures pour gagner notre zone de pêche – un méandre du courant de Leeuwin à deux cents milles des côtes, où la convergence d'eaux chaude et froide attirait espadons et bancs de thons à nageoires jaunes, les proies privilégiées des équipages de Fremantle. L'océan Indien était fidèle à sa réputation : quarante nœuds de vent, écho atténué des cyclones tropicaux qui soufflaient plus au nord. Une houle croisée éreintait le navire, je comptais les secondes avant le prochain choc, BAM, la coque entrait en vibration de l'étrave au safran, l'arbre de transmission tressaillait quand l'hélice, au sommet des vagues, cisaillait le vide. Nous étions cinq dans la cabine, pas un ne parlait. Luke, le capitaine, étudiait les cartes satellites en passant la main dans sa barbe rousse. En face de moi, sur la banquette, un adolescent aux longs cheveux crasseux, les bras peinturlurés de flammes rouges et noires, de crânes heavy metal, bottes de jardinage enfilées sur un vieux jogging. Daryl venait de décrocher son certificat de pêcheur. C'était sa première marée. Il se levait souvent pour observer à travers les hublots. *« Ça craint… » « Ferme-la, morveux !* s'écriait Janine. *C'est toi qui crains, mate, jamais vu une mer aussi plate ! »*

La vingtaine, jolie blonde, Janine jurait autant que tout l'équipage réuni. A bord depuis six mois, elle jouait les briscards pour se faire respecter. Et puis il y avait Scott, un type au crâne rasé, musculeux, tout en nerfs. Adossé à la table à cartes, il ne me quittait pas des yeux, il m'avait pris en grippe dès que j'avais posé les pieds sur ce bateau. Je l'avais entendu se plaindre de la dernière marée – deux semaines en mer et au bout, la misère… J'ai commis l'erreur de l'interroger sur la paie. *« T'as encore rien foutu, et tu voudrais du fric ? »* Scott s'est forcé à rire. *« Jamais vu un mec aussi con ! »* Il a lancé son bras vers moi, j'ai cru qu'il me giflait, sa clope incandescente a frôlé mon oreille avant de retomber dans l'eau trouble du port. Il a fait un pas en avant, son visage s'est planté à dix centimètres du mien : *« Ça dépend du putain d'poisson! »*

Le vent forcissait d'heure en heure. Je n'avais pas dormi depuis la veille. Scott, à dessein, m'avait attribué la pire couchette, sous la proue, au plus chahuté du tangage. Deux heures à chercher le sommeil, bras crochetés autour du matelas mousse, au bas de chaque vague, je décollais d'un mètre. Mon estomac se déplaçait à contretemps du corps et, quand je retombais, il me remontait dans la gorge. Groggy, j'avais regagné le carré dans la nuit.

Scott assurait le quart, mon air livide l'a fait marrer. *« Putain de Français, j'en étais sûr : jamais foutu les pieds sur un rafiot! »* Grognement sur ma gauche, Luke somnolait sur la banquette. *« Ou bien c'était un aviron, hein Scott : un putain d'aviron de merde! »* J'allais devoir m'habituer : au fil du voyage, les échanges se limiteraient bientôt à des jurons vociférés.

L'après-midi du second jour, nous avons préparé la pêche. Scott m'a jeté à la figure un ciré, des bottes qui empestaient le poisson mort. *« Au boulot! »* Dehors, c'était le vrai baston. D'énormes paquets de mer déferlaient, il fallait bondir de prise en prise entre deux embardées – une main pour le bateau, une autre pour l'homme. La *Perle des Mers* avait l'allure d'un chalutier modeste, mais elle était armée en palangrier. Une énorme bobine occupait le centre du pont, des kilomètres entiers d'un fil de nylon de fort calibre : la palangre, que nous larguerions en y crochetant des bouées pour la flottaison et des avançons par centaines, ces lignes secondaires où le poisson mordrait.

Je l'ignorais, bien sûr, et quand Scott a gesticulé de l'autre bout du pont, je n'ai pas su quoi faire. *« Ramène ton cul, putain! »* Scott avait désarrimé une caisse ficelée au garde-corps, il a soulevé la bâche : les lignes étaient enroulées avec soin, hameçon d'un côté, pince de l'autre. Il a poussé la caisse vers moi, puis il a désigné du bras un engin étrange, formé de cylindres chromés, qui surplombait la poupe derrière les coffres à saumure. *« Emmène ça au pied du lanceur, fais gaffe : me fous pas l'bordel dans les avançons! »* J'allais ouvrir la bouche, il a empoigné le col de mon ciré. *« Pose pas de questions, putain! Fais tout comme je dis, sans moufter, et t'auras pas d'emmerdes… »*

Se coltiner ce cube de soixante-dix kilos dans une mer pareille, c'était un quasi-suicide. Les vagues m'envoyaient valser contre le bastingage, les angles douloureux des coffres. *« Gaffe aux lignes, putain! »* A genoux sur le pont, Scott empilait des blocs de mousse, l'eau qui s'en écoulait était teintée de sang. Daryl et Janine vidaient des cartons de calamars, ils les étalaient à l'abri, qu'ils décongèlent. Quand Scott a fait signe de rentrer, la nuit tombait. J'étais vanné, sous le ciré mes membres étaient couverts de bleus. J'ai avalé un sandwich, le premier depuis notre départ, et je suis descendu me coucher. Le bateau pouvait bien sombrer.

« Debout, putain! » Scott me secouait par les épaules, vautré sur ma bannette. Il était en ciré déjà, il avait même passé son bonnet et ses gants. L'horloge à quartz rougeoyait dans la pénombre du carré : *22:00*. J'avais dormi une heure. Pas le temps de prendre un café, Scott m'a poussé dehors. *« Appâts! »* J'ai ramassé

Une houle croisée éreintait le navire, je comptais les secondes avant le prochain choc, BAM, la coque entrait en vibration de l'étrave au safran, l'arbre de transmission tressaillait quand l'hélice, au sommet des vagues, cisaillait le vide

les calamars pour les balancer dans des bacs. Mêlée aux effluves de mazout, la puanteur gluante me soulevait le cœur, Luke a jailli de la cabine : *« Magnez-vous, bordel! »* Moteur débrayé, la *Perle des Mers* roulait bord sur bord. J'ai porté les bacs à l'arrière, je me cognais à chaque pas. Les vagues sursautaient avant de déferler et mon corps se tendait, anticipant l'impact. L'océan haletait, invisible. L'éblouissement des halogènes délimitait le monde – il s'arrêtait aux frontières du pont. Nous étions là pour travailler.

Luke a enclenché le mécanisme de la bobine, qui s'est mise à dérouler son fil au ralenti. Scott s'est précipité, il a tiré la ligne vers la poupe, d'un nœud de chaise il a fixé une balise satellite, trois flotteurs; il a fait coulisser la ligne dans les cylindres du lanceur, pour la catapulter hors de portée de l'hélice.

Le navire a repris sa course. La palangre se déroulait à toute vitesse, elle traversait le pont dans un sifflement menaçant, à hauteur d'épaule. Ses nœuds claquaient comme un fouet au passage des cylindres. *« Faut s'y coller, putain! »*

Scott imprimait un rythme dément à l'accrochage, pas moyen de s'arrêter, rien ni personne ne devait contrarier le souverain défilement de la ligne. Il appâtait les lignes et les lançait d'un geste sec en scandant le décompte. *« Un, deux, TROIS! »* Daryl crochetait un leurre luminescent. *« Sept, HUIT! »* Janine fixait sa bouée et la jetait à l'eau. *« CALAMARS, PUTAIN! »* Je courais en chercher. *« CAISSE! »* La houle venait par le travers, noyant le pont sous un déluge d'eau et d'écume. Quand par malheur je perdais pied, manquant passer par-dessus bord, Scott aboyait : *« Gaffe aux lignes, connard! »* Terré à l'intérieur face aux écrans de contrôle, Luke ne sortait que pour beugler : *« PLUS VITE! »*

Six longues heures à trimer sous les gueulements du bosco, nous en avions fini avec ces damnées lignes. Luke a verrouillé la bobine, débrayé le moteur. Scott a noué deux flotteurs au bout de la palangre, la seconde balise. Il a foncé sur moi, poignard en main. *« Tire-toi, bordel! »* Il a tranché la ligne, qui m'a sifflé sous le nez. La palangre allait dériver par cent mètres de fond tout le reste de la nuit. Luke a fait demi-tour, nous rebroussions chemin vers la première balise – elle clignotait à vingt-cinq milles de là sur le radar. Dès l'aube, il faudrait remonter la ligne, récupérer nos prises. Après avoir rangé le pont, arrimé les caisses, tout le monde est rentré. Les visages trahissaient la fatigue. Daryl préparait du café. Je suis sorti prendre l'air. Projecteurs éteints, on devinait les vagues, de grands oiseaux marins virevoltant autour du navire. L'horloge indiquait quatre heures trente.

Quand j'ai rouvert les yeux, Daryl tirait mon bras. *« Il est sept heures! »* A bord, c'était l'enfer. Le bateau tapait fort dans une houle abrupte. La première gorgée de café m'a cuit les poumons. Autour de la table, Scott maugréait ses jurons habituels, Daryl et Janine bâillaient à s'en décrocher la mâchoire. Luke scrutait le radar, muet. *« Balise en vue! »* Il a coupé le moteur. Les autres ont sauté dans leurs bottes. Comme je tardais à réagir, Scott m'est tombé dessus. *« Bouge-toi, connard! Ces saloperies de requins vont nous bouffer l'poiscaille! »*

Perclus de courbatures, d'ecchymoses, j'ai eu un mal de chien à passer mon ciré et mes bottes. *« La mousse, devant les coffres! »* Gorgés d'eau, les tapis pesaient des tonnes. Tandis que j'assemblais ce puzzle sanguinolent, Janine et Daryl ont sorti de ses gonds la passerelle, sur bâbord, pour ménager une ouverture. Plus question de glissades. A l'avant, Scott arrimait des caisses vides sous deux poulies mécanisées – les vire-lignes. Luke a remis les gaz, droit sur la balise, que Scott a hissée du premier coup de gaffe. Débarrassant le fil de la balise et des flotteurs, il l'a tendu à Luke qui, d'un nœud savant, l'a raccordé à la bobine. *« C'est parti! »* Malgré moi, j'étais excité. La moisson commençait.

Campé aux commandes de pont, Luke guidait d'une main son bateau, de l'autre, il décrochait les lignes à mesure qu'elles butaient sur une ferronnerie chromée, taillée en tire-bouchon, à côté des vire-lignes où Scott nous avait affectés, Daryl et moi. Luke libérait la ligne, il nous la tendait sans un mot. Scott nous avait offert une formation express : glisser la pince entre la poulie et son cylindre. Happé par la poulie, l'avançon jaillissait hors de l'eau puis il retombait en boucles régulières au fond de la caisse, prêt à l'emploi. *« Pigé? »* Quand le premier hameçon s'est fiché dans ma main, j'ai pigé : le défi consistait à dégager la ligne au bon moment. Trop tard, on s'éborgnait. Trop tôt, des nœuds se formaient dans la caisse. Le second hameçon de Daryl m'a frappé au visage. J'ai passé la main sur ma joue, pleine de sang. Daryl me fixait, affolé, quand Luke lui a flanqué un coup de poing dans l'épaule. *« FUCKING HELL! »* Il tenait à la main six lignes, qui menaçaient de s'emmêler.

Nous rejetions par-dessus bord les calamars intacts, au grand bonheur de l'escadrille de pétrels qui filait la *Perle des Mers*. Pas un seul thon n'avait mordu, les traits de Luke se tendaient au fil des minutes.

Scott imprimait un rythme dément à l'accrochage, pas moyen de s'arrêter, rien ni personne ne devait contrarier le souverain défilement de la ligne. Il appâtait les lignes et les lançait d'un geste sec en scandant le décompte. « Un, deux, TROIS ! »

ILLUSTRATION lcinori

Enfin il a remonté le premier poisson, un saumon grisâtre aux écailles huileuses – il était déjà mort. Luke l'a balancé à la mer. « *Ça vaut rien…* » D'autres ont suivi – des poissons juvéniles, trop petits, des espèces peu rentables, interdites par les règlements. Une tortue marine a terminé sa course dans le sillage du bateau, je l'ai regardée s'éloigner, elle flottait sur le dos. Luke a débrayé le moteur, il s'est arc-bouté pour tirer sur la ligne. Scott l'a rejoint, son couteau à la main : « *Ça, putain, c'est du gros!* » Mais quand le rostre de la bête a percé la surface, Luke a cogné sur la cabine. « *Merde!* » C'était un espadon-voilier au corps zébré de bleu, son immense dorsale taillée comme un gréement aurique pendait sur le côté. Deux mètres cinquante, une merveille. La veille encore, il fondait sur ses proies à cent dix kilomètres à l'heure. Mais sa formidable vitesse n'avait servi qu'à l'enchevêtrer dans le piège, où il était mort asphyxié. Luke a tranché la ligne. « *C'est que pour les putains d'touristes!* » La masse sombre du voilier s'est mise à dériver, inerte, entre deux eaux. Un marlin rayé, magnifique, a subi le même sort. Quand il s'est éloigné, nageoire dressée comme une houppe, sa queue battait l'eau par saccades. Il n'en avait plus pour longtemps.

C'était un espadon-voilier au corps zébré de bleu, son immense dorsale taillée comme un gréement aurique pendait sur le côté. Mais sa formidable vitesse n'avait servi qu'à l'enchevêtrer dans le piège, où il était mort asphyxié

Dans le jargon désincarné des registres de pêche, on note : « prises accessoires ». Palangres, chaluts de fond, sennes ou filets maillants : les techniques d'aujourd'hui sont si peu sélectives que le sillage des flottilles industrielles, sur toutes les mers du globe, est jonché de cadavres. En 1994, selon la FAO[1], 27 millions de tonnes de produits marins capturés étaient rejetées à la mer chaque année – plus d'une prise sur quatre… Des études plus récentes portent le gaspillage à 40 %. Prédateurs en haut de chaîne, les requins paient un tribut funeste à ce saccage. Dans la virée macabre de la *Perle des Mers*, ils tenaient les premiers rôles.

Ce matin-là, le ramassage durait depuis une demi-heure quand Luke a stoppé le moteur. « *Requin!* » On ne voyait pas la bête, dont la force nerveuse imprimait au fil des mouvements saccadés, cisaillant la surface de l'eau. Luke a noué une corde en bout de ligne pour assurer la prise, il m'a fait signe de l'empoigner. J'ai hissé le cordage, centimètre par centimètre, les bras tétanisés. Enfin, je l'ai aperçu : un requin-marteau de grande taille décrivait des cercles de plus en plus réduits à la verticale du bateau. Ça devait faire des heures qu'il se débattait en vain, pourtant il m'arrachait les bras à chaque battement de queue. Un guerrier. Il n'avait pas peur, dans son élément il ne craignait personne. A présent, il évoluait en surface, à un mètre cinquante de mes poings. Ses yeux inexpressifs semblaient fixés sur moi. Son échine tressaillait. J'étais fasciné. Empoignant une gaffe, Scott a couru vers moi : « *Surtout le lâche pas, ce bâtard!* »

Je n'avais jamais vu de requin. En Australie, où je surfais parfois, on m'avait appris à les craindre. Sur l'île-continent, peut-être plus qu'ailleurs, le fantasme du Mangeur d'Homme, cruel et haïssable, fait frissonner les foules.

Avril 2012. Le biologiste Bernard Séret m'accueille, chaleureux, dans une annexe décrépie du Muséum national d'histoire naturelle, rue Buffon, à Paris. « *L'être humain a une si haute idée de sa place dans la nature qu'il ne supporte pas d'être la proie d'une autre espèce…* » Eminent « requinologue » – un terme de son invention –, Séret rationalise ainsi cette haine vouée au requin. Aussitôt, il nuance : « *… ce qui n'a d'ailleurs aucun sens d'un point de vue statistique.* » Moins d'une centaine d'attaques par an, dont très peu sont mortelles. « *Si l'homme était pour eux une proie privilégiée, les requins crèveraient la dalle!* »

Sur l'appui de fenêtre, des mâchoires rapportées d'expéditions aux quatre coins du monde. « *Celle-ci? Un beau requin-tigre…* » Quand il a commencé à s'intéresser au sujet, il y a une quarantaine d'années, on ne savait rien des requins. Il faudra attendre

[1] *Organisation des Nations unies pour l'alimentation et l'agriculture.*

que leur pêche explose, à l'orée des années quatre-vingt-dix, pour que des crédits de recherches soient débloqués. *« Les pouvoirs publics ont enfin admis que les requins étaient une ressource qu'il fallait apprendre à gérer. »* Une bonne partie des 500 espèces recensées a été découverte au cours des quinze dernières années. Séret étudie désormais les requins des grands fonds : *« un monde merveilleux, totalement inconnu… »*

Il parlerait des heures du rostre des requins-lutins, des créatures noires aux yeux verts, de la stratégie de « contre-illumination » qui permet aux requins-lanternes de déjouer leurs prédateurs : quand ils migrent vers la surface, des photophores luminescents sur le dessous du corps s'adaptent à la lumière ambiante. De ce grand requin blanc femelle, pisté par satellite au long d'une migration de vingt mille kilomètres entre l'Afrique du Sud et l'Australie, de ses plongées soudaines à mille mètres de profondeur pour s'orienter sans doute à l'abord des monts sous-marins, grâce aux variations infimes du champ magnétique terrestre. Bernard Séret se félicite des progrès récents dans la connaissance des requins. *« Mais ils sont à double tranchant : serviront-ils la cause de leur préservation, ou l'optimisation de leur pêche ? »*

Le biologiste Bernard Séret, éminent « requinologue », se félicite des progrès récents dans la connaissance des requins. « Mais serviront-ils la cause de leur préservation ou l'optimisation de leur pêche ? »

Le rostre du requin-marteau se fracassait contre la coque, sa queue tambourinait les flancs de la *Perle des Mers*. Il n'abdiquerait pas. Je sentais le nylon pénétrer la chair de mes paumes. Pourquoi me laissait-on jouer avec cet animal ? Quand allaient-ils couper la ligne ? Luke a hurlé : *« Sors-lui la tête ! »* Me retournant, j'ai failli tout lâcher. Luke braquait sur moi un fusil Winchester, dont les canons sciés oscillaient au gré de la houle. De toutes mes forces, j'ai soulevé la gueule du requin. Luke a tiré à bout portant – déflagration ahurissante… Le squale est retombé sur le dos, agité d'effroyables spasmes. *« Enculé d'requin ! »* Il ne résistait plus, mais il n'était pas mort. Un œil, arraché à l'orbite, pendait sur le côté. Du revers de la main, j'ai essuyé les lambeaux de cervelle, les éclats de cartilage qui criblaient mon visage. Scott et Daryl ont crocheté les branchies du requin, qui dégueulaient des flots de sang. Rien ne m'avait préparé à cela.

L'animal gisait sur les tapis de mousse. Il bougeait encore, martelant le sol de sa queue. Scott lui a asséné un coup de pied dans le ventre, qui rendait un son sourd et cartilagineux. Il s'est assis dessus pour l'immobiliser. Il tenait un poignard effilé, il a attrapé la nageoire dorsale et il l'a tranchée net, au ras du dos. Le squale a sursauté, ses mâchoires ont mordu le vide. Scott s'est tourné vers Daryl, qui le contemplait : *« Tiens-le, bordel ! »* A califourchon sur la bête, il s'est penché d'un côté puis de l'autre, il a sectionné les nageoires pectorales d'un geste appliqué, précis. Cisaillant dans les chairs de la queue, il l'a amputée de son lobe inférieur. Il a crié : *« C'est bon ! »* Il a empoigné le rostre allongé du requin, il l'a tiré derrière lui, traçant comme à la brosse une bande écarlate sur le métal du pont. Puis il a rejeté l'animal désarticulé à la mer. Atrocement mutilé. Vivant.

A quatre heures de l'après-midi, une fois les lignes ramassées et le pont nettoyé, je me suis assis sur un seau, dos à la cabine. J'avais les mains en sang, déchiquetées par les hameçons, la morsure du nylon. Ce jour-là, nous avions remonté trois espadons, un thon à nageoires jaunes. Et six ou sept requins – des bleus, avec leur long museau conique et leurs yeux ronds ; un requin-crocodile aux dents protubérantes ; un mako imposant, fuselé comme une torpille ; un requin-renard à la queue surdimensionnée, incurvée en lame de faux ; un requin soyeux de trois mètres dont la peau gris-bleuté luisait au soleil. Le même rituel chaque fois. Une boucherie. J'en avais gros sur l'estomac. Je ne savais pas, alors, que les squales démembrés, coulant au fond de l'océan, pouvaient mettre des jours, des semaines à mourir – Bernard Séret relate le cas atroce, au large du Brésil, d'un animal dont l'agonie aura duré trois mois.

Ainsi, la *Perle des Mers* s'adonnait au *finning*, le « prélèvement des ailerons ». A l'époque, on commençait à peine à en parler. Selon les médias australiens, cette pratique était l'apanage des Indonésiens illégaux qui écumaient les eaux territoriales du Nord de l'Australie. La barbarie, visiblement, ne connaissait pas de frontières. Des raisons du carnage, je ne savais que les grandes lignes – le trafic des ailerons, exportés vers l'Asie. Je n'imaginais pas l'ampleur du phénomène.

Sous la dynastie Ming (1368-1644), la soupe aux ailerons de requin devient le mets incontournable des réceptions impériales. Au fil des siècles, cette tradition est adoptée par la haute société. Sous l'ère Mao, elle sera réprouvée, jugée incompatible avec la révolution culturelle. Durant les années quatre-vingt, son prix prohibitif ne la rend accessible qu'à une infime élite. Le développement économique de la Chine, dès la fin de cette décennie, fera exploser le marché. Mariages, repas d'affaires : cette délicatesse, que des restaurants proposent à cent euros le bol, devient pour les populations aisées des grandes villes, sans cesse plus nombreuses, le moyen d'afficher un statut. Dans les réceptions les plus ostentatoires, on sert des ailerons de taille exceptionnelle – leur prix d'achat est placardé à l'entrée du banquet. La Chine, Hong Kong et Taïwan représentent 95 % de la consommation mondiale. La soupe aux ailerons connaît également un engouement récent au Japon, en Thaïlande et à Singapour. Elle est exportée dans tous les pays de diaspora chinoise – on en trouve même avenue de Choisy, à Paris.

L'envol de la demande, associé à l'effondrement des populations de requins, fait de cette denrée l'un des produits de la mer les plus inabordables. A Hong Kong, plaque-tournante du commerce des ailerons, ils se monnaient aux enchères jusqu'à cinq cents euros le kilo. Mais la viande du requin a très peu de valeur. Conservée à bord des bateaux, ces carcasses occuperaient l'espace dévolu au thon, à l'espadon, captures autrement plus rentables... Dès lors, en l'absence de règles ou de contrôles, grande est la tentation de se livrer au *finning*, surtout pour les navires qui passent de longues périodes en mer et pêchent par « accident » un grand nombre de squales. Des ailerons, les cuisiniers ne gardent, pour préparer la soupe, que les cératotriches, fines baguettes translucides qui tendent les nageoires comme les vergues d'une voile. Ces fibres d'élastoïdine, obtenues par un processus complexe de transformation, représentent tout au plus 0,25 % du poids total de l'animal...

Bien sûr, les industries pharmaceutique et cosmétique s'arrachent l'huile de foie, le cartilage des requins ; leurs mâchoires et leurs dents sont vendues comme trophées, montées en pendentifs ; leurs carcasses réduites en farine alimentent le bétail et de leur peau, on tire un cuir exceptionnel, le fameux galuchat. Leur viande, longtemps dépréciée, pénètre de nouveaux marchés – mauvaise réputation oblige, elle est labellisée veau de mer, saumonette... Mais le mobile essentiel de la surpêche des requins reste le commerce des ailerons.

Selon la FAO, près de 800 000 tonnes de requins sont pêchées chaque année. Il ne s'agit en fait que des prises déclarées. Selon Bernard Séret, en comptabilisant les captures non déclarées et les rejets liés au *finning*, on obtiendrait le double. *« Ça représente 50 à 150 millions de requins »*, assène le biologiste, justifiant cet écart par l'imprécision des données sur les espèces pêchées. *« En tout cas, c'est bien au-delà de ce que l'écosystème marin peut supporter... »*

Dans les réceptions les plus ostentatoires, des ailerons de taille exceptionnelle sont servis. Hong Kong, la Chine et Taïwan représentent 95% de la consommation mondiale. La soupe aux ailerons est exportée dans tous les pays de diaspora chinoise

Croissance lente, maturité sexuelle tardive, fécondité peu élevée, gestation prolongée – jusqu'à 2 ans chez l'aiguillat, un record dans l'ordre animal : la biologie des requins les rend extrêmement vulnérables. Décimées, les populations mettent un temps infini à se reconstituer. On estime ainsi que le rétablissement des stocks de requins soyeux, littéralement pillés, pourrait prendre quatre siècles – la femelle, qui atteint sa maturité sexuelle à vingt ans, ne porte qu'un petit à la fois... L'impact de cette surexploitation est considérable : les prises mondiales de requins-marteaux, de grands requins blancs et de requins-renards ont chuté de 75 % au cours des vingt dernières années. Plus d'un quart des espèces pélagiques – les requins de haute mer – sont classées « menacées » sur

la liste rouge de l'UICN[2], mais cette proportion atteint 50 % chez les grands requins. L'impact de la disparition des requins sur les océans, dont ils sont depuis 400 millions d'années les grands prédateurs, serait considérable.

Absurdité des temps : les organisations mondiales telles que la FAO et les associations écologistes, Shark Alliance en tête, plaident depuis des années pour qu'on débarque les requins avec leurs « nageoires naturellement attachées », moyen imparable d'empêcher le *finning.* En 2003, l'Union européenne bannissait la pratique – en théorie. Selon l'UICN, la réglementation actuelle, trop laxiste, permettrait le *finning* de deux requins sur trois sans jamais enfreindre la loi. Bruxelles se prononcera sur une interdiction plus stricte à la fin de l'année 2012. L'enjeu est d'importance : l'Europe, et en particulier l'Espagne, est le premier exportateur d'ailerons vers la Chine.

Sur la *Perle des Mers*, les ailerons s'entassaient dans un grand sac de jute au fond de la soute frigorifique. Nuit après nuit, nous jetions nos lignes à la mer, pour les relever le matin, mangeant peu, dormant moins encore. En quinze jours de marée, une centaine de requins ont échoué sur les tapis gorgés de sang, offerts au poignard de Scott.

Au printemps 1940, John Steinbeck embarque à bord du *Western Flyer* avec le biologiste Ed Ricketts, pour étudier les fonds marins du golfe de Californie. Son récit fabuleux, *Dans la mer de Cortez*, relate la rencontre, au large du Mexique, d'une flottille japonaise dont les filets démesurés raclent les fonds marins, remontant à chaque rotation des tonnes de requins et de raies pour ne conserver que les précieuses crevettes bleues. Bouleversé par le gaspillage, Steinbeck fraternise pourtant avec les pêcheurs japonais : *« C'étaient des hommes bons, pris dans une machine immense et destructrice – des hommes bons qui faisaient le mal. »* Steinbeck aurait-il fait le même constat à bord de la *Perle des Mers* ? J'en doute.

Dans mon récit, *Nullarbor*, j'ai raconté cette campagne en mer, les hommes qui déraillent, accablés de fatigue, l'outrance des insultes, le crescendo de la violence, les effroyables tortures infligées aux requins pour la simple raison qu'ils ont bouffé nos thons, le massacre à la chevrotine d'un poisson-lune immense empêtré dans les lignes. Deux jours avant la fin, un nœud dans une corde happe la main de Janine et lui tranche trois doigts, sans que Luke ne juge bon d'interrompre la pêche pour la rapatrier… L'avidité, cette machine immense et destructrice évoquée par Steinbeck, finit par aveugler les hommes au point qu'ils en viennent, parfois, à ne plus respecter leur propre humanité. C'est, je crois, le nœud du drame.

Sur le chemin de Fremantle, Luke nous a fait briquer le pont de la *Perle des Mers*. Balai-brosse, détergent : il fallait effacer les traces. L'eau saturée de sang, charriant des débris putréfiés, s'écoulait par les sabords. La marée avait été bonne, Luke et Scott souriaient.

Nous sommes rentrés au port en fin d'après-midi. Le déchargement touchait à son terme quand un yacht nous a accostés. Un sexagénaire, chevelure gominée, fringues de marque, est apparu sur la passerelle. Satisfait par les chiffres, l'armateur est reparti sans jeter un œil aux carcasses. Resté seul avec Luke, je voulais mon argent. *« Reviens dans trois semaines, quand l'poisson sera vendu… »* Il m'a accordé une avance, trop heureux de m'arnaquer. Pour le reste, il enverrait un chèque. *« Sauf les ailerons, ça c'est en cash ou rien du tout! »* Au fond, ça m'arrangeait. J'ai pris mon sac, et je suis reparti.

David Fauquemberg,
né en 1973, est écrivain, traducteur, grand reporter pour Géo *et* XXI. *Son récit* Nullarbor *(Hoëbeke, 2007), inspiré d'un voyage en Australie, obtient le premier prix Nicolas Bouvier.* Mal Tiempo *(Fayard, 2009), histoire d'un boxeur cubain, reçoit le prix Millepages et le prix des Hebdos en Région.*

[2] *Union internationale de conservation de la nature.*

Darfour
Est du Tchad

Dans le camp de Ouré Cassoni, *le plus septentrional, un groupe de majorettes chante et danse. Ces écolières fêtent la remise des diplômes et des prix, à l'issue de concours scolaires organisés par leur école et le Haut Commissariat aux Réfugiés (HCR).*

NAISSANCE D'UNE DIASPORA

Depuis dix ans, les 280 000 réfugiés du Darfour, au Tchad, sont installés dans une dizaine de camps, répartis le long de la frontière. Ils ont aménagé ce territoire et forment désormais une nouvelle communauté bénéficiant des conditions de vie qui leur étaient interdites au Darfour. Un **exil** qui semble s'installer dans la durée, même s'ils vivent dans la crainte qu'on les renvoie chez eux… de l'autre côté de la frontière.

Par Frédéric Noy

Un jeune réfugié *contemple la partie sud du camp de Farchana, debout sur la colline qui scinde en deux et surplombe le site de réfugiés. C'est l'endroit préféré des enfants quand ils ne sont pas à l'école. Le camp de Farchana abrite plus de 23 000 réfugiés. Ouvert en janvier 2004, il est situé à 56 kilomètres de la frontière soudanaise, à 120 kilomètres à l'est d'Abéché, la principale ville du Tchad oriental.*

Dans la rue principale *du camp de Djabal, où sont installées la plupart des boutiques, un maçon construit une échoppe et un grenier pour un autre réfugié, qui est à la fois paysan et commerçant. Pour financer ces travaux, le propriétaire a pris un crédit.*

A Ouré Cassoni, *situé dans le désert, trois jeunes réfugiés rapportent chez eux des plants d'arbres, afin de les installer dans la cour de leurs concessions respectives. Dans quelques années, une mince ombre devrait abriter une partie de la cour.*

Dans les environs du camp de Djabal, *une réfugiée travaille dans sa parcelle maraîchère. Six cents bénéficiaires, identifiées comme vulnérables (femmes seules, veuves ou familles nombreuses) et volontaires, ont obtenu une parcelle et l'appui de conseillers en agriculture.*

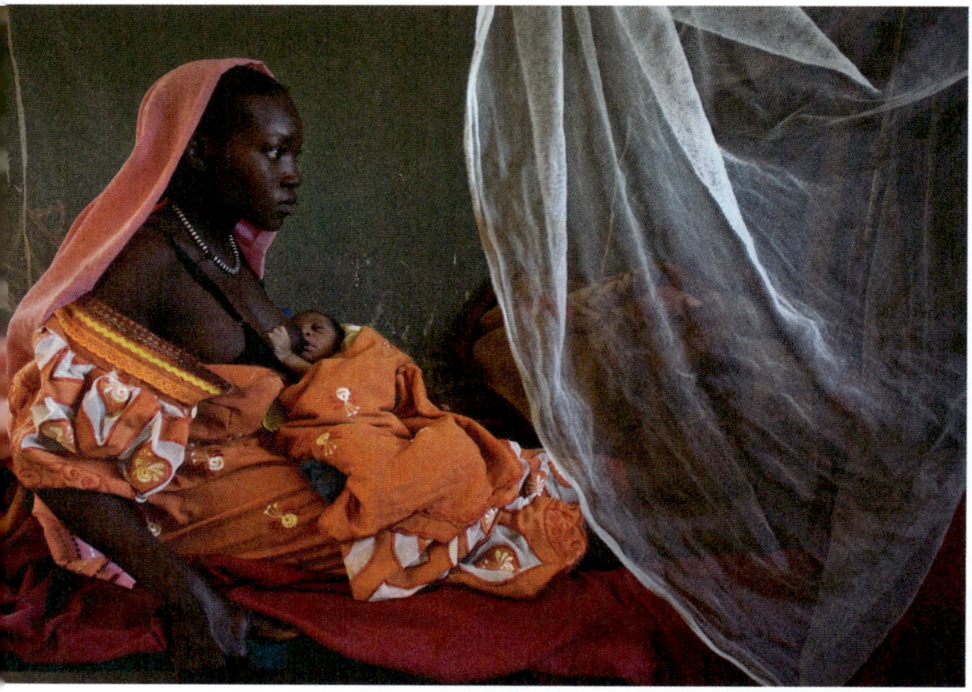

Dans le service de maternité *du centre de Santé de Djabal, cette jeune mère a accouché quelques heures plus tôt. Chaque année, entre 4 472 et 5 200 réfugiés naissent dans le seul camp de Djabal. C'est beucoup plus que les prévisions du HCR.*

Cette classe *rassemble plus de cent étudiantes, âgées de quatorze à seize ans, pour leur cours de littérature à Ouré Cassoni. En secondaire, les classes ne sont pas mixtes. Ni pupitres ni chaises : tout le monde s'assied à même le sol, sur des nattes.*

L'école primaire *accueille 690 enfants. Les bâtiments étant trop exigus, les premiers niveaux font classe dehors, au milieu de la cour à l'ombre des arbres. 60 % de la population du camp a moins de dix-huit ans.*

Dans la concession familiale, *une vieille femme, son petit-fils sur le dos, prépare la boisson traditionnelle au sorgo. Après avoir laissé tremper le mil rouge pour en obtenir une pâte, elle la sèche et en fait des boulettes, qui seront ensuite dissoutes dans l'eau. A la recherche d'argent, les réfugiés multiplient les petites activités.*

Mariam Issac Hassan *pose dans la concession familiale avec ses six enfants : Safia, 16 ans (à droite, elle porte un voile vert), Nusur, 14 ans (le garçon au tee-shirt bleu), Tahir, 12 ans (à gauche, avec la chemise), Gisima, 9 ans (à droite, avec l'étoffe rouge), Khatir, 6 ans (en short vert) et Saïd, 4 ans (au premier plan). Mariam est arrivée à Djabal en 2004 :* « J'ai quitté le Soudan avec cinq enfants. J'ai accouché au Tchad du dernier, Saïd. Je vivais au Darfour, à Tukul, près de Bayda. » *Mariam est handicapée :* « J'étais prête à aller n'importe où pour être soignée. Je n'ai d'autre choix que d'accepter ma situation. J'espère seulement que mes enfants pourront étudier. »

7 h 30 du matin, *aux environs du camp de Ouré Cassoni. Un couple de bergers poussent un troupeau d'ovins. Ils se rendent au* wadi *(lit de rivière asséché), à plusieurs kilomètres de là. Ils y trouveront de l'eau et de l'herbe, même en période sèche. Pour gagner du temps et permettre au plus grand nombre de poursuivre leurs activités quotidiennes, les réfugiés rassemblent en un seul grand troupeau toutes leurs bêtes.*

Un épicier mesure dans un grand bol *le mil apporté par une fillette, qui souhaite l'échanger contre du sucre. Pour un koro trois quarts (une mesure commune au Tchad et au Darfour, qui correspond donc à un grand bol en fer), elle obtient 375 francs CFA (0,8 dollar US). Le troc est une pratique économique courante dans les camps.*

***Des enfants jouent sur un terrain de jeu** équipé de balançoires et de portiques métalliques. La semaine scolaire suit le rythme soudanais : école du dimanche au jeudi, repos le vendredi et le samedi. Ils suivent les programmes scolaires soudanais et non tchadiens, pour les préparer à rentrer chez eux… ce que la plupart d'entre eux ne feront sans doute jamais.*

Frédéric Noy, *photographe indépendant, centre son travail sur l'Afrique. Successivement basé en Tanzanie, au Nigéria, au Soudan, au Tchad, il se trouve actuellement en Ouganda. Ses récits photographiques sont régulièrement publiés dans la presse* – De l'Air, M Magazine, Jeune Afrique, La Revue, L'Equipe Magazine, Le Figaro Magazine, Vanity Fair, El Pais, The Guardian…

Mer Noire
Ukraine / Géorgie / etc.

LA QUADRATURE DU CERCLE

Du Bosphore à Trébizonde, déambulation autour de la **mer Noire,** dans les pas de Kéraban-le-Têtu, le héros pressé de Jules Verne. Entre pays slaves et ottomans, univers byzantin et orthodoxe, un drôle de voyage post-soviétique, à la rencontre des peuples kirghize, ukrainien, gagaouze et tatar.

Par Sylvain Tesson / Photos Thomas Goisque

Le port *d'Odessa, en Ukraine.*

Les voyageurs mentent comme des arracheurs de dents. Lorsqu'ils déroulent leurs motifs, il faudrait se boucher les oreilles. L'aimant des uns, c'est la toponymie : ils se vantent de « *voyager vers des noms magnifiques*[1] ». Les autres veulent « *plonger dans l'altérité*[2] », se porter au secours des déshérités. D'autres partent sauver la mangrove de Casamance, étudier le sens de la fête chez les talibans, découvrir un lémurien malgache. Bref, Ulysse s'aventure toujours avec de bonnes raisons. Aucun voyageur n'avoue chercher un dérivatif à l'ennui. Aucun, sauf s'il est écrivain. Les écrivains seuls sont sincères. Ils ne s'embarrassent pas de fausses explications. Ils conviennent de l'évidence : la plus saine raison de lever l'ancre est d'échapper à la routine.

Bruce Chatwin écrit dans une lettre de 1969 : « *Pourquoi ne puis-je tenir en place quand je suis resté au même endroit pendant un mois, pour devenir carrément insupportable au bout de deux*[3] ? ». Dans *A Rebours*, Des Esseintes, le héros d'Huysmans, rêve d'un voyage où dissoudre sa dépression. Baudelaire voudrait guérir son spleen « *n'importe où, n'importe où* ». Mallarmé répète : « *Fuir, là-bas fuir* ». Le plus culotté de tous, c'est Jules Verne. Dans Kéraban-le-Têtu, roman publié en 1883 sous une couverture bleue et or de Hetzel, le vieux Jules invente l'anti-héros de l'anti-voyage. Il n'encombre même pas son homme de vague à l'âme. Kéraban, négociant de tabac de Constantinople, joue une partition gratuite. Partant de la rive européenne du Bosphore et désireux d'en gagner la rive asiatique, il se lance dans le tour complet de la mer Noire. Son ambition est d'échapper à l'octroi de traversée du détroit, imposé par le chef de la police. Kéraban ne cède pas, Kéraban ne fuit pas, Kéraban contourne. Trois mille kilomètres pour venir à bout de deux kilomètres de chenal ! Hymne à l'absurdité, la circumambulation de Kéraban autour du Pont-Euxin[4] prouve que l'opiniâtreté est un moyen de transport efficace : « *Ce n'est point un voyage, c'est tout simplement un autre chemin que prend mon ami Kéraban pour rentrer dîner chez lui.* »

Ô Kéraban ! saint patron des vagabonds entravés dans leur élan. Le Turc nous apprend ceci : à la brutalité de l'administration, il faut opposer la délicatesse de la patience. A force de s'obstiner, on finira par prendre les murs à revers. Un jour, en plein Gobi, le passage de la Mongolie à la Chine me fut interdit. Voilà ce que je notais dans mon journal d'automne 2003 :

« *Je fais demi-tour. Je reprendrai le fil de mon avancée à un kilomètre de distance de l'endroit d'où je suis refoulé après m'être acquitté de 2 000 kilomètres. J'aime ces contournements qui exigent de la stupidité,*

[1] *Merci à Béatrice Commengé pour ce titre somptueux (Finitude, 2009).*
[2] *Dans les festivals de littérature de voyage, l'intitulé des conférences annonce toujours : « goût de l'ailleurs », « plongée dans l'altérité » ou « quête de l'horizon »*
[3] *Bruce Chatwin,* La Sagesse du nomade, Correspondance, *Grasset, 2012.*
[4] *Pont-Euxin, « la mer hospitalière », nom donné par les anciens Grecs à la mer Noire.*

La forteresse d'Ananuri, *datant des XVIe et XVIIe siècles, en Géorgie.*

vertu dont je crois ne pas manquer. Mon détour revient à rejoindre la tour Eiffel depuis le Louvre en passant par Copenhague parce que le pont d'Iéna serait coupé. Je place ces journées sous la protection spirituelle du voyageur dont je me suis le plus affectionné ces temps derniers : Kéraban-le-Têtu. »

Huit ans après ces lignes, au mois de novembre, je suis assis sur un banc devant le Bosphore, rive ouest. Je regarde la rive d'en face reliée par le pont Atatürk. Les ponts, aujourd'hui, rendent les choses trop faciles. Des centaines de pêcheurs, au bord du quai, essaient de rapporter à dîner. Leurs cannes oscillent mollement. Parfois, l'une se relève, suivie d'un éclair d'argent. De temps en temps, pour l'honneur, des chats chargent une mouette postée au bord du ponton. L'appel à la prière retentit à cinq heures. Chaque minaret ajoute sa stridulation à la bulle sonore qui gonfle au-dessus de la ville. Avec toutes ces flèches hérissées vers les cieux, Dieu ne risque-t-il pas de se faire mal s'il revient sur la Terre ? Des centaines de bateaux croisent sur l'eau. Les ferries déversent des colonnes humaines. Istanbul est un embarcadère coupé en deux par un chenal.

Demain, je pars dans les pas de Kéraban. Dans mon sac, un fac-similé d'une vieille édition du roman, avec les gravures de Benett et une carte, page 94. Mon voisin de banc, un vieux Stambouliote, m'a demandé ce que je lisais. J'ai dit : *« Kéraban »*. Il a dit : *« Kérabâne »* ? en dessinant un cercle avec son index gauche. J'ai dit : *« Oui ! »* Et il a dit : *« Jules Verne,* good man ! » Le roman me servira de guide pour sillonner les côtes dans le sens des aiguilles d'une montre. Je voyage pour le compte de la chaîne de télévision d'Etat numéro cinq (France 5, disent-ils). Je vais traverser la Turquie occidentale, la Bulgarie, la Roumanie, le Sud de l'Ukraine et la Crimée, longer le flanc sud du Caucase russe, passer en Abkhazie puis en Géorgie avant de regagner la côte Pontique et Istanbul.

Chemin faisant, j'aurai quelques questions à démêler. Les peuples littoraux partagent-ils une identité commune ? Le Marocain, l'Algérien et le Marseillais ont beaucoup à se dire. Ils vivent sur des rivages fécondés par le génie grec, inondés de soleil romain. Ils bordent un creuset commun. Braudel explore cette union des cœurs dans un petit bijou : *La Méditerranée*. En va-t-il de la sorte pour le Bulgare, le Géorgien, et le Laz ?

Je pressens que si Kéraban voyageait aujourd'hui, il subirait autant d'avanies qu'en 1883. En ce début de XXIe siècle, les obstacles administratifs ne sont pas abolis sur les bords du Pont-Euxin. Les empires éclatés ont accouché de miettes. Les nouveaux États se dotent d'un drapeau puis, d'un geste fier, abattent autour d'eux des barrières. Le progrès étant le nom que les aveugles donnent à la dégradation des choses, je ne vois pas ce qui aurait changé en un siècle.

Une fièvre de chenal. La rive asiatique est devant moi, à moins de deux kilomètres. Si tout se passe bien, dans un mois, je serai en face. S'il existait une science empruntant à la géographie et à l'anatomie, la mer Noire serait un fœtus et le Bosphore le col d'un utérus où les bateaux tiendraient le rôle des gamètes. Aujourd'hui, ils vont du sud vers le nord. Demain, les autorités inverseront le sens de circulation.

Mon vieil héros est une sorte de derviche : il circule autour de la mer. On ne perd jamais rien à tourner en rond

Le Bosphore est animé par un double courant. Le premier flux convoie en surface les eaux de la mer Noire à la mer de Marmara. Le deuxième pulse en profondeur les eaux salées de Marmara vers le bassin du Pont-Euxin. La mer doit sa salinité à ce mouvement. Autrefois, les pêcheurs remontaient le Bosphore en trempant leurs filets dans l'eau pour qu'ils se prennent dans le courant de fond. Il y a beaucoup d'êtres humains qui agissent d'une façon et pensent d'une autre. Ils suivent des pentes qui ne correspondent pas à leurs inclinations profondes. Ce sont des êtres dangereux. Comme le Bosphore.

Kéraban, lui, n'est pas dangereux. Un héros de Jules Verne n'est jamais dual. Les personnages des *Voyages extraordinaires* présentent des caractères caricaturaux exposés en début du roman et que les péripéties confirment. Le roman vernien met aux prises des archétypes humains avec une nature parfaitement prédictible. L'imprévu surgit pour le héros, jamais pour le lecteur.

Entre les tons d'une gamme subtile. Avant de partir en voyage, il faut la bénédiction d'un maître. Au pied de la tour de Galata, dans le quartier de Beyoğlu, mon ami Sébastien de Courtois, historien et professeur à l'université stambouliote de Bilgi me présente Jalâl Eddine. Ce virtuose a fondé, il y a trente ans, le groupe de musique soufi Al-Kindî. Jalâl Eddine n'a rien d'un Oriental. Il est Alsacien mais Jalâl Eddine, « *majesté de la foi* », sonnait mieux que son vrai nom, Julien Weiss. Il a changé de religion jugeant sans doute l'islam plus mystérieux que la culture rhénane. Quand nous entrons chez lui, Jalâl est assis devant son qanûn, cithare arabe, vêtu d'une djellaba noire. Son cou d'oiseau de nuit porte une tête chauve et un regard de fièvre. Une femme est couchée à ses pieds. Jalâl Eddine fait les présentations : « *mon esclave* ». Puis, c'est l'enchantement, les notes envahissent la nuit stambouliote. La jeune femme frappe un tambour. Le qanûn s'arrête, Jalâl Eddine parle : « *La musique occidentale insulte mes oreilles. Je suis un être d'une délicatesse rare et me suis nourri dès l'enfance à la source de jouvence pythagoricienne. Je ne crois qu'à la subtilité intertonale. Les Arabes, eux, savent qu'il y a un univers entre deux tons. Se contenter de douze demi-tons par octave, comme les Occidentaux, est d'une insoutenable grossièreté ! Les traditions arabes et ottomanes me sont apparues comme les seuls systèmes à la hauteur de mon génie.* »

Jalâl évoque ensuite les confréries soufies. Les disciples de Roumi, au temps de leur rayonnement, se distribuaient autour de la mer Noire. Je n'écoute plus parce que je pense à Kéraban. Mon vieil héros est une sorte de derviche : il circule autour de la mer, il revient à son point de départ, enrichi par l'aventure. On ne perd jamais rien à tourner en rond.

Le lendemain, je suis sur la route, vers le nord-ouest. Sur la carte de Benett, la partie occidentale de la Turquie s'appelle la Roumélie. Dans les trouées de la forêt de chênes, la mer Noire apparaît. Tient-elle son nom de ses reflets anthracites ou de ses humeurs ? Des rangs de vagues lancent leurs assauts contre les talus. Ah, cette obstination de la mer à faire reculer les pays !

De l'autre côté de la frontière, en Bulgarie, le pays s'appelait la Thrace. Ces noms n'existent plus. L'Histoire est une entreprise de changement de propriétaires et de modifications des actes de baptême. L'automne a roussi la forêt. Je franchis la frontière bulgare par un poste sylvestre. Le goudron se grêle de nids-de-poule. Passe un camion de marque GAZ et une petite voiture Jigouli orange, une de ces boîtes à savon qui faisait rêver les moujiks au temps de Brejnev. Ces bagnoles sont des indicateurs. Elles marquent l'entrée dans la sphère de feu l'Union soviétique. Au soir, j'atteins la ville balnéaire de Varna sur la côte bulgare. Dans les alignements d'immeubles gris peuplés de Slaves aux cheveux raides, je retrouve cette atmosphère que j'aime au suprême, mélange d'urbanisme socialiste et de chaleur humaine. Du haut de la colline qui surplombe la troisième cité du pays, des statues de béton rappellent que le grand frère russe est venu délivrer les Bulgares en 1945. Il fallait un monument pour que les libérés en fussent convaincus. De là-haut, Varna apparaît dans toute sa langueur, enfouie dans le manchon des arbres desséchés par l'haleine du large. Avec la Crimée et l'Abkhazie, le littoral bulgare constituait pour l'*Homo sovieticus* la préfiguration du paradis. Les apparatchiks méritants possédaient ici, à portée de train, une manière de côte d'Azur. S'il avait expédié suffisamment d'ennemis du peuple dans l'hiver sibérien, un commissaire politique pouvait espérer tâter en récompense les clémences bulgares. C'est ainsi que la côte est hérissée de stations aux allures de sanatoriums. Depuis la chute de l'URSS, les promoteurs de l'économie de marché s'arrachent le littoral comme jadis leurs homologues soviétiques. La différence entre le socialisme et le capitalisme ? Le béton des seconds, hélas, est d'une meilleure qualité.

Savoir finir comme une jeune vierge. Je vais me laver de ce spectacle à cent kilomètres au nord de Varna, à la pointe du cap Kaliakra. Des parois de grès, pressées d'en finir avec la géographie, plongent dans la mer, offrant un promontoire aux contemplatifs et un tremplin aux désespérés. C'est une drôle de chose de se tenir, littéralement, *au bord* d'un pays. L'institutrice du village, Jénina, est venue avec moi sur la falaise. Elle regarde l'horizon. Je détaille son beau visage. Comme tous les Gagaouzes du monde (ils sont très peu nombreux), elle a la pommette riche, l'œil fendu.

Les Gagaouzes occupent la partie septentrionale de la Bulgarie, parlent une langue turque et vivent dans la religion orthodoxe. Ils ont conservé leur foi au prix d'une série de sacrifices dont le plus extravagant s'est déroulé sur ces parapets. « *Quarante vierges poursuivies par les émissaires du Sultan ont sauté de cette falaise pour échapper au harem* », dit Jénina. C'était l'époque où le Sud de l'Europe subissait *le joug ottoman* (titre du très hugolien chef-d'œuvre de la littérature bulgare écrit par un Ivan Vazov). Jénina se tait et fixe le large. J'aime les voyages pour les leçons qu'ils assènent. Dans la vie, quand il n'y a plus d'issue, il reste toujours « la voie des vierges Gagaouzes » consistant à sauter dans le vide. Même si en dessous, la mer bave comme un chien affreux au pied d'un buffet garni.

Dans Jules Verne, on cavale. Kéraban, comme tous les héros des *Voyages extraordinaires*, est un furieux. Verne, un demi-siècle avant Paul Morand, invente *l'homme pressé*. En fonçant, le héros moissonne les souvenirs. Nulle part il ne s'attarde. Et si c'était la bonne façon de faire ? « *Je crois beaucoup au coup d'œil rapide. Ensuite on se trompe* », confiait Jean Cocteau à André Fraigneau. Ne disposant que d'un mois, je suis condamné au « coup d'œil ». Le mors aux dents, j'atteins la frontière roumaine. Des convois de camions ukrainiens transbordant des éoliennes danoises débitées en tranches transitent vers le sud. L'éolienne a un trait commun avec Kéraban : elle tourne. Dans la nuit roumaine, je roule vers la rive sud du Danube. J'aime ce fleuve depuis que la lecture du *Pilote du Danube* m'en a fait découvrir les marais mouchetés d'iris et froissés par les explosions d'oiseaux fous.

Tout delta se situe à l'oméga d'un fleuve. A Tulcea, j'embarque sur un canot-taxi. Johann Strauss a dit n'importe quoi : le fleuve est vert-de-jade. Le canot s'enfonce dans le labyrinthe du delta danubien. C'est ici le combat de l'eau et de la terre. Le Danube après 3 000 kilomètres de dolence austro-balkanique retarde sa dilution dans les eaux de la mer. Il est étrange de nommer « delta » ce qui se tient à l'oméga d'un fleuve. Les chenaux isolent des îlots colonisés par les saules et défendus par des troncs morts que les aigrettes choisissent pour postes de vigie. Des hérons s'envolent en craquant quand la vague de notre sillage lèche la berge. Dans ces plaines d'ajoncs, Verne campe l'attaque de la voiture de Kéraban par des hordes de sangliers. Je ne vois pas de sangliers car la brume tend ses haillons entre la rive roumaine et la rive ukrainienne. En deux heures, j'atteins mon but : Périprava, un lieu comme je les aime, un bout du monde dissimulé par les roselières. Des Lipovènes, paysans d'origine russe, s'y sont réfugiés au XVIIIe siècle, fuyant les réformes du clergé orthodoxe. Ils appartiennent à cette Confrérie des Vieux-croyants dispersée aux vents de Russie. J'en ai rencontré beaucoup de ces « cathares slaves » sur les bords de l'Amour, de la Léna ou dans les taïgas du Baïkal. Le delta convenait à leur immense besoin de tranquillité. Ils ont excellé dans l'art de disparaître. Ils pêchent sans bruit depuis trois siècles, glissant sur les allées, vivant lentement à l'abri des herbes, habitant des maisons de torchis aux toits de roseaux. S'exiler, c'est s'enfouir.

Combien sont-ils, les Lipovènes ? Peut-être 50 000, distribués entre Ukraine et Roumanie. On me convie sous l'église à bulbe. Les fidèles ont noms Constantin, Kyril ou Igan. Des femmes en fichus astiquent les icônes. Des chants slavons jaillissent des barbes. Après l'office, Mikhaïl, 70 ans, insiste : « *Viens pêcher !* » Sa barque prend l'eau de partout. On écope et Mikhaïl dit : « *Il y a très longtemps, Noé s'est échoué avec son arche, ici, sur ce banc de sable.* » Je crois qu'il boit trop, le pauvre Mikhaïl. Il me tend un quart d'eau de prune à soixante degrés.

Le port de Batoumi,
en Géorgie.

Paysanne géorgienne
à quelques encablures du port de Batoumi.

Je lui dis de ne pas en renverser car on risquerait de faire un trou de plus dans la barcasse. Il m'apprend que les prisonniers de Ceausescu ont creusé à la pelle les canaux qui anastomosent cette partie du delta. Je suis heureux d'avoir connu Mikhaïl, mais récolte de nos conversations une migraine de vingt-quatre heures.

Qui se souvient des Lipovènes ? Qui se préoccupe d'une poignée d'hommes pour qui des affaires de signe de croix constituaient des questions de vie ou de mort ? Et dire que ces vieux Russes appartiennent aujourd'hui à l'Union européenne et monnayeront bientôt en euros le tord-boyaux qui les aide à ne pas regretter les roubles du tsar…

Des femmes en fichus astiquent les icônes. Des chants slavons jaillissent des barbes. Après l'office, Mikhaïl, 70 ans, insiste : « Viens pêcher ! » Sa barque prend l'eau de partout

La francophonie à visage humain. Pour trouver le chemin de l'Ukraine, il faut suivre les oiseaux. Ce matin, les cormorans fusent vers le nord, frôlant les bras du delta. Le bateau me jette à l'embarcadère d'Izmail et, en trois heures de taxi, je suis à Odessa.

Dans la ville, je suis recueilli par Paulina et Anna de l'Alliance française. Les deux Ukrainiennes parlent un français légèrement désuet : *« Cette visite vous agrée-t-elle, cher ami ? »* Ces filles, c'est la francophonie à visage humain. Un soir, un milicien ventru m'arrête parce que je bois une bière. *« C'est interdit dans la rue, vous l'ignoriez ? »* Mes protectrices glissent un bakchich dans les gros doigts du type. Je lance au sergent Garcia : *« Camarade, tu es la fierté de la milice. »* Le lendemain, suivant Anna qui marche à grandes enjambées et Paulina qui n'ose pas me dire de presser le pas, je rencontre un peintre neurasthénique, des étudiants enthousiastes, des scientifiques qui réduisent la mer à des chiffres stériles, un directeur de port trop fier de ses statistiques pour être honnête et des marins lassés des incursions du Turc dans leurs eaux. Je contemple la mer depuis le haut de l'escalier qui servit à Eisenstein pour la scène du landau (dans le film *Le Cuirassé Potemkine*). Pour une fois, elle est bleue. L'heure tourne, j'ai un train à prendre. D'après la carte de Benett, le train pour la Crimée traverse la « Podolie ». D'après Anna, il part dans dix minutes. C'est triste, le visage d'une Ukrainienne qui s'éloigne, sur un quai, la nuit.

Les trains de l'ex-empire soviétique sont bien pratiques pour les études de terrain. Au wagon-restaurant, je dis aux gens : *« Et vous ? Vous vous sentez de la mer Noire ? »* Les uns rigolent, d'autres se tortillent en regardant passer une usine nucléaire par la fenêtre. Certains, un peu gênés, avalent une rasade de bière (Baltika n° 3, en vente au bar). La plupart me disent : *« Non, moi, je suis de Roumanie. »* Ou *« Moi, je suis de Crimée. »* Ou *« Je ne comprends pas, je suis Ukrainien. »* Les Lipovènes et les Stambouliotes, c'était pareil : personne ne semble beaucoup l'aimer, cette flaque couleur flanelle.

De la steppe à la mer. Mon affection pour les trains russes. Ils sont spacieux, sûrs et confortables. Ils arrivent à l'heure, même au cœur de l'hiver. A Simféropol, le voyageur est accueilli par une statue de Lénine. Pas un Lénine martial au bras tendu, comme dans les villes de l'ex-empire, mais un Lénine assis, un livre à la main : signe que nous sommes sur une terre de repos. En marchant jusqu'à l'université, j'essaie d'imaginer ce qu'il lit : Hegel ? Gorki ? Ou le livre culte de la jeunesse anarchiste de la fin du XIXe siècle, le *Que faire* par Nikolaï Tchernychevski ?

A l'université philologique, une délégation de professeurs tatars m'attend. On me convie à un exposé sur les difficultés de la transcription de l'alphabet tatar en alphabet cyrillique. J'ai affreusement besoin d'un café mais il faut à présent visiter des hameaux de réimplantation. Les Tatars, descendants des hordes gengiskhanides, ont prospéré au nord de la mer Noire, au XIIIe siècle. Déportés en Ouzbékistan par Staline en 1930, ils reviennent aujourd'hui dans leur berceau de Crimée. Les retours sont difficiles car les exilés prétendent à des terres qui sont passées entre-temps dans les mains ukrainiennes. Accompagné par des membres du parlement des jeunes Tatars, je marche à travers des baraquements en écoutant les étudiants m'exposer leurs griefs comme si j'étais un représentant des Nations Unies en charge du dossier.

Et puis voilà Batchkisaraï, cœur du peuplement tatar, village agreste surgissant de dolines comblées de peupliers et de minarets blancs. Les militants m'ont obtenu un rendez-vous avec Mustafa Djemilev, représentant des Tatars au parlement de Kiev. Il me déçoit un peu au physique. Je m'attendais à un fils des steppes aux yeux de loup. Il ressemble à Charlie Chaplin. Mais il fait une forte impression psychique. Il émane de lui l'autorité nécessaire à sa tâche : défendre l'autonomie de son peuple à la Douma. Il parle, et même les petits oiseaux des jardins du palais de Khan se taisent : *« L'entrée de l'Ukraine dans l'Europe servirait nos intérêts car le fédéralisme est l'allié des petits peuples. »* Les étudiants sont galvanisés. Ils ont entendu leur leader et à présent, ils veulent boire du thé en refaisant le monde. L'auberge où nous nous installons dans le soir tombant rappelle les *chaïkhana* du Turkestan. Mes nouveaux amis sont ardents, jeunes, patriotes. Je parle un peu de Kéraban, mais je n'ai pas beaucoup de succès. Eux, ils carburent à la fierté tatare.

Kéraban expédie assez vite son séjour en Crimée. N'oublions pas que seul lui importe de rentrer chez lui. Il n'a pas de temps à perdre, le vieux Turc ! Il n'est pas là pour musarder. Les formules confucéennes du style « le chemin importe plus que le but » le feraient bien rire. Il a une boucle à boucler, lui.

Moi, je m'attarde. Les flancs karstiques donne à la péninsule un parfum provençal. Quand le soleil colore de lavande les drapés du mont Roman Koch, on croirait la *Sainte-Victoire* de Cézanne. Jules Verne comparait la Crimée à un gros fruit, au bout de sa tige. Les marins grecs du Ve siècle avaient installé un comptoir, non loin de Sébastopol, dans une crique hospitalière. Ils avaient appelé leur nouvelle cité « Chersonèse », la *Péninsule*, en grec. Les Grecs connaissaient bien la géographie puisqu'ils l'inventèrent. Je goûte le vin des coteaux de Yalta, et ivre de ce cabernet dopé à l'iode, je gagne Sébastopol, où le poète Vladimir Afanassenko, avec son faux air de Chateaubriand, debout sur les parapets de la batterie militaire Mikhaïlovskaïa me déroule des vers où il est question d'amour de la géographie, de guerre navale et de points cardinaux. En face, dans la rade, la mer clapote gentiment sur les flancs des destroyers.

Y aura-t-il de la neige en hiver ? Fidèle à Kéraban, je me précipite vers le détroit de Kerch. L'étroiture d'un kilomètre de large met en communication les eaux de la mer d'Azov, au nord, avec celles de la mer Noire, au sud et marque la frontière entre l'Ukraine, à l'ouest et la Russie, à l'est. Il se prend à neiger à la seconde où le bac aborde à la rive russe. Je roule trois cents kilomètres vers le sud-est et m'aperçois très vite qu'il règne dans la ville de Sotchi une agitation inquiète. Les Russes bâtissent ici les infrastructures des Jeux olympiques d'hiver de 2014 et savent que Vladimir Poutine prend très à cœur l'avancement du chantier. Les ouvriers ouzbeks et caucasiens, on ne les aime pas beaucoup dans la Russie blanche, mais avec une truelle

La mer Noire gelée,
non loin d'Odessa.

et un casque dans un chantier en retard, on les tolère. S'ils travaillent ardemment, la Russie pourra crier dans deux ans à la face du monde : « Skieurs de tous les pays, rendez-vous à Sotchi ! » Chose étrange, le climat du coin est « subtropical à hiver froid », comme on dit dans les manuels. Un contremaître chargé du palais du patinage se laisse aller à un bref découragement : *« Je pense que le bâtiment sera prêt pour les jeux, en revanche je ne sais pas du tout s'il y aura de la neige. »* En cas d'échec, les responsables de « Sotchi 2014 » pourront toujours reprendre la formule du ministre Tchernomyrdine, sommé de commenter son bilan : *« Nous avons voulu faire au mieux mais cela fut comme d'habitude ! »*

La différence entre le socialisme et le capitalisme ? Le béton des seconds, hélas, est d'une meilleure qualité

Abkhazie, ma chérie. Et puis soudain, le bât blesse. Le paisible déroulé de ma circumambulation se grippe. Longer le littoral s'apparentait jusqu'ici à une aimable balade. Mais j'aborde à présent en Abkhazie, petite république coincée entre le Caucase et la mer. La région mesure 200 kilomètres de long, 40 kilomètres de large et s'étire parallèlement au littoral. Elle appartenait à la Géorgie jusqu'à ce que les 200 000 Abkhazes déclarent leur indépendance, en 1993, après une courte guerre. Les autorités russes ont reconnu le pays en 2008 et protègent la satrapie, heureux d'affaiblir Tbilissi. La Géorgie rêve que l'Otan l'aide à récupérer son mouchoir de roche. J'ai négocié longuement le droit d'entrer dans cette zone grise calmement installée sur un baril de poudre. Qui n'a jamais rêvé de traverser une station balnéaire indépendante ?

La capitale, Soukhoum, est constituée d'un front de mer rococo-stalinien et de bâtisses décaties aux alignements rythmés par des bosquets de palmiers. On croirait Nice après cinq décennies de gestion par le Politburo. Le climat est subtropical, les hommes ressemblent aux Syldaves d'Hergé, ils boivent un alcool à regretter la vodka moldave et sont d'une hospitalité indéfectible à l'égard de toute personne acquise à la souveraineté.

Un matin, j'ai la chance de rencontrer l'excellent Slava Tchirikva, ministre des Affaires étrangères du pays. Nous discutons sur le front de mer où les vétérans jouent aux échecs en sirotant du café noir. Je dis : *« Monsieur le Ministre, des milliers de soldats russes sont stationnés sur votre sol et le rouble est votre monnaie nationale. Comment pouvez-vous parler d'indépendance ? »* Il dit : *« Mon jeune ami, vous venez d'un pays de l'Otan où la monnaie nationale s'appelle l'euro. »* Bref, nous sommes dans l'impasse. Le ministre ne se montre sincère que lorsqu'il avoue son admiration pour Georges Dumézil, dont il fut l'élève à Paris et qui, naturellement, maîtrisait parfaitement la grammaire abkhaze. Le ministre a lu *Kéraban* et se souvient bien de sa cavalcade éperdue à travers les forêts d'Abkhazie. Derrière nous, la mer Noire bat les flancs du pays. Les vagues naissent, elles se dressent écumantes d'enthousiasme puis elles s'écroulent en bavant. Tout à fait moi quand je suis saoul.

Aimer, boire et foutre le camp. Je parviens à cette frontière contestée par Tbilissi : une zone de deux kilomètres, sous haute tension. L'Abkhazie est la douleur fantôme de la Géorgie amputée et la plaie ne cautérise pas. Les autorités géorgiennes ne laissent passer aucun voyageur qui aurait transité par Soukhoum en venant de Russie. Les Géorgiens aiment le paradoxe. Tout en se refusant à reconnaître l'Abkhazie, ils n'acceptent pas qu'on en franchisse la frontière. Je suis refoulé et contraint à un immense contournement. Je vais devoir revenir sur mes pas, prendre l'avion à Sotchi, gagner Kiev puis Tbilissi en avion, franchir vaux et plaines en taxi, accomplir des milliers de kilomètres pour me présenter à 500 m de l'endroit où l'on m'a forcé au demi-tour. Je voyage selon le principe de Kéraban-le-Têtu. Lui, avait été arrêté par un chenal. Moi, par une barrière de bois.

Une fois arrivé de l'autre côté, comme ce bégaiement de l'Histoire me déprime, je file me saouler à Zugdidi, village de la province de Mingrélie. Dans un restaurant de hasard, des notables fêtent un anniversaire. Sous les voûtes de brique, j'assiste pendant trois heures à l'art du toast géorgien que le peintre Pirosmani (situé quelque part entre Chagall et le douanier Rousseau) a célébré si naïvement. Boire est une chose sérieuse et les Géorgiens confient les rênes de leur tablée à un *tamada* qui fait office de chef de toast et de maître orateur. Parfois, le *tamada* délègue ses prérogatives et invite un convive à porter un toast long et définitif. Le *tamada* est à la réjouissance ce que le capitaine est à un bateau : en cas de naufrage, il quittera la table en dernier.

On me demande un toast, en russe : « *Je bois à un héros centenaire. C'était un personnage de roman! Il est passé ici, sans rien voir. Il voyageait à toute vapeur, obsédé par l'idée de revoir Istanbul. Comme il était mahométan, il ne buvait pas mais son voyage ressemble à la vie : on part, on fonce, on se démène et l'on arrive un jour à l'endroit d'où l'on est parti, en face de soi-même, hébété. Un ban pour Kéraban, vive la Géorgie, vive la mer Noire!* » Je crois que j'obtiens un franc succès mais je ne suis pas sûr. Il ne faut jurer de rien quand on se relève d'une soirée géorgienne.

Cent kilomètres au sud, c'est Batoumi, la dernière ville géorgienne avant la frontière turque. On cherchera en vain les traces de la présence grecque, du débarquement de Jason et de ses Argonautes, du séjour de Médée. Tout juste notera-t-on quelques colonnades doriques en carton-pâte et de grotesques fontaines néo-classiques à dorures. La ville est la vitrine de la Géorgie moderne qui se rêve un destin de dragon appuyé à l'Europe. Le kitschissime président Saakachvili entreprend de métamorphoser la Colchide en Disneyland littoral et fait ériger hôtels de luxe et tours de verre. Sur l'avenue centrale, des guirlandes clignotent, accrochées aux palmiers.

La quadrature du cercle. Me voilà passé en Turquie. Les Slaves et les Turcs se sont tenus pendant des millénaires au banquet de la mer sans jamais trop se parler. Il est des mers qui rapprochent les peuples. Il en est qui les tiennent à distance.

Le voyage de Kéraban touche à sa fin, je vise Trébizonde, longe les Alpes pontiques, traverse la province du Lazistan. « *Peu de voyageurs, depuis le français Th. Deyrolles, se sont aventurés à travers ces districts du pachalik de Trébizonde, entre ces montagnes de moyenne altitude, dont l'écheveau s'embrouille confusément jusqu'au lac de Van, et enserre la capitale de l'Arménie* » explique Jules, subitement enfiévré de géographie.

A Trébizonde, modérément excité par la perspective des huit cents kilomètres de côte bétonnée, je saute dans un avion pour Istanbul. Quatre heures plus tard, le Bosphore est là, à mes pieds. Je me tiens sur la rive asiatique, devant la tour de Léandre. Les tankers barrissent dans le chenal. Il y a un mois, j'étais de l'autre côté, à portée de vue. A portée de brasse même, dirait Lord Byron qui traversa le détroit à la nage en 1810. Kéraban m'a prouvé cette chose bien connue des nomades : pour triompher de l'espace, il suffit d'avoir le temps!

J'ai passé des pays à peine démoulés de la vieille gangue impériale slave et ottomane. J'ai rencontré des hommes qui ne sentaient pas le sel. Leur regard n'était pas délavé par la contemplation du large ni leur peau tannée par l'embrun. Ils vivaient devant les vagues où ils trempaient de temps en temps un orteil timide. Ils ne conversaient pas beaucoup les uns avec les autres. L'opposition historique des univers byzantin et orthodoxe explique que le ciment n'a jamais pris entre les nations qui bordent la vasque noire. Les peuples du Pont-Euxin ne nourrissent pas le sentiment d'une unité fondatrice. Leur point commun? C'est de vivre au bord de l'eau, de respirer l'iode et de manger du poisson. Rien de plus.

L'homme croit qu'il est l'héritier de l'histoire. Mais il oublie un peu vite qu'il est d'abord le fils de la géographie. §

Sylvain Tesson, *né en 1972, effectue un tour du monde en 1993. Reporter, auteur de documentaires, cet amateur de varappe se fait remarquer avec* L'Axe du loup *(Robert Laffont) et* Petit traité sur l'immensité du monde *(Editions des Equateurs). Célèbre pour ses aphorismes, il obtient le Goncourt de la nouvelle en 2009 avec* Une vie à coucher dehors *(Gallimard) et le prix Médicis essai en 2011 pour* Dans les forêts de Sibérie *(Gallimard).*

Thomas Goisque, *photographe, 43 ans, parcourt le monde depuis 20 ans et collabore au Figaro Magazine et à Paris Match. Il a réalisé de nombreux ouvrages avec son ami Sylvain Tesson, parmi lesquels* Sous l'étoile de la liberté *(Arthaud) et* Haute tension *(Gallimard). Son site internet est à lui seul un appel au voyage : www.thomasgoisque-photo.com*

Dossier

MILITANTES, L'ARME AU CORPS

Partout dans le monde, des femmes se battent pour leur dignité, réclament l'égalité, exigent le respect, revendiquent, militent. Mais certaines ont choisi une méthode inédite. A Toronto, en Ukraine et au Libéria, de nouvelles militantes ont mis leur corps au service de leur lutte. Pour se faire entendre par la société et changer le monde, ces femmes ont choisi d'utiliser leur nudité et leur sexualité comme des armes. Qu'elles se désignent par le terme de *Sluts* (Salopes), qu'elles exhibent leurs seins, qu'elles se refusent aux hommes pour imposer la fin d'une guerre civile, ces femmes ont toutes décidé de jouer de leur corps pour faire bouger les lignes.

ILLUSTRATION Julie Doucet

Le viol Non. monsieur
un objet
DES MEUBLES
Prix conseillé
Mademoiselle ? EYE
Name
THE THINGS LADY
Question absurde ? Pas tout à fait.
Table des matières
RÉVOLUTION
roi
YOUR PRICE
(PLEASE PRINT)
Scandale
LOU Jeune France le soutien-gorge le plus sexy du monde. Prix : 19.95 n.f.
cuisinez-les bien
en prison
liberté entière
Scandale 1675
MANPOWER
belle
Jolie Poitrine
infrarouges.
les signaux d'alarme
con seiller
BOMBE ET BLOC
contre le viol ?
pas
La violence n'est
ELLE-VA-
"BREAST UP"
libération.
LUSTRANT LIQUIDE.
Avec
impure
soutien-gorge
CONTRE TOUT
AVEC
Pea Ce
tous les jours
portez
sous
gardien
la loi
La culture
Street
Voulez-vous
VIVRE INDÉPENPANTE ?
VIVRE INTENSÉMENT ?
VIVRE LARGEMENT ?
Conclusion
angoisse
cruauté
YOU
DESTINATION
DANGER
jeune
fille
c'est
s'oppose
l'opération
à la main,
un
et
marry
fait triompher
la femme
MADEMOIS ELLE
Le bonheur du corps
sensualité
rêve
O'YES
la chasteté
Un buste de Venus pour 2 F.
Comment vous défendre
VAMP
ONGLES
BAISER
ne négligez rien
ce jerk.
La société
les violeurs.

LA NUDITÉ FACE AU SEXISME

Elles vivent sur des continents différents, mais elles y ont pensé en même temps : **montrer leur corps pour combattre** le sexisme. Les Ukrainiennes de Femen manifestent torses nus pour rendre leur dignité aux femmes, et des étudiantes canadiennes sont à l'origine des « Marches des Salopes ». Les nouvelles féministes sont arrivées.

Par Hélène Crié-Wiesner

Les unes, très maquillées, couronnées de fleurs et de rubans, parées de dentelles affriolantes, arrachent leurs vêtements devant les polices d'Europe et, demi-nues, rugissent poings levés : *« Essayez donc d'acheter des femmes ! L'Ukraine n'est pas un bordel ! »* Les autres, plus pacifiques, sexy en diable dans leurs bas résille et leurs minitops, défilent sur tous les continents sous une bannière déconcertante : *« Nous sommes des salopes ! »*

Les activistes du mouvement Femen, apparu en Ukraine en 2008, et celles de SlutWalk (Marche des Salopes), né au Canada en 2011, ont opté pour des outils de protestation analogues : leur corps de femme, et la provocation sexuée. Même si leurs manifestes sont différents, ces femmes clament la même exigence : que la société cesse de les ranger dans la catégorie « objets-sexuels-méritant-de-subir-des-violences », sous prétexte qu'elles sont nues ou vêtues d'une certaine manière, ou tout simplement qu'elles sont des femmes. Un combat vieux comme la révolution sexuelle et la libération des mœurs. Mais là où les Femen et les Sluts ont innové, c'est dans le détournement des codes machistes et sexistes à leur profit. De même qu'elles ne se sont pas contentées d'exhiber leur plastique féminine au cours de happenings, Femen et SlutWalk ont délibérément mis en place, dans la durée, une stratégie politique fondée sur la provocation à caractère sexuel, ou perçue comme telle, par la société.

Corollaire de ces audaces militantes, relayées à souhait par des médias ravis d'offrir aux lecteurs et aux spectateurs de quoi se rincer l'œil, une génération s'est réveillée. Des jeunes filles indifférentes

ILLUSTRATION Julie Doucet

au discours féministe classique, qu'elles jugent triste, pas assez glamour surtout, ont découvert que les femmes avaient encore des combats à mener, et que cet activisme n'était pas forcément ringard. A Kiev et à Toronto, les fondatrices de Femen et de SlutWalk ont aujourd'hui des vies trépidantes et épuisantes de militantes professionnelles. Jeunes, enthousiastes et déjà écrasées de responsabilités, elles n'ont pas la même appréhension de leur gloire récente. Elles ne se connaissent pas, leurs actions ne se sont pas encore croisées sur le terrain, mais elles s'observent grâce aux médias mondialisés, et se jaugent à l'aune de leurs impacts respectifs sur les filles d'aujourd'hui. Ce qu'elles savent, ce dont elles sont fières, c'est qu'elles ont été les premières à oser.

En 2008, les Ukrainiennes ont décomplexé le topless, qu'elles utilisent à toutes les sauces revendicatrices. Puis, en 2011, les Canadiennes ont créé une vague de fond mondiale, en détournant le mot « salope », et en défilant attifées comme telles

Au sommet de Davos en janvier 2012, trois militantes de Femen vêtues de jeans, torses nus sous la neige, entreprennent d'escalader les grilles qui protègent la réunion des leaders économiques et des dirigeants politiques du monde. Des slogans sont peints sur leur peau : *« Pauvres, à cause de vous »* et *« Fiesta de gangsters »*. Elles se lancent à l'assaut des grillages, en dépit des snipers armés postés sur les toits. Bien sûr, elles finiront au poste de police, après s'être débattues comme des furies.

Deux mois plus tard, au matin de la Journée de la femme du 8 mars, cinq d'entre elles déboulent sur l'esplanade bondée de la basilique-mosquée Sainte-Sophie, au cœur d'Istanbul. Elles sont grimées en femmes battues, couvertes de bleus et d'hématomes, bandées et plâtrées. Elles arrachent leurs vêtements et commencent à hurler des slogans contre les violences domestiques infligées aux femmes turques. Les policiers, toujours présents en nombre dans une ville qui craint les attentats, sont médusés mais se ressaisissent vite : après s'être battus avec ces *« folles »* braillardes, ils parviennent à les envelopper dans des parkas. Cette fois, elles resteront quelques jours en prison à Istanbul avant d'être expulsées. *« Ça aurait pu être pire »*, admettra ensuite l'une des manifestantes sur le blog des Femen.

Le pire, elles l'avaient vécu en Biélorussie, juste avant la Suisse. Trois d'entre elles avaient fait le déplacement à Minsk pour « commémorer » l'élection du président-dictateur Alexander Lukashenko. Le lieu : les marches de l'immeuble du KGB. Comme d'habitude, elles se sont dépoitraillées, ont crié leurs slogans, et la police leur a sauté dessus. Mais cette fois, elles ont disparu. Lorsqu'elles ont réapparu, deux jours plus tard, elles avaient piètre allure. Des miliciens les avaient conduites très loin dans la zone contaminée par l'accident de Tchernobyl, avaient arraché ce qui leur restait de vêtements, les avaient battues et arrosées d'essence en menaçant de les enflammer, puis avaient coupé leurs longs cheveux au couteau avant de les lâcher dans la forêt. Elles n'ont pas donné beaucoup de détails sur cette nuit de cauchemar. Que leur est-il vraiment arrivé avant que, finalement, un diplomate ukrainien ne vienne les récupérer dans sa voiture personnelle pour leur faire repasser la frontière ? Une chose est certaine : des mois plus tard, leurs cheveux portaient encore les traces du saccage et ne tombaient en cascade sur leurs épaules que par la grâce d'extensions capillaires.

Ces courageuses – téméraires, inconscientes ? – activistes Femen choisissent des cibles hétéroclites. Depuis l'apparition du groupe en 2008, elles ont manifesté, pêle-mêle, contre : les 4x4 à Kiev, la pollution de Tchernobyl, la gestion du tsunami au Japon, les débauches sexuelles de Berlusconi, celles de DSK, la dictature d'un Vladimir Poutine phallocrate, l'oppression des femmes en Iran, la politique misogyne du gouvernement ukrainien, la tenue de l'Euro 2012 dans leur pays (synonyme de supporters avides de sexe), celle du Mondial de hockey en 2014 dans la dictature biélorusse, et surtout, l'exploitation sexuelle et la prostitution des femmes en Ukraine, toujours en leitmotiv de leurs combats.

Le lien entre tout cela ? Toutes ces actions dénoncent des abus de pouvoir masculin, elles sont menées par des femmes, et elles font du bruit ! *« Le but de Femen est de développer chez les jeunes femmes ukrainiennes des qualités morales et intellectuelles, de les rendre aptes au leadership »*, résume Anna Hutsol, la fondatrice du mouvement. En ce sens, même s'il s'attaque à toutes les oppressions, Femen est un mouvement féministe. *« Mais notre féminisme revendique les talons hauts, le maquillage et l'érotisme. Les femmes sont comme ça, à la guerre comme à la guerre ! »*

Anna Hutsol, 27 ans, qui a fondé Femen en 2008, est toujours la tête pensante et l'autorité morale du mouvement, qui revendique trois cents membres dans le pays. Avec ses cheveux orangés coupés courts, son visage sans fard et ses vêtements quelconques, elle est moins spectaculaire que ses camarades performeuses. Elle parle clair, sans douter, avec cette pointe de dureté dogmatique qui rappelle les militantes radicales allemandes des années soixante-dix. Elle s'occupe des avocats, des amendes, des contacts politiques et médiatiques, et des finances de Femen. On la rencontre à Kiev, au *Cupidon*, un café underground (au propre comme au figuré, puisqu'il occupe le sous-sol d'un immeuble) dont l'arrière-salle sert de quartier général aux Femen. C'est là que la vingtaine de filles volontaires pour les actions topless viennent se grimer en soubrettes, en prostituées, en mariées ou en guerrières de manga – selon le thème de l'action du jour – avant d'aller manifester sur la place de l'Indépendance voisine. C'est au *Cupidon* qu'elles donnent leurs rendez-vous aux journalistes accourus d'Europe et d'Amérique. C'est encore au *Cupidon*, près du local des toilettes identifiées par des croquis d'organes sexuels très explicites, que les cinq permanentes du groupe et ceux qui les épaulent à l'occasion s'assoient pour travailler à la même table, chaque jour de l'année à partir de dix heures du matin.

Ce jour-là, Anna Hutsol termine une conversation animée sur son portable. Elle est en ligne avec Rome, où trois de ses camarades, parmi les cinq permanentes du mouvement, sont allées protester contre la Fashion week, la semaine de la mode. Pourquoi ? Parce que *« fashion égale fascisme »*, dictature de la minceur et de la beauté, génératrice d'anorexie et de soumission des femmes au regard des hommes. *« Les flics ont été un peu graveleux, mais corrects. On juge une démocratie à la manière dont sa police se comporte envers nous. »* Les souvenirs de Minsk sont encore douloureux…

Anna Hutsol a grandi dans la région de Khmelnitski, dans une famille très modeste. Devenue étudiante en économie, elle désespère de la *« mentalité nunuche et soumise »* des jeunes filles, à peine sorties de l'adolescence, qu'elle voit s'engouffrer dans la vie conjugale. Elle fréquente plusieurs associations étudiantes, anime des lectures et des discussions, et finit par créer Nouvelle Ethique, un groupe exclusivement féminin, avide de culture, d'art, et d'égalité des sexes. En 2007, Anna part à Kiev, où elle travaille avec des musiciens et s'initie aux lois du marketing artistique. En avril 2008, elle développe l'idée de Femen, un groupe d'intervention dirigé contre le machisme en Ukraine.

« Machisme » est un mot faible pour décrire la culture d'un pays où les femmes constituent la principale attraction touristique et une source sûre de devises étrangères, là où le revenu annuel par habitant, selon la Banque mondiale, est de 7 000 dollars par an seulement. Prostituées ou potentielles épouses pour Occidentaux tourmentés par la misère sexuelle, l'Ukraine est un réservoir inépuisable de chair fraîche et bon marché.

Les Femen n'ont donc pas choisi leur premier combat par hasard. Dès 2008, une trentaine de filles se lancent dans des shows de rue. Elles s'en donnent à cœur joie avec la panoplie des racoleuses : jarretelles, microjupes, décolletés plongeants, talons vertigineux… Et surtout avec ce slogan qui les rendra célèbres : *« L'Ukraine n'est pas un bordel »*, tracé en plusieurs langues. *« La presse ukrainienne nous est tombée dessus, nous accusant de dénoncer quelque chose qui n'existait pas*, se souvient Anna Hutsol. *Mais des agences étrangères étaient là aussi, qui ont répercuté l'événement. Alors les journaux du pays ont été obligés de suivre nos actions. »*

Les Femen n'ont pas dévoilé leurs seins avant 2010. Elles constataient que l'intérêt pour leurs manifestations s'essoufflait. Pendant les élections présidentielles, elles investissent un bureau de vote dans leur tenue habituelle : *« Ne sois pas une pute, ne vend pas ta voix »*. Une bretelle glisse, c'est la ruée des caméras sur ce premier sein, du coup elles enlèvent tout.

Elles ont continué, partant du principe que *« des femmes habillées qui crient contre l'injustice, la presse en parle une ou deux fois. Des femmes topless qui font la même chose, la presse ne les lâche plus. »*

Et si les femmes en question étaient moches, les photographes s'accrocheraient-ils à leurs basques ? Inna Shevchenko, 21 ans, diplômée en journalisme, qui a vécu le kidnapping de Biélorussie, s'énerve franchement à cette question : *« Nous ne sommes pas différentes des autres femmes. »* De son point de vue d'Ukrainienne, elle n'a pas tort : des blondes ou brunes sculpturales aux yeux en amande, ombrés de gris fumé, avec des crinières de sirène et des ports de reine, on en rencontre à la pelle dans les rues de Kiev. Beaucoup arborent en hiver des embryons de jupes et des cuissardes moulantes sur des jambes vertigineuses, c'est-à-dire qu'elles sont vêtues au quotidien comme les Femen lorsqu'elles entrent en action. Donc Inna a raison, les Femen sont ordinaires.

Sasha Shevchenko (elle n'est pas la sœur d'Inna), 23 ans, qui termine des études d'économie par correspondance, temporise : *« C'est vrai, en Ukraine, cette beauté qui vous frappe n'est pas exceptionnelle. En plus, chez nous, les femmes investissent énormément dans leur apparence physique, sans doute davantage que dans n'importe quel pays oriental ou occidental. C'est un investissement pour se marier, elles croient qu'elles n'ont pas d'autre choix pour survivre. La société ukrainienne ne leur permet pas d'accéder à des carrières rémunératrices. Les femmes d'aujourd'hui devraient être courageuses et agressives, ne pas se comporter comme des modèles de* Playboy. *La beauté des Femen est celle du courage. Les gens ordinaires qui osent se dresser contre l'oppression sont toujours très beaux sur les photos, plus beaux que dans la vie quotidienne. »*

Reste que toutes les femmes se revendiquant Femen ne sont pas volontaires pour participer aux actions topless. Celles qui ne se déshabillent pas sont elles aussi indispensables. Elles fabriquent les couronnes de fleurs, cousent les costumes, dessinent les panneaux, alimentent les pages des réseaux sociaux et participent aux réunions où s'échangent les idées et se prennent les décisions. *« Femen, c'est bien davantage que les vingt "folles" toujours en photo dans les journaux »*, insiste Anna Hutsol.

Peut-être se résout-on plus facilement à montrer son corps quand on en est fière ? Anna nous arrête tout de suite : *« Il est arrivé que des filles moins belles se joignent aux manifestations. Et même une qui était enceinte. Celles-là sont encore plus courageuses. De toute façon, l'étape du topless n'est facile à franchir pour personne. En outre, jolie ou pas, il faut être prête à affronter la police. »*

Même lorsque policiers ou militaires s'efforcent de rester doux et conciliants avec les Femen quand ils doivent interrompre leurs shows, elles se débattent si fort qu'ils sont obligés de les empoigner pour les faire descendre de leurs perchoirs ou monter dans les paniers à salade. D'innombrables photos montrent les frêles jeunes femmes hurlantes et désarticulées, se contorsionnant dans les bras de gardes hilares ou embarrassés. *« D'une certaine manière, Femen a enseigné à la police à être correcte avec les femmes. Aujourd'hui, en Ukraine, les policiers sont habitués à nous. Ils savent comment nous prendre sans toucher nos seins ou d'autres parties "taboues". Ce n'est pas encore le cas à Moscou, où ils restent très empotés, ne sachant comment se comporter pour ne pas être accusés d'attouchements. Même en paroles, ça va mieux. Il y a quelques années, on entendait encore des flics nous dire, une fois au poste : "Ma belle, remontre-nous ce que tu as montré pendant la manif !" Mais après chaque incident, Femen publiait des comptes rendus, alors ils se sont calmés. »* Désormais, la police ukrainienne publie elle-même un procès-verbal attestant qu'il n'y a pas eu d'agression sexuelle, que les filles signent si elles sont d'accord. *« Rien que ça démontre comment Femen fait avancer la société. »*

Mais n'ont-elles donc jamais peur avant des interventions aussi risquées ? Une fois encore, les deux célèbres blondes, celles qui sont de toutes les actions internationales et à haut risque, bottent légèrement en touche. Inna se contente de tripoter ses faux cheveux, l'œil mauvais. Et Sasha hoche doctement la tête : *« Moi, j'ai la phobie de la peur. Nous représentons les femmes du monde entier, on a peur de ne pas être à la hauteur. Bien sûr, on craint la police, mais on craint surtout de ne pas aborder correctement les problèmes importants. Après, le fait de se déshabiller, c'est comme si on se débarrassait de toutes les peurs en bloc : on accède à une liberté totale. Toutes les femmes devraient avoir ce sentiment une fois dans leur vie. »*

Nous sommes à Toronto, en janvier 2011, dans un amphi de la York University. Des étudiantes assistent à une cession de sécurité collective, conduite par un policier. Depuis quelques temps, des « actes d'incivilité » et une certaine délinquance perturbent la vie sur le campus. Pire : deux filles ont été violées dans leurs chambres. Le policier Michael Sanguinetti lance : *« On m'a prévenu que je ne devrais pas dire ça. »* Il le dit quand même : *« Les femmes devraient éviter de s'habiller comme des salopes si elles ne veulent pas devenir des victimes. »* Une étudiante se récrie, mais la réunion continue sans heurt. Le soir, elle hurle son indignation sur Facebook.

A cent kilomètres de là, dans la bibliothèque de l'université de Guelph, Heather Jarvis pianote sur son ordinateur. Elle a 25 ans, elle étudie le développement international des ONG, après avoir suivi un enseignement en *gender studies* (études sur le Genre) à York. *« J'ai lu le post de l'étudiante, ça m'a rendue absolument furieuse. J'ai rétorqué qu'on devait immédiatement aller protester au siège de la police. »* Son amie Sonya Barnett, artiste et jeune maman, approuve vigoureusement : *« En deux heures, on avait décidé d'organiser quelque chose de voyant, de bruyant, sans trop savoir sous quelle forme. Un rallye ? Une manif ? Quelqu'un a pianoté : "Pourquoi pas une slutwalk, une marche de salopes ?" Et voilà : on n'a pas phosphoré des jours, c'est venu comme ça, instantanément. Et contrairement à ce que certains croient, il ne s'agissait pas d'ironie ou de second degré, mais bien d'une réaction épidermique. »*

En janvier 2011, à Toronto, un policier conseille aux jeunes femmes « d'éviter de s'habiller comme des salopes » si elles ne veulent pas être victimes d'un viol. En quelques jours, deux jeunes femmes indignées organisent la première « Marche des Salopes » ou SlutWalk

La suite est connue. Grâce aux réseaux sociaux, l'idée se répand comme une traînée de poudre. Les soutiens et les messages témoignant d'anecdotes analogues affluent, et des femmes de Nouvelle-Zélande annoncent immédiatement qu'elles organiseront quelque chose de leur côté. Objectif : faire honte à la police et à tous ceux qui entretiennent l'idée que les victimes sont souvent coupables d'avoir provoqué leur agresseur *(victim blaming)*. *« Voyant sur le Web ce qui se tramait, les médias nous ont contactées. On a répondu à vingt interviews au Canada et aux Etats-Unis. Puis on a publié un communiqué de presse. Notre manif du 3 avril a été la première dans le monde. Mais je me souviens avoir prédit, dans le discours que j'ai prononcé ce jour-là, que le mouvement allait s'étendre comme une traînée de poudre. »*

Heather avait vu juste. Le mouvement « SlutWalk contre la violence sexuelle », qui n'était à l'origine qu'une initiative locale, s'est développé en Amérique du Nord et du Sud (*Marchas de las putas*), en Europe, en Corée du Sud, en Afrique du Sud, en Australie, en Nouvelle-Zélande, et même en Inde. Partout le même scénario : une ou plusieurs jeunes femmes prennent en main l'appel et l'organisation, et le jour dit, des femmes arborant minishorts, porte-jarretelles, soutiens-gorge extravagants – la soi-disant panoplie des salopes – se mêlent à une foule de manifestantes plus ordinaires. Les tenues sont plus ou moins affriolantes selon les pays, le principal étant, pour celles qui les portent, d'insister sur le fait qu'elles s'habillent comme elles en ont envie, et peu importe l'effet que ça fait sur ceux qui regardent. Quant aux banderoles et panneaux, ils sont variés, souvent brandis par des hommes venus en renfort : *« Jésus adore les salopes »*, *« Salopes et fières de l'être »*, *« Les vrais hommes ne violent pas »*, *« Ma tenue n'est pas une invitation à la violence »*, *« La société enseigne " Ne vous faites pas violer " au lieu de " Ne violez pas "*, *« Les vrais hommes comprennent " Non " comme une vraie réponse »*, *« Je ne me suis pas faite violer, j'ai été violée »*…

Elles sont des dizaines à faire vivre SlutWalk Toronto (les activistes s'identifient par leurs villes d'origine) sur les réseaux sociaux. Les réunions sont la plupart du temps virtuelles, via Skype, car les filles sont éparpillées en Ontario. Les Canadiennes assurent une veille des violences sexuelles rapportées dans la presse, des décisions de justice afférentes, et de tout ce qui concerne les droits des femmes, partout dans le monde. *« On en discute pendant nos meetings »*, raconte Colleen Westendorf, la bénévole chargée de la communication du groupe de Toronto. *« Et ça englobe des sujets en apparence aussi futiles que les relations de la chanteuse Rihanna avec son boy-friend violent, ou le repentir du rappeur Jay-Z à la naissance de sa fille, quand il jure qu'il ne traitera plus jamais les femmes de salopes dans ses chansons. C'est la culture des jeunes de notre âge, les filles se sentent concernées par ces événements populaires. »*

SlutWalk et Femen ont ceci en commun : elles surveillent ce qui fait le quotidien des femmes, et réagissent à l'actualité. Mais la dynamique de SlutWalk est aux antipodes de celle de Femen : des têtes pensantes dont on ne connaît ni les visages ni les corps, qui n'ont pas le moindre contrôle sur l'essaimage du mouvement; des dizaines de milliers de participantes anonymes; un gimmick vestimentaire qui reste… vestimentaire; et surtout une revendication qui n'est pas touche-à-tout. Pourtant, par la grâce du mot « salope », claquant et provocateur, un mot traditionnellement prononcé par des hommes pour inférioriser des femmes, un mot rageusement repris à leur compte par les Marcheuses, SlutWalk est souvent mis sur le même plan que Femen.

Colleen a 27 ans et travaille dans une ONG de protection de l'enfance. Marcheuse de la première heure, elle a rejoint tout de suite le noyau dur des animatrices canadiennes, ayant subitement réalisé que *« ce combat était une évidence absolue »*, et qu'elle devait y consacrer tout son temps libre. La culpabilisation des femmes, pour Colleen, est une affaire personnelle : *« Très tôt dans ma vie, j'ai eu l'impression d'être définie par mon corps. J'étais boulotte, et très jeune, j'ai eu des formes. Les filles, qui ne voulaient pas être mes copines tant que j'étais juste grosse, se sont rapprochées quand les garçons ont commencé à me regarder plus qu'elles. Mais moi, je ne savais pas quoi faire de cette sorte d'attention sexuée, ce n'est pas ce genre de rapport avec les autres qui m'intéressait. »* La jolie Colleen estime qu'il est plus que temps d'en finir avec la culpabilisation : *« Après avoir été blâmées, rendues responsables de ce qui leur est arrivé, les femmes souffrent de remords et de culpabilité, et ça n'en finit pas. »*

« Notre féminisme revendique les talons hauts, le maquillage et l'érotisme. Les femmes sont comme ça. A la guerre comme à la guerre » (Anna Hutsol, fondatrice des Femen)

Autant donc reprendre à leur compte l'étiquette de salopes, et affirmer une fois pour toutes que, salopes ou pas, les hommes doivent demander la permission. *« Ce n'est pas parce qu'une femme vous semble sexy qu'elle s'est habillée ainsi pour vous plaire*, martèle Heather Jarvis. *Cessez de croire que c'est pour vous. »* Et ce n'est pas juste une histoire de vêtements ! *« Mes fesses ne font pas de moi une salope. Ni mes lèvres, ni mes seins »*, disait l'affiche éditée par la SlutWalk d'Afrique du Sud. *« C'est tout le corps des femmes qui pose problème*, soupire Heather. *Leur féminité, encore et toujours. Faudra-t-il porter des bandeaux aplatisseurs de seins pour que personne ne soit tenté ? »*

Mine de rien, c'est en gros ce qu'exige la société américaine des femmes qui appartiennent au monde du travail : une sorte d'uniforme asexué, ou du moins, une tenue la plus masculine possible, faute de quoi l'avocate, l'ingénieur, l'élue politique, la trader ou la journaliste n'ont pas intérêt à pleurnicher si on ne les prend pas au sérieux. La plupart des femmes cadres se coulent volontiers dans cet ersatz de neutralité, aspirant plus que tout à être considérées comme des « personnes », et non comme des femmes. Ce qui fait bouillir Heather Jarvis : *« Je n'aime pas plus l'idée d'entrer dans une case "asexuée" que dans une case "pute" ou "petite tête" à cause de mon accoutrement. On est au cœur du combat de SlutWalk, là ! »*

Comme par hasard, alors que les Sluts travaillaient au début

ILLUSTRATION Julie Doucet

debout
MONDIALE
EFFICACE
ispensable sous le pantalon, sous lequel elle ne se laisse jamais deviner, elle est pratique comme aucune à la ville et pour le sport.
BOOM
BOOM
BOOM
44 F
Soutien-gorge
de Scandale
féminin
"SIMPLE, NETTE, PRATIQUE"
LOU toutes circonstances
Satin simple 9.95 n.f.
Satin double 14.50 n.f.
Nylon 15.65 n.f.
SLUT walk
MADE IN CANADA
fem en
allez-y.
Répartition fonctionnelle
non!
un succès
renversant
formidable
...
MAN
POWER
pour son
premier
et liberté
GAINES - SOUTIENS-GORGE - BAS
Qui sont ces femmes
?
en acier inoxydable
c'est O-YES
encore plus
féminine
JOLIE FEMME
révolutionnaire
sexy
même avec le décolleté le plus audacieux !

du printemps sur une reprise prochaine des actions, un coup de théâtre a brutalement remis les salopes en scène. Le qualificatif a juste englobé une autre catégorie de femmes : celles qui réclament le droit à la contraception. Cette fois, il ne s'agissait pas d'un policier animé de bonnes intentions, mais d'un animateur de radio américain d'extrême droite, l'un des guides spirituels des fameuses Tea Parties ultraconservatrices et religieuses : Rush Limbaugh, 61 ans, s'en est pris violemment, dans sa populaire émission quotidienne, à une étudiante venue témoigner devant le Congrès des Etats-Unis, à l'occasion d'un énième débat sur l'assurance médicale. Sandra Fluke avait déploré que l'assurance fournie par son université catholique ne couvre pas les achats de contraceptifs. *« Elle dit qu'elle veut être payée pour avoir des relations sexuelles, qu'est-ce que cela signifie ? Qu'elle est une salope, non ? Qu'elle est une prostituée ! »* Le lendemain, Limbaugh remet ça : *« Si c'est nous* [le contribuable] *qui devons payer pour les contraceptifs et pour qu'elle fasse l'amour, alors on veut quelque chose en échange, on veut qu'elle mette des vidéos en ligne pour que l'on puisse tout voir. »*

La suite relève de la politique intérieure des Etats-Unis, où le droit des femmes à disposer de leur corps connaît une régression dramatique. Mais les millions de femmes américaines qui avaient vilipendé les manifestations des Sluts, s'indignant de ce qu'elles s'approprient ce mot insultant, ont mieux compris comment une insulte peut galvaniser au lieu d'humilier.

« Il suffit parfois d'un rien pour que les gens se dressent », sourit Heather dans un café de Guelph, petite ville de l'Ontario où son université de briques rouges s'étale paresseusement au milieu des arbres. Heather se souvient de son accablement, quelques années plus tôt, alors qu'elle assistait à un cours de *women studies* en amphi. *« En introduction, la prof nous demande : "Qui parmi vous se définit comme féministe ?" Je lève la main, pensant que presque tout le monde allait faire de même. Nous étions tout de même trois cents à assister à cette classe de* women studies. *Seulement douze ! J'étais stupéfaite. La prof nous a demandé nos raisons. Les filles ont dit : "J'aime les hommes", "Je veux pouvoir me raser les jambes", ou "J'aime porter des soutiens-gorges et des décolletés". J'ai réalisé que le féminisme devait être réinventé, reformulé, pour que les jeunes femmes puissent s'y reconnaître. »*

Avec le succès de SlutWalk, Heather a été servie ! *« On vit dans une culture très sexualisée, de la musique à la télévision en passant par le Web, le sexe et surtout la sexualisation de l'apparence sont les normes. Les filles aiment ça. »* Dans les Marches, elles ont adoré jouer avec leur corps et leur apparence vestimentaire. *« Certaines ont dit : "Oh, si c'est ça, le féminisme, je prends !" »*

La presse américaine s'est repenchée au printemps 2011 sur les thèmes soulevés l'année précédente par les SlutWalks : les violences sexuelles faites aux femmes, et la manière dont celles-ci ripostent désormais. Un article du *New York Times*[1] remarquait notamment que les jeunes féministes n'ont plus les mêmes centres d'intérêt que leurs aînées des années soixante-dix. Le *New York Times* constatait que, sur les innombrables forums et blogs de la féminosphère, les conversations sur la sexualité, l'image du corps et les stéréotypes de genre reviennent régulièrement.

Le corps, donc, mais surtout le sexe, les représentations, la marchandisation, les codes et les fantasmes sexuels, sont précisément au cœur du combat de Femen et SlutWalk : elles veulent que les femmes se réapproprient ces thèmes, qu'ils cessent d'être l'apanage des hommes. *« Nous devons créer nos propres codes pour exister et être respectées »*, dit Heather Jarvis. Et Sacha Shevchenko d'ajouter : *« N'importe quelle idéologie sécrète l'arme qui permettra de la vaincre. Le sexe est une marchandise autant qu'une arme. »*

Après, tout est question de mise en scène. Femen n'a peut-être pas eu d'autre choix que d'opter pour des actions de type show, performance artistique. Inna Shevchenko ose une hypothèse expliquant les différences de stratégie entre les deux mouvements : *« La culture de protestation de masse est très récente en Ukraine, elle date de la "Révolution orange" de 2004, c'est peu de temps pour habituer les gens, a fortiori les femmes, à manifester pour leurs droits. Ce n'est pas comme SlutWalk, qui est née là où les citoyens ont l'habitude de défiler dans la rue pour parler de leurs problèmes. »*

Femen et SlutWalk, en dépit de leurs différences opérationnelles – et alors qu'elles ne se sont jamais concertées –, s'entendent sur l'essentiel. Heather Jarvis pourrait reprendre à son compte ce que dit Anna Hutsol : *« Nos manifestations aident les femmes à accepter leur propre sexualité, à se la réapproprier. La sexualité n'appartient pas aux agences de rencontre ou aux maquereaux. »* Et vice versa quand Heather et Colleen ajoutent : *« Ni aux juges qui décident qu'une femme violée est coupable de provocation, ni aux rappeurs qui traitent les femmes de salopes et de putes dans leurs chansons. »*

Et quand parfois des féministes « classiques », c'est-à-dire qui pré-

---

[1] *« A woman like no other »*, *Sarah Hepola*, The New York Times, *18 mars 2012.*

fèrent combattre sur les terrains plus traditionnels de la politique, de l'entreprise, du social ou du débat intellectuel, reprochent aux Femen et aux Sluts de jouer avec le feu en jetant leur corps et leur sexualité en pâture au public, les jeunes militantes répondent en chœur : l'usage du corps des femmes n'est pas répréhensible si elles-mêmes décident du message à véhiculer. *« Le sexisme, c'est présenter la femme comme un objet sexuel,* explique Sacha. *Nous avons décidé d'utiliser les artifices qu'adorent les hommes, y compris le maquillage et les fanfreluches. C'est pourquoi, dans nos manifestations, nous ne nous servons pas uniquement de nos corps, mais aussi de ces symboles. Oui, le sexe est une arme. Ce qui fait la différence, c'est : qui s'en sert, comment, et pourquoi. »*

C'est peut-être ici que réside la différence majeure dans la manière dont Femen et SlutWalk manient les armes du corps et de la sexualité. Les Femen revendiquent le côté carnavalesque de leur accoutrement quand elles revêtent la panoplie des soubrettes ou des prostituées. Elles disent qu'elles flattent le côté voyeur des hommes pour mieux les provoquer et les éduquer à maîtriser leurs « pulsions ». A l'opposé, les Sluts refusent absolument qu'on qualifie leur tenue de provocante. Elles exigent qu'on se satisfasse placidement de leurs choix vestimentaires sans en déduire quoi que ce soit sur une éventuelle signification sexuelle. A cette différence près, les deux mouvements partagent le même objectif : rendre aux femmes la libre gestion de leur corps et de leur sexualité. Ils subissent aussi les mêmes critiques des féministes.

Le corps, mais surtout le sexe, les représentations, la marchandisation, les codes et les fantasmes sexuels sont précisément au cœur du combat de Femen et de SlutWalk

En Amérique du Nord, le débat sur la stratégie éventuellement « contre-productive » de SlutWalk a culminé lorsqu'un écrivain féministe connu, Rebecca Traiser, a publié un retentissant article intitulé *« Mesdames, nous avons un problème*[2] ». Elle admettait que les Sluts *« puissent vouloir vider le mot de son venin misogyne »*, mais elle réprouvait qu'elles le fassent *« en s'affublant de costumes d'hôtesses sexy dignes d'Halloween, ce qui apparaît moins comme une victoire que comme une capitulation (linguistique et vestimentaire) face à ce que la société attend déjà de ces jeunes femmes. (…) Bien que la mission des SlutWalks soit cruciale, l'emballage prête à confusion et laisse ces jeunes féministes vulnérables face aux attaques qu'elles combattent. »*

Bien sûr, cet article a déclenché une avalanche de réactions sur les forums et les sites féministes. Heather Jarvis a encore du mal à s'en remettre ! *« J'ai été extrêmement déçue. Rebecca Traiser porte un jugement de valeur inadmissible de la part d'une femme. Cette position met en rage car elle nous oblige à nous battre à la fois contre les sexistes et les féministes ! »*

Mais tout de même, cette controverse qui court à propos de la stratégie des Sluts ne pose-t-elle pas un problème à Heather Jarvis ? *« On peut se méprendre sur l'ampleur de la contestation féministe à notre égard. Car nombre de celles dont on a entendu la voix sont des "historiques" installées depuis longtemps dans le paysage intellectuel, elles ont un large accès aux médias. Elles sont professeurs ou écrivains, elles sont célèbres. J'ai tenté d'argumenter avec elles, elles ne veulent pas nous écouter. On est trop jeunes. Elles savent mieux que nous comment nous protéger… »*

L'amertume de Heather s'est atténuée lorsque, en tant que fondatrice de SlutWalk, elle a été invitée à assister une conférence de l'icône féministe Gloria Steinem,

---

[2] *« Ladies, we have a problem », Rebecca Traiser,* The New York Times, *27 juillet 2011.*

77 ans, qui lui a glissé en coulisse : *« Bravo, continuez, il faut toujours renouveler les modes d'action. »*

En Ukraine, il n'y a pas de féministes « historiques », ce qualificatif renvoyant aux mauvais souvenirs d'un vingtième siècle marqué par l'égalité des sexes officielle et fallacieuse de l'URSS défunte. Mais il y a des intellectuelles d'une culture époustouflante, et des médiatrices sociales infatigables qui, à défaut de gagner décemment leur vie dans un pays qui exclut les femmes des postes bien rémunérés, combattent vaillamment pour améliorer la situation. Toutes ont suivi de près le combat des Femen et leur accession à la notoriété internationale. La plupart sont sceptiques quant à leurs méthodes jugées là aussi « contre-productives », voire *« profanatrices du féminisme et de la question des genres »*, pour reprendre les paroles de Olena Suslova[3], membre du Conseil consultatif d'information sur les femmes d'Ukraine.

Nataliya Tchermalykh, philologue japonisante et membre d'Offensive Féministe, porte un jugement plus nuancé : *« Certes, les Femen représentent une féminité normative. Leur mode opératoire peut signifier que les femmes n'ont droit à la parole publique et médiatique que si elles sont jeunes, jolies et nues. On ne peut pas adhérer à ce genre de discours. D'un autre côté, je ne les trouve pas contre-productives, au contraire. C'est bien grâce à elles que je vous rencontre aujourd'hui pour élargir le sujet, non ? En plus, il faut bien admettre qu'elles ont un sacré cran. »*

Du courage, mais surtout de l'imagination, il va en falloir à Femen et SlutWalk pour durer. Les deux mouvements ont créé la surprise en imaginant de nouvelles formes de lutte, et leurs animatrices sont trop jeunes et trop motivées pour envisager déjà un essoufflement de la dynamique. Mais les enjeux ne sont pas les mêmes pour les Canadiennes, dont les rejetons SlutWalks ont déjà largement colonisé d'autres contrées de la planète, et les Ukrainiennes, qui se voient comme le vaisseau amiral d'une armada Femen mondiale à venir.

Les Sluts nient le fait qu'un accoutrement féminin, quel qu'il soit, puisse être provocant. C'est-à-dire induire un appel implicite au viol. Elles refusent de se considérer comme des proies. Elles veulent éduquer les hommes à ne plus être choqués

Lorsque Anna, Sacha et Inna évoquent leurs émules à l'étranger, elles parlent de « filiales » qui pourraient voir le jour dans des pays où d'autres femmes ont promis de les imiter : Brésil, Pays-Bas, Italie, Suisse, et France. Mais jusque-là, seule s'est manifestée une « filiale américaine » en novembre 2011 à New York, dans le cadre du mouvement Occupy Wall Street : deux jeunes femmes blondes et maquillées siglées Femen ont utilisé la gestuelle des Ukrainiennes, en occultant cependant leurs tétons avec des petites fleurs de papier, ce qui leur a évité l'arrestation dans un pays où « l'exposition indécente » de la poitrine féminine est un crime.

En quelques années, les Femen sont déjà devenues presque banales en Ukraine. Selon Natalyia Tchermalykh, elles sont désormais considérées par beaucoup de citoyens comme des artistes engagées, porteuses d'un message *« que la société a du mal à considérer comme politique »*. Et puis il y a *« les gros machos qui les adorent »*, toutes féministes qu'elles soient, *« du moment qu'elles se mettent nues le plus souvent possible »*. Enfin, il y a la classe politique au pouvoir, globalement embarrassée par les projecteurs que les actions spectaculaires des militantes de Femen attirent sur l'Ukraine. Ce qui, en soi, est déjà un gros succès.

---

[3] *« Un féminisme au poil ? »*, *Mathilde Goanec,* Regards, *23 septembre 2011.*

Pendant un moment, Anna Hutsol et ses compagnes laissaient entendre qu'elles verraient bien Femen se transformer en un parti politique. Cet espoir a été anéanti en février par le refus du ministre de la Justice de reconnaître officiellement le mouvement, ne serait-ce que comme ONG : trop extrémiste ! *« Tant pis*, commente Anna. *Nous existons depuis des années sans statut. L'avantage, c'est qu'on ne peut pas nous interdire, puisqu'on n'existe pas. Notre avenir, c'est la politique dans la rue. »* Et sur les plateaux de télévision… Car les Femen sont très franches : ce sont des *« médias partenaires »* qui leur permettent de voyager et d'intervenir à l'étranger : avion, visas et hôtels sont payés par les chaînes de télévision ou maisons de production qui tournent des films sur Femen. Elles bénéficient en plus des dons de sympathisants philanthropes. L'un d'eux est le performer allemand D.J. Hell, qui anime des soirées à leur profit. Il y a aussi un homme d'affaires américano-ukrainien qui possède quelques médias à Kiev. Et un industriel turc, vendeur de… lingerie. Elles ont aussi mis en place une boutique en ligne, où leur logo – deux seins stylisés peints aux couleurs du drapeau ukrainien – est reproduit sur des tee-shirts et des objets divers. Elles vendent aux enchères des moulages de leurs seins. Clairement, leur survie dépend de leur capacité à continuer les actions spectaculaires. Pour la suite, elles font confiance à l'actualité et à leur imagination.

Quant à Heather Jarvis et Colleen Westendorf, elles refusent d'envisager l'avenir de SlutWalk : *« Il ne nous appartient pas, nous n'avons aucun contrôle dessus, et c'est bien ainsi. Car nous ne sommes pas à même de juger quelles actions seraient pertinentes en Inde, en Europe, ni même dans des Etats américains dont les lois et les habitudes culturelles sont incroyablement différentes des nôtres, au Canada. »* Heather Jarvis se concentre aujourd'hui sur Toronto, où l'objectif est de *« sensibiliser les professionnels, les communautés, les médias, à la réalité des agressions et des viols »*. Et pas question, même une seconde, de transformer SlutWalk en parti politique ou ONG : *« Ce serait participer au système. Or celui-ci est noyé, cassé. On doit trouver quelque chose de différent, à l'image d'Occupy. On doit rester un mouvement* grassroot, *une organisation populaire qui agit sur le terrain. »*

Avec le temps, les Sluts canadiennes et les Femen ukrainiennes se rencontreront peut-être sur le terrain. En attendant, les premières posent un regard encore perplexe sur les secondes : *« Comme nous, elles n'attendent pas que les choses changent toutes seules. Mais si elles se dénudent juste pour attirer les médias sur leur cause, c'est dangereux et ambigu. Peu de Sluts se déshabillent dans cet objectif. Quand elles le font, c'est pour témoigner : "Je fais ce que je veux, je me fiche qu'on prenne des photos." Ce serait dangereux de se dénuder pour répondre aux attentes des photographes. »*

Au delà de ces réserves morales, il faut admettre que le message des unes et des autres a circulé d'un bout à l'autre de la planète grâce aux images de leurs manifestations spectaculaires. Les caméras sont souvent bien utiles pour relayer des symboles.

Quelle que soit la justesse d'un combat, l'arme de la nudité serait-elle aussi puissante si elle était maniée par des femmes isolées dans leur coin, qui n'échangeaient pas leurs expériences et ne se galvanisaient pas mutuellement ? Cette guerre contre le sexisme est menée par des filles qui ont compris, à travers le monde, tout ce qu'elles pouvaient obtenir grâce à leur corps de femme. §

Hélène Crié-Wiesner, *journaliste, a d'abord été correspondante en France d'un quotidien allemand. Elle a ensuite travaillé pour France-Inter et de nombreux titres de presse écrite. Elle rejoint* Libération *en 1984 et y restera jusqu'à son installation aux Etats-Unis en 2000. Auteur de sept essais et romans, elle collabore aujourd'hui à* Rue89, Libération, *France Inter et* Sciences et Avenir. *Son dernier livre,* American Ecolo. Les Américains et l'environnement : chroniques du meilleur et du pire, *est paru en octobre 2011 aux éditions Delachaux et Niestlé.*

LE COMBAT DES FEMMES DU LIBÉRIA

Un écrivain exilé retourne dans son pays natal et y rencontre Leymah Gbowee, lauréate du **prix Nobel de la paix 2011.** La porte-parole du Mouvement des femmes lui raconte la lutte de ces épouses qui mirent fin à quatorze ans de guerre civile en inventant la « grève du sexe ».

Par Vamba Sherif TRADUCTION Xavier Luffin

Il y a cette histoire à propos d'une femme qui se dressa un jour au milieu d'un groupe d'hommes, sur le point d'humilier un individu accusé de détournement de fonds. Cette femme marchait jusqu'au centre de l'attroupement et les hommes la regardaient comme s'il s'agissait d'une créature étrange. Une fois en face du meneur, elle déclara que l'homme était innocent. *« Les gens n'ont pas le courage de se conduire comme cet honnête homme, venu pour nous rassembler, pour nous rendre meilleurs que ce que nous sommes. C'est pourquoi ils le détestent »*, déclara-t-elle.

L'homme en question était mon père, la femme, quant à elle, était juste une personne intervenue pour remettre les choses à leur place. Je repensais à cette femme tandis que j'attendais de rencontrer la lauréate du prix Nobel de la paix 2011, Leymah Gbowee. *« Ma sœur est plutôt bavarde »*, murmura l'homme qui se trouvait à mes côtés, en parlant de Mme Gbowee. J'étais dans la pièce principale d'un bâtiment qui abritait ses activités pacifistes. De loin, quelque part à l'arrière, je pouvais entendre le bourdonnement d'un générateur, ponctuant le silence qui régnait dans la pièce. Toujours en murmurant, comme s'il craignait d'indisposer quelqu'un, l'homme reprit : *« Depuis l'enfance, Leymah s'en est toujours tirée grâce à son bagout, elle a toujours été ainsi. »* Cela pourrait-il expliquer comment elle a tenu tête à des hommes en armes et les a même forcés à rejoindre la table des négociations durant la période la plus sanglante de la guerre civile au Libéria ? J'étais parmi les premiers arrivés ce matin-là, bravant la température caniculaire de Monrovia, la capitale du Libéria, pour voir la lauréate du prix Nobel. Son assistante, une Afro-Américaine toute mince qui parvenait toujours à paraître grossière au téléphone, avait organisé cette rencontre. J'étais

ILLUSTRATION Julie Doucet

GUINÉE
CÔTE D'IVOIRE
GHANA
LEONE
LIBÉRIA
LIBERIA
TERRE DES
Féminisme
AFRIQUE
FEMMES
NIGERIA
CÔTE D'IVOIRE
GUINÉE
poitrine
résis tance
la pression des
GHANA
SIERRA LEONE
Scandale
UPSIDE-DOWN
femme
femmes
peace
SEX strike
dans la lutte
grève
IN OUR HISTORY
de libération
Madame
sex
SCANDALE
Power
hope
of a future
HAUTE-VOLTA
BÉNIN
LIBÉRIA
enfants
Monrovia
LIBÉRIA
LEONE
Monrovia
il suffit d'
ACCRA
une
seule
PROTEST
Femme
Power
Femme
love
NIGERIA
prix Nobel
de la Paix
strike
ÉDUCATION
études
lutte
liberté
femme
NATION-WIDE
SCANDALE
Never before
nationally-
famous
Pe A ce
vo
ici
BOOM
FIRST
TIME
S

tout de blanc vêtu ce matin-là, même mes chaussures avaient quelques nuances de blanc, sans doute en signe de solidarité avec Mme Gbowee et son combat pour la paix et les droits des femmes. Il régnait un silence angoissant, embarrassant – j'apprendrais plus tard que c'était monnaie courante lorsqu'on attendait un dignitaire de haut rang au Libéria. Tous ceux qui étaient arrivés avant et après moi étaient là pour rencontrer Mme Gbowee. Une heure passa, puis une autre, et une autre encore, je commençai à m'impatienter.

À la fin, lorsqu'il ne restait plus personne dans la pièce, mis à part l'assistante et un jeune homme nommé Mandela (son père avait trouvé opportun de le baptiser du nom de son idole), je fus invité à rencontrer la lauréate. Elle était petite, potelée, habillée très simplement d'un pantalon brun foncé et d'une blouse brun clair aux longues manches. Mme Gbowee m'accueillit avec un sourire distant. Elle était assise derrière la table, dans une pièce décorée de façon spartiate. Quelque chose dans sa manière de m'accueillir – à la fois distante et désarmante – me mit directement à l'aise en sa présence. Je l'interrogeai sur sa vie avant le Prix, elle m'apprit qu'elle avait grandi à Monrovia. Elle avait cinq sœurs de la même mère, d'autres frères et sœurs du côté de la seconde femme de son père. *« Aussi longtemps que je puisse m'en souvenir, je me suis toujours battue contre l'injustice »*, me dit-elle, le regard brillant d'émotion. Elle se redressa sur sa chaise pivotante. *« C'est pourquoi j'ai toujours eu des problèmes. Les gens n'aiment pas les femmes bavardes, surtout celles qui sont parfaitement au courant de leurs droits. »* Elle continua en me parlant de son rôle durant la guerre. Une fois qu'elle eut commencé son histoire, Mme Gbowee s'enflamma avec la même énergie que celle déployée pour se battre pacifiquement contre les hommes en armes.

Tout avait commencé avec un rêve. En 2002, Leymah Gbowee fit ce songe, dans lequel Dieu lui demanda de rassembler les femmes du Libéria et de prier pour la paix, alors que la guerre civile faisait rage sans interruption depuis 1989.

Ce conflit avait décimé tout un peuple, dressant, les uns contre les autres, des gens si fiers autrefois. Avant de faire ce rêve, Mme Gbowee était une mère célibataire avec trois enfants. Elle tentait de terminer ses études d'assistante sociale et d'obtenir un emploi dans le domaine des soins traumatiques. Il n'y avait apparemment plus aucun homme dans sa vie, l'un d'entre eux ayant abusé d'elle.

Son combat pour maintenir la tête hors de l'eau ressemblait à une lutte solitaire dans un pays ravagé par la guerre. En même temps, elle était responsable bénévole du WANEP – le Réseau ouest-africain pour la paix. Elle s'inspirait de la vie de Gandhi, de Martin Luther King Junior et de l'expert en réconciliation Hizikias Assefa, un Kényan d'origine éthiopienne.

Elle décida d'agir selon son rêve et rassembla des femmes d'opinions et de rangs différents dans la société, afin de lancer le désormais célèbre Mouvement des femmes pour la paix. Le premier groupe n'était pas assez étendu pour avoir un impact visible durant ces premières semaines de l'année 2002. Alors Mme Gbowee et ses amies se rendirent dans les mosquées le vendredi et les églises le dimanche, ainsi qu'aux marchés, afin d'obtenir l'adhésion du plus grand nombre. *« Nous sommes fatiguées, fatiguées de voir nos enfants se faire tuer »*, disaient leurs banderoles. Le Mouvement organisa des manifestations non-violentes et les femmes firent le siège du président libérien de l'époque, Charles Taylor, que ce soit à sa résidence de fonction, son bureau ou sa résidence privée. Devant son refus de les recevoir, elles s'assirent un jour au milieu de la rue empruntée par Taylor pour se rendre au palais présidentiel. Elles commençaient à attirer l'attention des médias. Elles eurent alors cette idée novatrice qui allait populariser leur mouvement : organiser des « grèves du sexe ». Le principe : se refuser à leurs maris tant qu'ils ne protesteraient pas, eux aussi, contre la guerre. Un moyen radical, qui porta ses fruits.

En 2003, après un an de manifestations continues, Charles Taylor accéda à leur exigence : il quitta le Libéria, afin que son parti puisse participer à la conférence de paix organisée à Accra, capitale du Ghana. Leader et porte-parole du Mouvement, Leymah Gbowee se rendit avec un groupe de femmes au Ghana, qui devint alors leur lieu de résidence. Elles s'assirent à l'extérieur du bâtiment abritant la conférence, dirigée par l'ancien président du Nigéria, le général Abubakar, et à laquelle participaient de nombreux dirigeants ouest-africains et les chefs des factions rebelles du Libéria. Les femmes décidèrent de former une chaîne humaine à l'entrée du bâtiment abritant la conférence, refusant de laisser les hommes sortir de l'édifice tant qu'ils n'auraient pas signé l'accord de paix. Mais ils n'y parvenaient toujours pas. Les femmes eurent alors une nouvelle idée révolutionnaire. Elles menacèrent de se déshabiller devant leurs frères et leurs fils. Dans la tradition africaine, c'est une malédiction de voir une femme plus âgée, une mère, se dénuder. On n'avait jamais osé commettre pareil sacrilège. C'était le moment ou jamais. Les femmes le savaient. Les hommes aussi. Ce fut le jour de gloire de Leymah Gbowee. Le monde retint sa respiration. Les murs obstinés de la division et de la haine commencèrent à se fissurer, puis à s'écrouler. La menace de ces femmes décidées finit par forcer les factions en guerre à signer les accords de paix globale d'Accra, en août 2003.

Avec cette signature, impliquant un cessez-le-feu immédiat, les combats sanglants prenaient fin au Libéria. Les femmes avaient réussi là où les hommes avaient échoué. Sous la houlette de Leymah Gbowee, elles avaient apporté la paix.

Huit ans plus tard, le prix Nobel couronnait cette victoire. Et Mme Gbowee poursuit de nouveaux combats. *« Lorsque je visite d'autres pays dans le monde, je rencontre des femmes en qui je me reconnais moi-même, leur combat reflète les nôtres, ici au Libéria, leur lutte pour obtenir leurs droits est exactement la même que la nôtre »*, raconte-t-elle aujourd'hui. Elle me parla ensuite des défis qu'il reste à affronter, du pourcentage élevé d'adolescentes enceintes et de quelle manière son organisation, avec d'autres, tente de changer la donne.

Il n'y avait apparemment plus aucun homme dans sa vie, l'un d'entre eux ayant abusé d'elle. Son combat pour maintenir la tête hors de l'eau ressemblait à une lutte solitaire dans un pays ravagé par la guerre

Durant ce retour au pays, j'allais réaliser comment elle en était venue à transformer la vie de bien des jeunes filles. Mais ce jour-là, assis en face d'elle dans une pièce rafraîchie par l'air conditionné, en l'écoutant exposer son combat pour les droits de la femme et la paix, non seulement au Libéria mais aussi dans le reste du monde, je ne pus que l'admirer. J'étais sous le charme de sa pugnacité. *« Je vais me rendre dans mon village d'origine, Sanoyee, pour la première fois depuis 2005. Je voudrais que vous m'accompagniez »*, me dit-elle à la fin de notre entretien, une heure et demie plus tard. J'acceptai.

Je me retrouvai dehors, sous le soleil implacable qui écrasait les gens sans la moindre pitié. La forêt ! J'allais enfin revoir la forêt. Et me retrouver au sein d'un peuple, les Kpelles, très proches historiquement de mon propre peuple, les Mandes. Ce serait une sorte de retour au bercail.

Chaque fois que je reviens au Libéria, ma routine quotidienne commence par la maison de mon frère aîné. La guerre a décimé ma famille, emportant ma mère et mon père, et nombre de mes frères et sœurs, de mes oncles et tantes. Ceux qui restent vivent désormais dans le dénuement, leur fortune ayant été emportée par une guerre aussi longue qu'intraitable. Désormais, la plupart d'entre eux dépendent de mon frère, un avocat de Monrovia aux affaires florissantes. Il vit dans une maison pleine à craquer, abritant une trentaine de personnes, les enfants de membres de la famille qui ont péri durant la guerre. Tout le prestige familial d'antan, sa richesse et ses connaissances, tout cela est parti avec la guerre. Maintenant, dans le Libéria d'après-guerre, notre famille n'a plus la moindre importance.

Tandis que ma jeep arrivait devant la maison, située dans une banlieue de la ville infestée de moustiques, la famille accourut en foule et se rassembla autour de moi. Les cadeaux que je leur avais apportés, des chaussures et des habits de seconde main, disparurent aussitôt entre leurs mains. Parmi la trentaine d'occupants de la maison, il y avait une vingtaine de filles âgées de deux à quinze ans. Toutes sans exception dépendaient de mon frère, qu'il s'agisse de leur scolarité, de leur nourriture ou du reste. Elles constituaient clairement un fardeau pour lui. Je ne pouvais m'empêcher de penser à leur avenir. Allaient-elles acquérir l'éducation nécessaire dans un pays où les meilleures écoles étaient bien au-dessus de leurs moyens ? Seraient-elles un jour des personnes influentes au Libéria ?

Les femmes décidèrent de former une chaîne humaine à l'entrée du bâtiment abritant la conférence, refusant de laisser les hommes sortir de l'édifice tant qu'ils n'auraient pas signé l'accord de paix

Assis devant la maison, sous un manguier, mon frère me questionna à propos de ma vie aux Pays-Bas et de mon activité d'écrivain. Je pouvais lire dans ses yeux le souhait ardent que j'avais réussi financièrement, de manière à pouvoir partager son fardeau. Mais je n'étais qu'un écrivain aux revenus modestes. Je retournai à mon hôtel très tard dans la nuit. Désormais la ville était calme, les rues s'éclairaient ici et là, principalement avec du courant engendré par des générateurs privés. En fait, la plus grande partie de la ville était encore plongée dans l'obscurité.

Le matin, un chauffeur passa me prendre pour m'emmener à la maison de Mme Gbowee. Elle était située dans une banlieue éloignée, près de ce qui fut autrefois le cœur de la vie culturelle à Monrovia, le Kendija Cultural Center. Avant la guerre, ce centre formait des danseurs, des chanteurs et des artistes qui se produisaient partout dans le monde. Depuis, le centre a été racheté et transformé en hôtel par le propriétaire du Black Entertainment Television, Robert L. Johnson. Les Américains se sont toujours impliqués dans ce pays, qu'ils ont eux-mêmes fondé au XIXe siècle, dans le but de résoudre la question noire. Préoccupés par le nombre grandissant d'Afro-Américains et persuadés que leur liberté ne serait jamais totale aux Etats-Unis, quelques Blancs influents soumirent l'idée de trouver une patrie pour les Noirs quelque part en Afrique. Après des débuts difficiles en 1822, avec la mort du premier contingent de pionniers sur cette côte ouest-africaine, autrefois appelée la côte Verte ou encore la côte des Poivres par les Hollandais, le Libéria devint la patrie de ces hommes revenus sur le continent. Mais l'interaction des colons américano-libériens avec les différentes populations qui prospéraient dans cette région ne fut pas toujours pacifique. Cette relation aussi difficile que déséquilibrée allait conduire un siècle et demi plus tard à la guerre civile.

Mme Gbowee était accompagnée de son conjoint, un homme d'affaires libérien formé aux Etats-Unis, ainsi que de quelques membres de sa famille, son père notamment. En parlant avec ce dernier, je compris de qui la lauréate du prix Nobel avait hérité son talent d'orateur. M. Gbowee, âgé de soixante-treize ans, semblait parfaitement à l'aise et racontait l'époque où il allait à l'école dans son village d'origine, Sanoyee. En 1917, les missionnaires y avaient construit une église et une école élémentaire, où le vieil homme fut scolarisé. Pour se rendre à l'école secondaire, il devait marcher trois ou quatre heures chaque jour pour rejoindre la ville la plus proche, Totota. *« Il n'y avait aucune route digne de ce nom à l'époque, seulement des sentiers en mauvais état que nous arpentions chaque matin de cinq à neuf heures »*, me confia-t-il. Tandis que nous attendions sa fille, en train de se préparer à rentrer dans son village d'origine, il m'expliqua encore comment il se rendit à l'université du Libéria grâce à une bourse. Plus tard, il allait poursuivre son master en ingénierie aux Etats-Unis. *« Nous fûmes les premiers à raccorder le Libéria à l'électricité* », me dit-il avec fierté. Il ressemblait à un sage, dispensant sa science aux membres de sa famille, réunis sous sa véranda tôt ce matin-là. Il nous conseilla de choisir nos partenaires avec soin, puis nous expliqua comment il nous faudrait se comporter une fois mariés.

« *Ne vous disputez jamais devant vos enfants* », dit-il. Puis il appela sa fille : « *Leymah, m'as-tu jamais vu me disputer avec ta mère ?* » Elle répondit d'une manière typiquement libérienne : « *Non, Papy.* » Le vieil homme se tourna vers moi : « *Je ne dis pas que nous ne nous disputions jamais, mais dès que nous entendions les enfants, nous arrêtions. La famille est la chose la plus importante au monde.* »

Le voyage dans le Nord occupa la plus grande partie de la journée. Trois jeeps, dont la mienne, formaient un convoi pour se rendre vers la forêt. Même ceux qui ont grandi au Libéria ne peuvent s'empêcher d'être fascinés par la beauté de ses paysages. Devant nous s'étendait un tapis ondulant de verdure, somptueux, vierge, à vous couper le souffle. C'est la richesse du Libéria, celle que j'apprécie le plus. L'un de mes cousins, avec qui j'ai grandi dans le Nord, m'accompagnait. Le souvenir qu'il conservait de notre passé commun m'étonnait souvent. Il pouvait encore se rappeler certaines des chansons que nous avions chantées au clair de lune. L'attachée de presse de Mme Gbowee nous accompagnait également.

Chaque fois que les jeeps s'arrêtaient aux différents checkpoints disséminés dans le pays, des jeunes filles se ruaient vers nous en montrant leurs marchandises : noix de coco bouillies, maïs grillé, mangues et oranges. Je leur distribuais quelques billets, en échange, elles me lançaient leurs produits, car nous étions pressés et nous ne voulions pas perdre de vue Mandela, qui conduisait la voiture de Mme Gbowee et de son père. Trois heures plus tard, nous arrivâmes à Totota. C'était là que s'arrêtait la route asphaltée. Nous bifurquâmes alors pour emprunter une piste poussiéreuse. Nous ne tardâmes pas à respirer avec difficulté, nos vêtements étaient couverts de poussière. Désormais nous étions au cœur de la forêt. La terre ressemblait à celle de mon village d'origine. Les arbres aussi étaient identiques, de même que l'odeur de la forêt, capiteuse et étourdissante. J'étais de retour chez moi.

Sanoyee est une petite ville, mais de grande réputation au Libéria. Suite à la présence des missionnaires au début du XXe siècle, elle avait donné naissance à d'illustres personnages, des ministres, des médecins, des juges… Des centaines de gens longeaient les chemins qui mènent à Sanoyee. Ils avaient attendu des heures sous le soleil pour voir la fille prodigue de leur ville. C'était la fin de l'après-midi, presque la tombée de la nuit. En apercevant notre convoi, ils se rassemblèrent autour des voitures. Mme Gbowee fut contrainte de sortir de son véhicule.

Chacun voulait l'embrasser, à un moment la foule poussa en avant, chacun tentant au moins de l'apercevoir. Des femmes aux jambes couvertes de cauris dansaient autour d'elle, en son honneur. Il y avait aussi un groupe vêtu de tee-shirts blancs symbolisant le Mouvement des femmes. Et un groupe de tambourinaires qui tentaient d'attirer son attention. La foule nous guida jusqu'à la mairie, trop petite pour contenir un tel monde. Je transpirais, ma chemise me collait à la peau. J'essayais de goûter à ce retour au pays, mais la chaleur était insupportable. Nous attendîmes que tous les dignitaires fussent rassemblés dans le petit bâtiment. Tandis que nous patientions, les tambours résonnaient. De temps en temps, une femme entrait, Mme Gbowee se levait et l'embrassait. Alors la femme s'asseyait, et elles se mettaient à parler dans un dialecte qui dérivait du mien tout en étant différent. En les écoutant quelques instants, je me mis à comprendre quelques mots similaires à ceux utilisés dans ma propre langue.

Les notables de Sanoyee nous emmenèrent ensuite à la maison d'hôtes édifiée par un jeune pasteur libérien avec qui je me liai aussitôt d'amitié, car il avait étudié une année aux Pays-Bas. Il faisait sombre désormais. La cacophonie continuait. Les femmes associées à l'organisation de Mme Gbowee se rassemblèrent pour prier puis dansèrent, ensuite ce fut au tour d'un groupe de danses traditionnelles, dont les seuls instruments de musique étaient les cauris attachés à leurs pieds. Ils se produisirent durant des heures. À un moment, je regardai ma montre et réalisai qu'il était trois heures du matin. Et les festivités continuèrent jusqu'au petit matin.

Je pris une douche rapide, me changeai et sortis pour assister à la grande cérémonie. On avait invité les gens de toute la province et même au-delà. Les écoliers avaient été préparés pour la réception. Les femmes en blanc emmenèrent Mme Gbowee dans une maison au toit de chaume dont la porte était décorée de palmes. On lui offrit alors une poule blanche symbolisant la pureté de leurs cœurs, puis une chèvre qui devait être égorgée le jour-même. Elles lui parlèrent des progrès accomplis à Sanoyee. Elles avaient créé leur propre association, avaient creusé un puit collectif et sensibilisaient les jeunes filles pour prévenir la grossesse précoce et bien réussir à l'école, car rien ne devait les arrêter. L'une d'entre elles l'avait prouvé. Elles pouvaient aller aussi loin que Mme Gbowee, voire même encore plus loin.

Elle avait l'intention d'échapper à la cérémonie prévue ce jour-là et de retourner à Monrovia en début d'après-midi. Mais les notables de la ville avaient une autre idée sur le sujet. L'événement principal commença en début d'après-midi. Des milliers de personnes étaient venues l'accueillir, et tandis que les tambours battaient, nous nous dirigeâmes vers l'école où devait avoir lieu la cérémonie. Les tambourinaires étaient enragés, tout le monde dansait. Devant l'école, on avait dressé un toit en chaume reposant sur des piliers de bambou. Mon ami le pasteur pria, suivi par un chœur d'écoliers. La foule bouillonnait d'excitation.

Les notables se dirigèrent vers Mme Gbowee et lui tendirent un bol contenant sept noix de cola – c'était une manière de l'accueillir plus formellement. Les noix de cola furent suivies par une poule blanche, puis on versa une libation en l'honneur des ancêtres et on fit encore une prière. La foule était calme désormais, le silence absolu. Je pouvais ressentir la solennité de l'instant. Tous ces gens recevaient leur fille, qui avait grandi parmi eux et les avait rendus fiers. Chaque vieillard faisait une prière, immédiatement suivie d'un long discours. Cette cérémonie honorait la lauréate du prix Nobel mais aussi d'autres notables locaux, un enseignant qui avait travaillé ici près d'un demi-siècle, un avocat, bien d'autres encore.

Puis ce fut au tour de Leymah Gbowee de prendre la parole. Je la vis soulever la foule avec ses paroles. Elle fit taire les rumeurs qui prétendaient qu'elle comptait briguer un siège au Sénat : *« Vous n'imaginez pas un lauréat du prix Nobel s'asseoir et parler politique. Non, je ne m'intéresse guère à la politique. Ce qui m'intéresse, c'est d'aider les femmes à réussir leur vie. »* Puis elle plaida pour la scolarisation des filles. *« Chaque écolière de la région qui terminera le premier cycle de ses études secondaires avec d'excellentes notes et accédera au collège sans être enceinte recevra de notre part une bourse d'un montant de mille dollars américains »*, dit-elle. La foule l'applaudit, un groupe de femmes se mit à exécuter une danse rapide. *« Si elle continue ainsi et arrive à l'université, toujours sans tomber enceinte, elle recevra une bourse complète qui couvrira ses frais de scolarité, ses frais de location et ses autres besoins. »* C'était une bien belle promesse, pourtant je ne pus m'empêcher de me demander combien de filles allaient être capables de remplir ces conditions.

Les festivités se terminèrent tard dans l'après-midi. Quand Mme Gbowee se rapprocha de moi, je me vis poser la main droite sur son épaule et lui dire : *« Ce fut une belle cérémonie. »* Elle acquiesça. Mon geste sembla la surprendre, mais je pus lire dans ses yeux qu'elle l'avait apprécié. *« Le fait de vivre à Monrovia m'a fait oublier ma langue*, dit-elle, *mais en retournant à la maison, j'ai été surprise de me souvenir de tant de choses. »* Le temps était venu de retourner à Monrovia. Nous arrivâmes dans la nuit mais un autre programme y attendait Mme Gbowee : elle devait inaugurer un défilé de mode pour jeunes filles. Elle ne me proposa pas de l'accompagner et je compris qu'elle mettait ainsi fin à notre rencontre. « Kamama adama *(Merci beaucoup)* », lui dis-je dans sa langue. Elle me répondit : « Iseh imama *(Merci beaucoup également).* » Deux manières de dire la même chose. Avant de rentrer me coucher à mon hôtel, j'allai voir mon frère. Cette nuit-là, sa jeune épouse me prépara du fufu, une boule de farine de manioc. Le secret de ce régal ne résidait pas dans le manioc en soi, mais dans sa sauce, rehaussée de poissons finement moulus de différentes sortes, de viande, de poulet et d'un bouquet d'épices. Pour l'honorer comme il convenait, je me lavai les mains et plongeai les doigts dans le fufu fumant, baignant désormais dans la sauce. Tandis que je mangeais, je pensai à la genèse de ce mouvement féministe au Libéria. *« Tu devrais rencontrer Ma-Mary Brownell*, me dit mon frère, *elle t'en apprendra plus sur le Mouvement des femmes. »* Je n'avais jamais entendu parler d'elle mais son fils, Boimah Fanbulleh, était un politicien célèbre, il avait eu une grande influence dans la vie politique libérienne. Elle accepta de me rencontrer le lendemain.

Mme Brownell a quatre-vingt-trois ans et s'avère être une femme éloquente, douée d'une volonté de fer. Grande, encore gracieuse, elle dut être très belle dans sa jeunesse. Née dans le Sud-Est du Libéria, elle a travaillé toute sa vie dans le domaine de l'éducation et possède aujourd'hui une école. Elle me reçut ce matin-là dans sa maison coquette, abritant une ribambelle de petits-enfants et arrière-petits-enfants. Tout près de là, on entendait le tapage émanant de l'école. Elle se tenait assise en face de moi, dans une pièce décorée par les photographies de son père et de sa grand-mère, dont certaines remontaient à plus d'un siècle. Elle avait de toute évidence mené une vie privilégiée. J'aurais juré qu'elle n'avait jamais eu la vie dure, jusqu'à ce qu'elle se mette à raconter son histoire. Elle avait rencontré son mari sur les bancs de l'école. Ils étaient très amoureux. A une époque où il n'était question ni de pilule ni de préservatifs, elle tomba donc rapidement enceinte. Les parents du garçon, désireux de trouver une solution honorable, décidèrent qu'il devait l'épouser. Ils eurent quatre enfants en l'espace de huit années.

« Le mariage était un obstacle *à ma vie. Je n'étais pas allée à l'université, alors que j'aurais tant voulu poursuivre ma formation. Mon mari s'opposa à ma décision de reprendre les études, alors je décidai de le quitter. Il me laissa les enfants. Pourtant, c'était devenu un avocat aux affaires florissantes et il aurait pu me prendre en charge moi et les enfants. Je dus me débrouiller toute seule.* » Elle termina un master et une thèse de doctorat en éducation. « *Puis la guerre éclata et changea la donne. Mais j'étais déterminée à ne pas m'en aller. Je restais tout au long de la guerre. J'étais préoccupée par ce conflit, me demandant pourquoi personne n'intervenait pour y mettre fin. C'est alors que j'eus un moment d'inspiration. Puisque les hommes avaient commencé cette guerre, les femmes pourraient peut-être aider à y mettre un terme ? Nous étions leurs mères, leurs sœurs et leurs épouses. Ils nous écouteraient. Ce fut le début du Mouvement des femmes, que je dirigeais et au sein duquel j'ai continué à me battre jusqu'aujourd'hui.* » Elle reste toutefois consternée par le silence des Libériens à propos de son rôle dans ce mouvement : « *Pourquoi ce silence ? Est-ce à cause de mon fils et de son rôle dans la vie politique ?* »

« Lorsque je visite d'autres pays dans le monde, je rencontre des femmes en qui je me reconnais moi-même, leur combat reflète les nôtres, ici au Libéria, leur lutte pour obtenir leurs droits est exactement la même que la nôtre »

Parmi les gens que j'ai interrogés durant mon séjour au Libéria, personne n'a nié le rôle joué par Mme Brownell dans le Mouvement des femmes. Mais je n'ai pas réussi à savoir pourquoi personne ne la mentionnait d'emblée. Dans les jours suivants, j'allais encore écouter bien d'autres femmes, dont la sœur de Mme Gbowee. Toutes exposaient leur rôle dans ce mouvement, racontaient leurs histoires de guerre. Et je trouvais bien des similitudes entre les parcours de Mme Gbowee et de Mme Brownell. Comme la lauréate, cette dernière avait été une battante toute sa vie, une femme qui choisit de réaliser ses rêves au lieu de se contenter d'une existence de simple épouse. Elle initia le Mouvement des femmes, que Leymah Gbowee allait transformer, dans sa version plus moderne, en une organisation susceptible de capter l'attention du monde. Ces femmes avaient survécu à la guerre et se battaient encore pour faire entendre leur voix. Ces femmes bavardes, que la société avait parfois méprisées, ou simplement ignorées, étaient désormais couvertes de louanges. Elles symbolisaient l'histoire des femmes du Libéria. L'histoire des femmes du monde entier.

Vamba Sherif,
écrivain, est né au Libéria en 1973. Il a passé sa jeunesse au Koweït, où son père était universitaire, et a quitté le pays au moment de la première guerre du Golfe. Il vit actuellement aux Pays-Bas. Son roman Borderland *est paru en France aux éditions Métailié en février 2012.*

En 411 avant J.-C.

« Si on restait tapies chez nous, le museau fardé, toutes nues dans nos chemisettes de crêpe de Chine, à rôder autour de nos hommes, il monterait dru, le désir de nous culbuter, au lieu de nous laisser approcher, on se déroberait. Ils auraient vite fait de conclure la paix, crois-moi ! »

Extrait de Lysistrata *d'Aristophane.*
Au Ve siècle avant J.-C., une guerre fratricide fait rage entre Athènes et Sparte.

En 1057

« La comtesse Godiva, (...) mourait d'envie de libérer la ville de Coventry de l'oppression d'un péage insupportable et souvent, (...) elle implorait son mari (...) qu'il libérât la ville de cette charge ; mais le comte la réprimandait méchamment en lui demandant d'un air moqueur en quoi cela lui faisait du tort à lui (...) : *“ Montez votre cheval et allez nue, devant toute la population, à travers le marché de la ville, vous le parcourrez d'un bout à l'autre et à votre retour vous obtiendrez ce que vous demandez. ”* (...)

Après quoi la comtesse (...) dénoua ses cheveux et fit tomber ses boucles pour qu'elles recouvrissent son corps tout entier comme un voile, ensuite elle monta sur son cheval et escortée de deux chevaliers, elle alla par la place du marché, sans qu'on vît rien d'elle, si ce n'est ses superbes jambes ; et ayant accompli le voyage, elle revint avec joie vers son mari tout étonné et obtint de lui ce qu'elle avait demandé... »

Extrait de Fleurs de l'histoire (vol. 1) *par Roger de Wendover.*

☞ **En 2011**

« Condamnez les modèles qui posaient nus à la faculté des Beaux-Arts du Caire au début des années soixante-dix, censurez les livres artistiques, détruisez les statues archéologiques... Déshabillez-vous ensuite et regardez-vous dans un miroir. Brûlez ces corps que vous détestez tant et débarrassez-vous de vos complexes sexuels avant de m'insulter et de m'empêcher de m'exprimer librement. »

Extrait du blog d'Aliaa Magda el-Mahdy. La jeune femme égyptienne y avait posté une photo d'elle, nue.

Fiction

Quand le narrateur rencontre Gitte, il découvre la passion transcendantale. Mais un jour survient l'agressivité. Avec cette nouvelle totalement inédite, Douglas Kennedy livre une version moderne et très personnelle de la « guerre des sexes ».

Par Douglas Kennedy TRADUCTION Bernard Cohen

UNE ERREUR DE PARCOURS

Couché sur son lit de mort, Gœthe fut tellement ébranlé par les ombres de sa fin prochaine qu'il cria : « Lumière ! Plus de lumière ! »

Ça, c'est une version de l'histoire. Il en existe une autre, qui veut qu'en contemplant son fondu au noir personnel, le père du romantisme allemand se tourna vers sa nurse et souffla : « Merde, qu'est-ce qu'il fait sombre, ici... »

Si j'apprécie le lyrisme de la première variante, j'ai plutôt tendance à croire à la seconde. Même si nous sommes tous friands d'envolées poétiques aux moments les plus significatifs de la vie, et à son inévitable conclusion, nous restons majoritairement prisonniers de la realpolitik de la routine quotidienne. Et donc la machine à laver tombe en panne, la voiture ne démarre pas, votre patron est un faux-jeton imbuvable, votre carte American Express est dans le rouge, la personne dont vous êtes récemment tombé amoureux se révèle être sérieusement dérangée du caisson et... Merde, qu'est-ce qu'il fait sombre, ici.

*****

La personne dont vous êtes récemment tombé amoureux se révèle être sérieusement dérangée du caisson. Voilà une assertion saisissante, et qui appelle tout logiquement la question suivante : « Vous voulez dire que vous ne vous en êtes aperçu que maintenant ? » Ce à quoi il n'existe qu'une seule réponse : « Pas vraiment. »

Une autre explication vient aussitôt à l'esprit, formulée par mon père sur son lit de mort à lui, il y a tout juste deux ans. Evaluant l'immense gâchis qu'avait été sa vie, et l'insistance avec laquelle il s'était convaincu si souvent d'aller contre son intuition et ses propres intérêts, lui qui n'avait plus que quelques heures à passer sur Terre m'a chuchoté à l'oreille : « Nous ne voyons que ce que nous voulons bien voir... »

Je suppose que c'est encore une façon de dire : « Merde, qu'est-ce qu'il fait sombre, ici... »

*****

C'est elle qui m'a appris à courir. Elle-même participait à des marathons : elle aimait le défi que cela représentait, l'effort, la mise à l'épreuve de l'endurance, l'élément de souffrance. Marathons. Avec elle, tout était un marathon. Conversations-marathons. Sexe-marathon. Drames-marathons. Crises de colère-marathons. Déclarations d'amour-marathons. Angoisse-marathon.

– Je sais que je suis un peu extrémiste, m'a-t-elle déclaré alors que notre aventure avait débuté depuis une semaine. Et *je pique* [ces derniers mots en français], et c'est quelque chose qu'il faut que j'arrête, j'en suis consciente. Ce côté sombre de moi que je ne te montrerai jamais, parce que tu es l'homme de ma vie. Celui que j'étais destinée à rencontrer, dont je devais tomber amoureuse et adorer tous les aspects pour toujours. Nous deux, c'est pour toujours, n'est-ce pas ?

– Bien sûr que oui, ai-je répondu.

On ne voit que ce que l'on veut bien voir.

*****

Elle était Suisse. Suisse-Allemande. Ayant une mère suisse-romande, l'allemand et le français étaient ses premières langues. Et avec son diplôme de droit de l'université de Columbia à New York, son anglais était plus que satisfaisant.

– Tu es trilingue, ai-je remarqué la première nuit que nous avons passée ensemble, alors qu'elle jonglait avec les trois idiomes dans nos confidences post-coïtales échangées tout bas.

– Et alors ?

– C'est un compliment.

Elle m'a attiré sur elle, de nouveau.

– Je n'ai pas besoin de compliments. J'ai besoin de toi.

Personne ne m'avait jamais dit avoir besoin de moi, jusqu'ici.

*****

Mon ex épouse s'appelle Emma. Un prénom typiquement britannique, et de fait, elle était Anglaise jusqu'au bout des ongles. J'étais tombé amoureux de tous les traits nationaux qu'elle semblait personnifier : sa lucidité, son intelligence inflexible, son profond sens de l'humour, ses explosions de passion sous l'apparente froideur. Elle était avocate. Ancienne d'Oxford, cultivée et raffinée, d'une vivacité d'esprit affolante, elle arrivait à surmonter un manque de confiance en elle qui n'affleurait que rarement. Américain, mais de mère française, j'exerçais la même profession qu'elle. Ayant grandi à moitié à San Fransciso, à moitié à Paris, bilingue, je travaillais pour un cabinet de droit international à Londres, et ce sont des collègues que nous avions en commun qui nous ont présentés l'un à l'autre.

Nous étions tous deux au début de la trentaine, tous deux échaudés par des histoires d'amour qui avaient mal tourné. Bref, c'était une concordance de temps très propice, un facteur essentiel dans les affaires de cœur. La question de devenir mère occupait une grande place dans les pensées d'Emma, et j'ai repoussé les doutes que suscitait une certaine réserve chez elle, inhérente à son caractère. Moins d'un an plus tard, nous étions mariés.

Nous avons suivi le parcours de tous les couples avec une situation, une fois qu'ils se sont échangé les bagues : nous avons acheté une maison dans un quartier prisé de Londres (Islington), nous l'avons meublée, nous avons donné des dîners et nous sommes allés à des dîners, et au théâtre, et à l'opéra. Nous avons eu une fille, Abigail, et chacun de nous, à sa manière très spécifique, est tombé complètement sous son charme. Mais nous, nous étions toujours moins sous le charme l'un de l'autre. La lassitude a envahi notre vie conjugale, de même qu'un cancer se propage peu à peu. Nous sommes arrivés au point où nous étions incapables de parler de la disparition de la passion entre nous, et là, tout a commencé à s'effondrer en silence. La structure ne tenait plus.

Il y a un an, Emma a annoncé plutôt froidement qu'elle trouvait « sage que nous nous séparions un moment pour faire le point ». J'ai vainement tenté de la convaincre du contraire. Quand je l'ai suppliée de nous donner une autre chance, elle a répondu par une demande de divorce en bonne et due forme. J'ai dû quitter notre domicile, atterré de ne plus pouvoir partager le quotidien de ma fille, alors âgée de neuf ans. J'ai proposé de consulter un conseiller matrimonial mais Emma était absolument résolue. J'ai fait une dépression dans le plus grand secret : perte de sommeil, brusques accès de pleurs, sensation d'avoir perdu tout repère. Même si j'ai pris soin de garder cette crise pour moi, le grand manitou du cabinet, notant ma mine épuisée, m'a donné l'ordre de changer d'air pendant deux semaines. Je les ai passées à faire du trekking dans les Rocheuses canadiennes. S'il n'a pas dissipé l'angoisse, ce voyage m'a permis au moins d'échapper à la grisaille oppressante de ce qu'était devenue ma vie à Londres.

A mon retour, le grand manitou m'a informé que le cabinet cherchait un nouveau représentant à Paris. J'ai tout de suite accepté cette mutation. On m'a trouvé un appartement de fonction près de nos bureaux, derrière l'avenue Georges-V, et je me suis donné six mois pour m'extraire de ce quartier sans vie. Je suis devenu un père du week-end, me déplaçant tous les quinze jours à Londres pour passer deux journées très attendues avec Abigail. A Paris, le travail était relativement intéressant, mais à quarante-deux ans, une activité « relativement intéressante » – pour l'essentiel, la préparation de contrats de fusions-acquisitions – prenait l'allure d'une répétition du mythe de Sisyphe... Je m'y suis absorbé néanmoins, et avec un certain succès, parce que c'était un moyen de repousser la tristesse au second plan.

Autrement, il y avait la culture. Durant mon temps libre, je fréquentais les petits cinémas d'art et essai et les salles de concert. Lorsque je plongeais dans la nuit de Paris, j'étais uniformément en noir, du blouson de cuir aux bottes en passant par le tee-shirt et le jean. Ma façon à moi d'essayer de me fondre dans le petit monde d'Oberkampf et du canal Saint-Martin, où j'habitais désormais, de me convaincre que j'étais « branché », de déguiser le fait que j'étais un avocat ayant dépassé la quarantaine, esseulé dans sa dérive, désabusé et le cœur en charpie. Et c'est alors qu'elle est entrée dans mon existence. Gitte. Et notre première nuit ensemble, elle m'a dit que j'étais l'homme de sa vie.

*****

Gitte. Nous sommes entrés en collision à une réception offerte par sa firme. Elle était très grande. Genre, proche des deux mètres. Mince. Sportive. Quarante ans à peine. Belle, d'une beauté un peu froide. Même si elle irradiait une grande aisance en société et l'assurance de sa profession, j'ai surtout été frappé par l'étincelle de désir qui passait dans ses yeux.

– Je vous ai vu l'autre soir à l'Action Christine, m'a-t-elle assuré, une fois que nous avions été présentés. La séance de 21 h 45 de *Vertigo*.

– Je suis impressionné. Mais pourquoi vous n'avez pas dit bonjour ?

Elle a eu un rapide sourire.

– Je ne vous connaissais pas.

« Mais vous m'avez remarqué », me suis-je dit, et comme si elle lisait dans mes pensées, elle a continué d'un ton où perçait une ironie amusée :

– Et maintenant, vous allez me prendre pour une dragueuse. Une dragueuse suisse.

– Une dragueuse suisse ? Ce n'est pas une contradiction dans les termes ?

Un petit rire.

– Vous avez de l'humour, donc. Pourtant, vous n'êtes pas New Yorkais…

– Les gens de Californie peuvent en avoir aussi.

– Rarement. A quoi sert d'avoir de l'humour quand on a le luxe d'être zen ?

Un autre de ses brefs sourires, puis :

– Votre français est bon. Pour un Américain.

– Merci pour le compliment indirect. Ma mère, qui est née et qui a grandi à Neuilly, m'a…

– Oui, je sais tout ça.

– Vous… Et comment ?

– Parce que j'ai fait mes petites recherches quand j'ai vu votre nom sur la liste des invités à ce pot.

– Ah… Et qu'est-ce que vous avez trouvé ?

– Emmenez-moi dîner et je vous raconterai.

Encore un sourire tandis qu'elle me regardait encaisser le choc.

– Je suis trop Suisse, trop directe ? s'est-elle enquise.

– Pas du tout.

– Menteur, a-t-elle glissé en me donnant une légère tape sur le bras.

Et c'est ainsi que ça a commencé.

*****

Pendant le dîner ce même soir, j'ai appris que son père était un gros banquier suisse, qui avait quitté sa mère quand Gitte avait treize ans. Surmontant le traumatisme du divorce, la mère s'était remariée à un autre banquier qui, selon Gitte, avait tenté de la « sexualiser » alors qu'elle avait quinze ans. Si sa mère avait choisi de fermer les yeux sur l'incident, Gitte avait exigé d'aller habiter avec son père, lequel avait recommencé sa vie à Genève avec une femme très parisienne et très possessive. Réduite à entrer dans un pensionnat, elle n'avait guère vu ses parents depuis. Sa scolarité terminée, elle avait été acceptée à Sciences-Po, puis à la faculté de droit de Columbia à New York. Là, il y avait eu une histoire d'amour, avec l'un de ses professeurs, qui avait mal fini : « Pas de scandale, mais il a perdu son poste à cause de ça », a-t-elle noté, et bien que tenté d'en savoir plus, j'ai préféré ne pas la questionner plus avant. Revenue à Paris, elle avait travaillé dans deux cabinets de conseil juridique, cinq ans dans chaque cabinet, mais des « problèmes » avaient surgi. Celui qui l'employait maintenant, et où elle était associée, lui convenait : « Je garde ma vie privée et celle du bureau complètement séparées. C'est une leçon que j'ai retenue. Bon, comment peut-on vivre sans apprendre de ses erreurs passées et sans aller de l'avant ? »

Elle a caressé le dos de ma main d'un doigt volontaire. Et elle a souri, un sourire qui disait clairement : « Je te veux. »

Et je n'avais pas été désiré depuis des années.

Elle habitait dans le Xe arrondissement, près du canal Saint-Martin. Rue Beaurepaire, une artère qui donnait déjà des signes de cette transformation de la ville que j'ai surnommée, alors que nous passions devant une série de boutiques très chics, la « Marais-isation » de Paris : comment un quartier populaire plus ou moins délabré est peu à peu phagocyté par la monoculture de la mode. Amusée, elle a lancé :

– Encore une contradiction dans les termes, et spectaculaire encore : un Californien avec de l'humour.

– Nord-Californien, ai-je corrigé.

– En tout cas, quelqu'un qui aimerait bien faire quelque chose d'autre que des montages juridiques…

– C'est vrai de la plupart d'entre nous, non ?

– C'est une profession qui a ses bons côtés.

– Mais qui pour le reste est…

– Si tu pouvais en changer demain, que…

– Et savoir que je peux gagner ma vie autrement ? J'écrirais, évidemment. N'est-ce pas ce dont rêvent tous les costumes-cravates américains dès qu'ils se retrouvent à Paris ?

– J'en connais qui aiment ce qu'ils font. Mais bon, ce sont vraiment des « costumes-cravates » eux, alors que toi… tu me parais plutôt être un artiste refoulé.

– C'est encore autre chose que d'être un écrivain à temps complet.

– Tu as déjà écrit ?

– Quand j'étais étudiant, oui. Et je n'arrête pas de me dire que je m'attellerai un jour au roman que je me promets de pondre chaque jour depuis quinze ans…

– Un roman sur quoi ?

– Sur un avocat qui plaque tout.

– Je ne vais pas te demander s'il sera autobiographique…

– Je laisserais tomber mon boulot demain, si je pouvais. Seulement, j'ai des responsabilités. J'ai une fille. Et elle est tout pour moi.

– Et c'est l'un de tes nombreux côtés séduisants. Que tu sois un si bon père. Et ton ex n'est pas… ?

– Légalement nous sommes encore mariés, l'ai-je interrompue. Mais le divorce sera prononcé dans les six mois à venir.

– Ta future ex, donc. Elle ne voulait pas un deuxième enfant ?

– Non. Un seul lui suffisait. D'ailleurs, avec le recul, il n'y avait pas, dans notre couple, assez d'amour à donner à un autre enfant.

– Mais il y en a eu, non ?

– Quand on aime sincèrement une femme, suffisamment pour construire une vie commune, bien sûr qu'on veut un enfant avec elle…

D'accord, d'accord, je sais : c'était là une tentative délibérée de la séduire, puisque Gitte avait mentionné à plusieurs reprises au cours du dîner que son grand regret, lorsqu'elle considérait le « terrain vague » de sa vie amoureuse passée – oui, c'était le terme qu'elle avait utilisé –, était de ne pas avoir eu d'enfant.

A la manière dont elle n'avait cessé de poser la main sur mon bras pendant la soirée, dont elle avait bu chacune de mes paroles, dont elle m'avait dévisagé d'un regard qui disait « Tu es tout ce que je voulais depuis toujours », comment n'aurais-je pas pu être immédiatement envoûté ? Elle était tellement élégante, et cultivée, et fine… et elle se sentait aussi seule que moi, à l'évidence. Deux êtres qui venaient de passer le seuil de la quarantaine, tous deux déçus en amour, tous deux à la recherche de quelqu'un répondant plus ou moins à leurs attentes intellectuelles et sentimentales, tous deux désespérément prêts à établir le contact – ou du moins c'est ce que je croyais lire en elle –, et soudain nous étions là, elle, moi…

Je lui ai demandé :

– Et si tu pouvais changer d'existence demain, toi ? Faire quelque chose de différent ? Qu'est-ce que ce serait ?

Nous étions devant sa porte. Elle s'est tournée pour me faire face, a pris mes mains dans les siennes :

– Je serais l'amour de ta vie.

Et cela a été comme le signal du moment où nous sommes tombés dans les bras l'un de l'autre.

*****

Il y a le sexe qui craint. Celui qui enchante. Celui qui bof. Le sexe vindicatif. Le sexe jubilatoire. Le sexe sportif. Le sexe banal. Le sexe répétitif. Le sexe urgent.

Et puis, beaucoup plus rare, il y a le sexe qui vous transcende. Celui qui vous persuade que vous êtes engagés dans la forme de communication et d'échange la plus sublime qui soit, quand toutes les barrières tombent, quand vous vous sentez complètement en fusion avec l'autre, quand la rencontre physique vous semble l'expression la plus exaltante et la plus sincère de l'amour qui vous envahit et vous transporte.

Le sexe transcendantal. Il pousse le compte-tour de votre cœur dans la zone écarlate. Il vous dit : « Ça y est. » Parce que vous percevez que l'être avec lequel vous atteignez ce huitième ciel éprouve exactement la même chose que vous. Et c'est encore plus intense lorsque l'amour physique unit deux individus en manque d'amour tout court.

C'est en tout cas ce qui m'est venu à l'esprit lors de ma première, extraordinaire nuit avec Gitte, et encore bien des nuits après celle-ci.

– Ne me laisse jamais partir, a-t-elle murmuré à mon oreille, alors que nous reposions enlacés dans le lit.

– Non, je ne te laisserai pas partir.

– Et moi non plus. Tu es l'homme de ma vie.

*****

Le lendemain matin, après avoir fait tout aussi éperdument l'amour, nous prenions une tasse de café et du jus d'oranges dans sa cuisine, quand elle a poussé un trousseau de clés vers moi sur la table.

– Viens vivre ici.

Sans réfléchir une seconde, j'ai répondu :

– Absolument.

Et ce soir-là, je suis arrivé avec deux valises et mon ordinateur portable.

*****

Etait-ce de la hâte, de la témérité, de l'imprudence, de l'insouciance, de l'inconséquence, etc ? Je plaide coupable. Parce qu'à ce moment-là, j'étais follement heureux d'être pressé, téméraire, imprudent, insouciant, inconséquent et tout le reste. Et Gitte aussi. Je me suis installé chez elle et nous avons joué aux grandes personnes. Nous étions inséparables. La passion semblait partagée, les attentes satisfaites à un point stupéfiant. L'ajustement à cette vie quotidienne et fusionnelle a été un ravissement. J'étais recherché, désiré, louangé. Tout ce qui venait de moi l'enchantait, tout ce qu'elle représentait m'envoûtait. Son appartement était tapissé de livres, c'était une lectrice insatiable qui avait aussi de la musique classique et du jazz à foison, et qui s'est réjouie de constater que nous pouvions parler aussi bien de Malher que de Bill Evans. Nous allions au cinéma deux fois par semaine. Nous lisions allongés ensemble sur son canapé, sa tête sur mes genoux. Nous faisions l'amour sans arrêt, avec une ferveur et une avidité qui étaient une découverte pour moi. Et pour elle aussi.

– Le dernier type avec qui j'ai été détestait ça, m'a-t-elle confié.

Et c'est ainsi que son passé a été dévoilé peu à peu.

*****

« Je pique » : elle m'a fait cet aveu alors que notre liaison avait commencé une dizaine de jours plus tôt. Elle a poursuivi :

– Il faut que j'agresse l'homme que je fréquente. Avec toi, pourtant, ce sera différent. Tu n'es pas comme eux, toi, si loin de ça. Et je suis certaine que nous pouvons trouver le bonheur parfait ensemble… Mais bon, c'est un fait, je pique.

Cela aurait dû me mettre la puce à l'oreille. A la place, je me suis instinctivement focalisé sur la deuxième assertion : « Avec toi, ce sera différent. » Le simple fait qu'elle puisse me raconter comment elle avait traité ceux qu'elle avait croisés sur son chemin jadis était… était évidemment la preuve qu'elle avait consciemment dépassé ce genre de comportement.

Après des années en compagnie d'une Emma dont la réserve confinait à la froideur, j'étais soudain lié à une femme qui me répétait que j'étais son idéal masculin, solide, responsable, réfléchi, concerné, passionné, que sais-je encore. La vérité, aussi terrible soit-elle à admettre, c'est que je n'en croyais pas un mot. Comme la plupart d'entre nous, je gardais vis-à-vis de moi-même un océan secret de doute, d'insatisfaction et de déception. D'après mon expérience, et notamment celle que j'ai retirée de mon milieu professionnel, je suis persuadé que l'arrogance dissimule toujours une faille : plus quelqu'un se hausse du col, plus son manque de confiance est profond. Moi, cependant, j'étais l'extrême inverse : gigantesque incertitude, auto-satisfaction voisine de zéro.

– Quand il s'agit de fignoler un contrat, vous êtes redoutable, m'avait dit un jour mon patron. Mais si on vous mettait en face d'un juge et d'un conseil de la partie adverse qui veut en découdre...

– Je ne veux jamais me retrouver là, précisément, avais-je répliqué. Je connais mes limites.

– Ou vos points forts. C'est exactement pourquoi vous êtes imparable, dès que vous vous mettez à passer un contrat au peigne fin.

Mon père, qui était un avocat en droit pénal très recherché à San Francisco, et dont la spécialité était d'envoyer les coupables de délit d'initiés dans les prisons pour col blancs – surnommées Clubs fédéraux –, se plaignait souvent que je sois un enfant timide et toujours plongé dans un livre. Ma mère, Ségolène, partageait sa philosophie de battante et regrettait également mon caractère peu combatif. Restée très Française en dépit de toutes ces années à Frisco, elle professait la nécessité d'une approche épicurienne face aux aléas de l'existence. « La prudence, c'est limitant », m'avait-elle mis en garde un jour, tout en allumant l'une de ses vingt cigarettes quotidiennes qui allaient l'envoyer à la tombe à cinquante-huit ans seulement : « Il faut que tu arrêtes d'avoir peur du risque. »

Cet avertissement m'est revenu en mémoire au moment où Gitte m'a déclaré : « Je pique. » Et devant la passion débridée qui caractérisait notre relation, ses manifestations d'amour aussi enflammées que répétées, je me suis convaincu que ça y était, que je laissais enfin libre cours à un côté sentimentalement intrépide que j'avais bridé jusqu'ici.

« Je pique. »

Et : « Avant toi, c'est drôle, je suis toujours allée vers des types petits. »

Pierre, par exemple. L'un des fondateurs du premier cabinet d'avocats qu'elle avait intégré à Paris. Marié, et de vingt-huit ans son aîné. Un mètre soixante-six : oui, elle m'a même gratifié de ce détail. Et qui, durant les sept années qu'ils ont entretenu une liaison – elle avait vingt-huit ans à ses débuts, lui cinquante-six –, l'avait toujours vouvoyée.

– Tu as passé sept ans avec quelqu'un qui ne t'a jamais dit « tu » ? me suis-je étonné.

– Pendant les six premiers mois, il n'a pas pu avoir une seule érection.

– Et... tu es quand même restée avec lui ?

– C'était un défi pour moi. Bon, il a fini par surmonter ce petit problème. Cela dit, on se bagarrait tout le temps. Quand je l'ai laissé tomber après toutes ces années, il a été cassé. Il a essayé de me faire mettre à la porte du cabinet.

Un mince sourire est apparu brièvement sur ses lèvres lorsqu'elle a ajouté :

– Il n'y est pas arrivé.

Une pause, puis :

– L'une des raisons pour lesquelles je l'ai quitté, bien sûr, c'était Jackson.

– Et qui était Jackson ?

Là, j'ai presque tout appris de Jackson Henry : producteur bien connu à Hollywood, vrai gars de l'Ouest venu de son Wyoming natal, réputé dans tout L.A. pour se rendre aux déjeuners d'affaires en bottes de cow-boy, ainsi que pour être un grand buveur et un fumeur invétéré, ce qui faisait de lui un oiseau rare au sein de ce petit monde obsédé par la santé. Ils s'étaient connus alors qu'il faisait un film à Paris. Après un week-end ensemble, Gitte l'avait trouvé extraordinaire. Malheureusement il était marié, lui aussi, mais il était nettement plus jeune et plus grand que Pierre.

– J'ai tout de suite compris que l'amour était là. Et Jackson pareil. Mais bon, il ne pouvait me voir qu'une fois par an. Quoique, on s'envoyait des emails tous les jours.

– Pas évidente, l'histoire d'amour…

– On s'aimait !

– Mais si vous ne vous voyiez qu'un week-end tous les ans…

– On s'aimait.

Le ton catégorique qu'elle a adopté m'a dissuadé de chercher à en savoir davantage. En plus, je n'avais très franchement pas envie de connaître les moindres caractéristiques de ses anciens amants. Notamment les minitieux détails sur l'anatomie des hommes qui avaient partagé son lit, détails qu'elle était encline à communiquer à tout moment, de but en blanc, au milieu de conversations plus anodines.

Un soir, alors que nous parlions d'Istanbul, que j'avais visité avec Emma au début de notre vie commune, Gitte m'a ainsi informé :

– Oui, j'y suis allée une fois avec Philippe.

– Philippe ? Qui était-ce ?

– Oh, une passade. Il m'a invité à un week-end à Istanbul après une nuit ensemble. J'aurais dû dire non, remarque. Parce que dès que j'ai vu comme sa bite était petite…

Pourquoi est-ce que je ne l'ai pas priée de ne pas repartir encore sur ce terrain ? De la description de son amour extrêmement transatlantique avec Jackson, de son insistance sur l'impuissance de Pierre, de son empressement à évoquer le coursier de son deuxième cabinet d'affaires, un gars de vingt-six ans qui avait été son « jouet sexuel » pendant environ six mois – « Il s'est fâché quand je lui ai reproché de passer tout son temps avec ses jeux video mais de toute façon, c'était juste pour le sexe » –, de toutes ces indications très parlantes, pourquoi n'ai-je pas retiré le constat suivant : nous avons tous une vie sentimentale compliquée derrière nous, mais la sienne présente une tendance sadomasochiste plus que prononcée ? Parce que ce qui semblait sous-tendre cette galerie de portraits d'amants passés était la réaffirmation du message qu'il me plaisait d'entendre : « Toi, tu n'es pas comme eux tous ». Toi, tu es sérieux, tu es réel. Contrairement à eux, tu es un « vrai homme »…

Ah, comme j'avais besoin d'être flatté de la sorte ! On ne doit jamais sous-estimer l'égotisme masculin qui veut se croire capable de changer toute la vie sentimentale d'une femme aimée. Après avoir perdu l'affection de mon épouse, après avoir eu une mère affectueuse mais distante, après des liaisons dont j'étais sorti échaudé, entendre quelqu'un comme Gitte me dire et me répéter que j'étais tout ce qu'elle attendait depuis toujours…

Incontestablement, ces premières semaines exaltantes où elle me déclarait à chaque minute son amour inconditionnel ont commencé à me faire oublier les années avec Emma, pendant lesquelles je m'étais senti inadéquat, incomplet.

Et puis elle m'a parlé d'Henri.

*****

Henri était un associé du cabinet où elle avait travaillé avant. Je l'avais rencontré deux ans plus tôt, à une conférence juridique pour laquelle j'avais fait le déplacement de Londres à Paris. Court sur pattes, silhouette de boule de bowling, presque chauve, avec des lunettes aux verres épais, il devait avoir dans les quarante-cinq ans, mais en paraissait beaucoup plus. Le genre à transpirer sans arrêt, car il semblait pétri d'anxiété. J'avais pourtant découvert un autre aspect de lui au dîner qui avait suivi la conférence : spirituel, brillant et remarquablement cultivé, ainsi qu'en témoignait le monologue à propos de l'influence artistique de Maupassant sur Tchekhov dans lequel il s'est lancé, et dont le seul défaut était sans doute d'être un peu longuet.

« Il ne va jamais s'arrêter ? », m'a glissé en anglais le confrère londonien qui était assis entre Henri et moi, tandis que celui-ci discourait sur l'objectivité exemplaire de ces deux géants littéraires et sur leur remarquable attention aux petits faits de la vie quotidienne. Personnellement, j'étais assez impressionné : ce bonhomme pouvait se passionner pour autre chose que les arguties juridiques, ce qui était à saluer. Mais quand Gitte m'a appris qu'elle et lui avaient eu une histoire de trois ans, ma mine a dit à elle seule ce que je n'avais pas voulu exprimer : « Quoi, tu as fait l'amour avec cette boule de graisse pendant trente-six mois ? »

Etait-ce de la jalousie de ma part ? Pouvait-on sérieusement être jaloux de quelqu'un comme Henri ? Encore une vérité que nous avons le plus grand mal à reconnaître : il n'est jamais agréable d'entendre détailler le passé sentimental de l'être aimé. Vous avez beau dissimuler votre malaise en affichant une indifférence stoïque du style « Ça, c'était avant », il y a toujours une part de vous-même qui tente de repousser des images trop précises de l'amour de votre vie au lit avec un autre homme.

Surtout un homme tel qu'Henri.

Donc, mon expression médusée révélant éloquemment ce que je pensais, elle s'est empressée d'ajouter :

– Je sais, je sais, ce n'est pas un canon… Mais c'est son intelligence qui m'a conquise. Au début. Et aussi, je me sentais seule, je venais d'avoir trente-six ans et crois-moi, après trente-cinq, trouver des mecs intéressants, ça n'a rien de simple…

« Mais tu es belle ! ai-je failli lui remontrer ; totalement désirable. Et pourtant, tu t'es choisi un type qui ressemble au clown triste dans *I Pagliacci.* » Je n'ai rien dit de tout ça, bien sûr. Au stade initial d'une histoire d'amour, la vérité peut souvent être blessante, dangereusement conflictuelle. Alors, je me suis tu, pendant qu'elle me contait les particularités du sieur Henri : le soin maniaque avec lequel il rangeait ses sous-vêtements, son catholicisme exacerbé, son horreur du sang menstruel qui lui rendait presque impossible de se mettre au lit avec elle quand elle avait ses règles…

– D'ailleurs, il n'aimait pas le sexe. J'ai été mal baisée pendant trois ans.

A nouveau, une kyrielle de questions m'ont assailli, la plus aveuglante étant : « Mais dans ce cas, pourquoi être restée si longtemps avec lui ? » Et une fois encore, Gitte a lu dans mes pensées puisqu'elle a soufflé, des larmes dans les yeux :

– Je vois ce que tu penses. Pourquoi est-ce que je me suis infligé une chose pareille ? Je devais être folle, pas d'autre explication. Alors que je savais depuis le début qu'il était tellement négatif pour moi, tellement insatisfaisant…

– Nous nous mettons tous dans des situations que nous savons mauvaises pour nous, l'ai-je rassurée. Après tout, je t'ai raconté que j'ai été conscient dès le départ du manque de chaleur d'Emma, ce qui ne m'a pas empêché de…

– Mais elle avait du charme, au moins ! Je l'ai cherchée sur Google. Elle est très classe.

– Mais elle ne m'a jamais aimé pour de bon. Pas comme toi.

– Et moi, je n'ai jamais été aimée comme par toi.

Et ça a été le signal pour un autre baiser passionné qui nous a ramenés droit au lit.

*****

A quatre heures du matin cette nuit-là, un rêve étrange m'a réveillé. Une terrible impression de solitude. La même peur panique d'être seul au monde qui m'étreignait jadis, moi, enfant unique de parents dont les préoccupations étaient ailleurs. A mes côtés, il y avait une femme qui me faisait sentir désiré, important, et qui comme moi, était résolue à laisser derrière soi un passé déstructurant. Oui, certaines de ses confidences me mettaient mal à l'aise mais quand on aime, il faut savoir pardonner les anciens errements de l'autre, de même que l'on passe l'éponge sur ses propres faux-pas sentimentaux. Et sa façon d'exprimer son adoration renouvelée, je le répète, était pour moi un territoire inconnu et merveilleux, une attention permanente dont j'avais tant manqué au cours d'une enfance si solitaire. Entendre dire que je valais asez pour que l'on m'aime…

Gitte était profondément endormie près de moi, serrant comme à son habitude l'oreiller dans ses bras avec une force qui faisait penser que cette poche remplie de plumes était le seul ballast capable de la maintenir à flot dans la tempête du monde. Quand je l'ai enlacée et que j'ai déposé un baiser sur sa nuque, elle a murmuré dans son sommeil, elle a saisi mes mains et les a plaquées sur ses seins. Elle s'est retournée, m'a embrassé à pleine bouche et, m'enveloppant de ses jambes, m'a pris en elle. Après l'extase, nous nous sommes à nouveau laissé emporter par le sommeil, toujours dans les bras l'un de l'autre.

*****

Trois heures plus tard, la sonnerie du réveil m'a ramené à la conscience, et aussi le cliquetis des talons hauts de Gitte allant et venant précipitamment sur le parquet. Les portes des placards de la cuisine ont claqué brutalement, une poêle à frire est tombée avec fracas dans l'évier. Inquiété par cette furieuse cacophonie, je me suis levé, j'ai enfilé un peignoir de bain et je suis allé à l'épicentre du bruit. La colère altérait les traits de Gitte, ai-je tout de suite noté.

– Quelque chose ne va pas ?

– Quelque chose ? Quelque chose ?

Sa voix grimpait rapidement dans les aiguës.

– Tu sais que j'ai cet énorme contrat avec IBM à me coltiner aujourd'hui, et si je ne dors pas assez, mon niveau de concentration s'en ressent, et malgré ça, tu me réveilles en plein milieu de la nuit pour tirer ton coup !

– Je quoi ? Attends une minute ! Je n'ai rien fait d'autre que de te prendre dans mes bras et t'embrasser dans le cou. Tu as réagi et c'est...

– C'était... inconsidéré. Egoïste. Tu n'as pas de respect pour ce que je fais. Tu me prends pour... de la merde !

Je l'ai dévisagée. Je ne pouvais en croire mes oreilles. Finalement, j'ai dit en maîtrisant ma voix :

– Tu sais parfaitement que ce n'est pas vrai. Franchement, je ne comprends pas pourquoi tu...

– Evidemment que tu ne comprends pas ! Parce que tu ne penses qu'à toi et à tes besoins de mâle primitif ! Alors, Monsieur est fier de prouver sa virilité à je-ne-sais quelle heure ? Content de lui ?

Et, saisissant son manteau en passant, elle est partie d'un pas vengeur en me laissant planté là, stupéfait, perdu et de nouveau très, très seul.

*****

Il était autour de onze heures et, après cette scène dans la cuisine, j'éprouvais quelque difficulté à m'absorber dans les subtilités légales de l'OPA d'une chaîne française de magasins de bricolage lancée par une multinationale américaine, quand mon téléphone portable a sonné. J'ai jeté un coup d'œil à l'écran. Gitte.

– Est-ce que tu me pardonneras un jour ? a-t-elle commencé. J'ai été horrible, horrible. Tout ce à quoi j'ai pu penser de la matinée, c'est que j'ai passé trois ans de ma vie avec un homme qui voulait à peine me toucher, et que je vis maintenant avec un homme qui me désire tout le temps et moi, qu'est-ce que je fais ? Je...

Un sanglot l'a empêchée de continuer.

– C'est OK, ai-je dit calmement.

– Non, c'est pas OK ! J'ai été odieuse, alors que... alors que je t'aime tant. Je te promets que...

Et les quelques semaines suivantes, elle a en effet tenu sa promesse de ne plus se mettre dans de pareils états.

*****

Un vendredi soir, elle avait une surprise quand je suis rentré à la maison. Ce week-end n'étant pas un de ceux que je passais avec ma fille à Londres, nous avions tout le temps devant nous.

– C'est notre anniversaire aujourd'hui, m'a-t-elle dit en me tendant un verre de champagne. Trois mois ensemble. Et j'ai encore quelque chose pour fêter ça. Prépare un sac avec quelques affaires, d'accord ?

Quelques heures après, nous étions dans un château-hôtel de la Loire, en pleins ébats amoureux dans une chambre qui se voulait être un reflet du Versailles de Louis-le-Quatorzième, comme on dit en anglais.

Au petit-déjeuner le lendemain, sur la terrasse du château, face à ces jardins presque trop parfaits qui s'étendaient jusqu'à la rive du fleuve, le soleil matinal irisant la surface de la Loire, Gitte me couvant d'un regard empreint d'amour… comment le monde entier ne m'aurait pas semblé fabuleux ? Elle s'est penchée vers moi, prenant ma main dans les siennes :

– Je veux un enfant de toi, a-t-elle dit tout doucement. Tu es le premier qui m'inspire ça. Je sais que tu es un père exemplaire pour ta fille, je sais que notre amour est hors du commun, et je sais aussi que je n'ai plus tellement de temps devant moi. Quarante et un ans l'année prochaine, ça fait réfléchir, non ? Et un enfant né d'une telle passion, tu imagines quelle merveille ?

Juste après ma séparation avec Emma, alors que je faisais des heures supplémentaires pour cacher ma détresse, le grand manitou de la boîte m'avait invité à déjeuner et, lorsqu'il eut constaté que je semblais tenir le coup « vu les circonstances » – sa manière d'indiquer qu'il ne tolérerait pas que je laisse transparaître mon désarroi au bureau –, il m'avait donné un conseil, « un que je regrette de ne pas avoir suivi moi-même, et c'est un rescapé de trois divorces qui vous parle… Lorsqu'une femme de quarante ans, qui n'a jamais été mère, vous déclare que vous êtes l'amour de sa vie et qu'avoir un enfant avec vous serait « magnifique », cherchez la porte marquée « Exit » la plus proche et tirez-vous ! »

Si je me suis remémoré alors cet avertissement, il ne pesait pas lourd face à la voix qui répétait en moi : « Mais là, c'est l'amour ! » Or, n'avais-je pas dit à plusieurs reprises à Gitte que quand on aime…

– Bien sûr qu'on pourrait avoir un enfant, ai-je répondu. Attendons encore quelques mois, mais c'est… c'est ce que je veux aussi.

– Tu es… extraordinaire.

Et très désireux d'être approuvé.

*****

En fin d'après-midi, nous avons couru sur les bords de la Loire. Elle m'avait offert des chaussures de course haut de gamme, et m'avait déjà enseigné les techniques de coordination requises par le fond et le demi-fond. Quatre foulées, quatre respirations, les aspirations et les expirations venant au rythme de l'avancée. Ainsi, les endorphines envahissent votre cerveau, refoulant la douleur, disciplinant les poumons et vous apportant une étrange ludicité, l'exaltation de vous laisser emporter loin de tout ce qui obstrue et fige votre mental.

Gitte était une coureuse bien plus expérimentée et plus en forme que moi. Ce jour-là, après avoir obtenu mon engagement d'avoir un enfant, elle a fusé en avant et m'a laissé loin derrière sur le circuit qu'elle avait préparé pour nous. Quand je l'ai rejointe sur la ligne d'arrivée, les portes solennelles du château dont nous étions partis, elle m'a jaugé de haut en bas, et :

– Je suis là depuis un quart d'heure. Il va falloir que tu t'améliores. Il va falloir que tu sois à ma hauteur.

Quatre soirs plus tard, je lui ai annoncé en rentrant que j'avais réussi à obtenir deux places au concert très demandé de l'Orchestre philarmonique de Berlin, à la Salle Pleyel.

– Et quoi, je dois sauter au plafond ? a-t-elle rétorqué. Pourquoi est-ce que tu veux toujours m'entraîner hors d'ici ? C'est quoi, ce besoin d'avoir sans cesse quelque chose de planifié ? Qu'est-ce que tu essaies de fuir ?

– Mais… C'est le Philarmonique de Berlin, Gitte. Malher, au programme. Probablement la meilleure formation symphonique au monde.

J'ai posé mes mains sur ses épaules. Elle s'est écartée.

– Moi, j'aime les soirées tranquilles à la maison.

– D'accord, mais nous sortons à peine la moitié de la semaine et…

– Vas-y, toi.

Et elle m'a laissé au salon, éberlué. Je me suis versé un whisky, un double. Quand je me suis aventuré à la cuisine quelques minutes après, les nerfs calmés par cette généreuse rasade d'Ardbeg, elle a passé ses bras autour de moi et m'a embrassé.

– Evidemment que j'irai à ce concert avec toi. Merci, mon amour.

Et la soirée s'est déroulée comme si elle n'avait jamais eu cette première réaction.

*****

Alors que je l'informais le lendemain soir que je devais me rendre à Boston en voyage d'affaires le mercredi suivant, je lui ai proposé de prendre un avion le vendredi après-midi pour me rejoindre, ce qui nous octroierait un long week-end de trois jours dans la splendeur automnale du Vermont. Elle m'a regardé du même air que si j'avais suggéré une partie à trois avec une naine. Et elle s'est emportée brusquement, à nouveau :

– Encore une fois, tu démontres le peu de respect que tu as pour moi. Tu penses sérieusement que je vais traverser l'Atlantique dans les deux sens pour ça, et manquer la journée de lundi ?

– C'était juste une idée. Une idée romantique, et plutôt agréable…

– C'est une insulte, oui ! Une claque ! Tu ne réfléchis jamais à rien de ce qui me concerne. Tu n'as même pas vu à quel point cette « idée » était insultante pour moi. Blessante ! Tu…

– Je t'en prie, Gitte !

Elle était déjà partie. Ressortie de la salle de bains un moment plus tard, elle s'est montrée parfaitement tranquille, détendue et tellement amoureuse que nous avons chancelé jusqu'au lit. Sexe-réconciliation, aussi impétueux que d'habitude, certes, mais cette fois, je me suis senti moins gratifié par ses cris d'amour tandis que je la labourais. Et, pour la première fois, j'ai même laissé un constat atterrant s'affirmer dans ma tête : « Elle me fait peur. »

*****

Ont suivi des semaines d'harmonie, de jogging à deux après le travail, de conversations détendues dans sa cuisine, de nuits de passion dans son lit. Nous étions si bien ensemble, dans ces périodes, si profondément heureux ! Et puis…

– Tu iras au gymnase, aujourd'hui ? lui ai-je demandé un matin, tandis qu'elle se préparait pour sa journée de travail. Si oui, je pourrais t'y rejoindre vers sept heures.

J'ai eu une furie devant moi, soudain.

– Le gymnase ? Le gymnase ? Tu crois que je peux tout oublier de ce contrat pour IBM et aller tranquillement faire des abdos ?

– C'était simplement une question, mon amour.

– Oui, et maintenant tout ça va être de ma faute !

Bang. La porte a claqué derrière elle. Au bout de vingt minutes toutefois, elle m'a appelé sur mon portable en me suppliant de lui pardonner. Cette fois, j'ai osé prononcer les mots que j'avais refoulés trop longtemps, mes lèvres scellées par la crainte de la perdre et aussi, il faut le dire, de provoquer une réaction violente :

– Tu m'inquiètes, Gitte.

– Je m'inquiète moi-même ! Je ne veux pas te perdre…

– Cesse de me repousser, alors.

– Tu sais que tu es l'amour de ma vie.

– Et toi le mien. Mais ces explosions de rage…

– Ça ne se produit pas tous les jours ! Et c'est seulement quand…

– Oui, je te mets en colère, c'est clair.

– Toi ? Jamais !

– Dans ce cas, pourquoi te mets-tu en colère contre moi ?

Il y a eu un long silence. Et c'est d'une voix presque méconnaissable qu'elle a murmuré :

– Je ne sais pas.

*****

Le soixante-dixième anniversaire de sa mère devait être célébré un mois plus tard. Toute la famille allait être là et Gitte voulait me présenter à cette occasion, « puisque tu fais partie de la famille, maintenant ».

Les places de TGV ont été réservées, les dispositions nécessaires ont été prises, et puis j'ai reçu un coup de fil de ma fille : la troupe théâtrale de son école avait une représentation ce samedi-là, où elle tiendrait le rôle principal.

– Tu vas être là, Papa, hein ?

– Bien sûr, que je serai là.

En surfant sur Internet dans l'après-midi, j'ai trouvé une élégante solution au casse-tête logistique que constituait ce week-end : Gitte et moi arriverions à Zurich vers 15 heures le vendredi, j'irais à la fête de sa mère le soir, puis j'attraperais un avion pour Londres le lendemain, j'assisterais au spectacle d'Abigail et je rejoindrais Gitte à Paris dans la soirée du dimanche soir.

Quand je lui ai exposé ce plan chez elle plus tard, sa réaction a été volcanique :

– Tu m'avais promis qu'on aurait tout le week-end ensemble !

– Je sais. Mais c'est ma fille, et elle a enduré le divorce difficile de ses parents, et le départ de son père à Paris, et elle tient tellement à ma présence...

– C'est une capricieuse ! Et une manipulatrice ! Une petite fille gâtée qui claque dans ses doigts et son Daddy se précipite !

– Toi qui a vu ton père t'abandonner à treize ans, tu dois comprendre comme c'est important pour moi...

– Et maintenant, tu me fais sentir coupable ! Vas-y, si tu dois. Vas-y !

Je n'ai pas fermé l'œil de la nuit. Gitte m'a découvert sur le canapé du salon à sept heures du matin, un regard morne fixé sur le mur en face de moi.

– Bien sûr qu'il faut que tu la rejoignes à Londres, m'a-t-elle assuré après m'avoir apporté une tasse de café. Et ma mère sera contente d'avoir, au moins pour une soirée, l'homme qui met sa fille au comble du bonheur.

Sans répondre, je l'ai suivie des yeux quand elle est passée dans la chambre. Par la porte laisée ouverte, je l'ai regardée se maquiller devant sa coiffeuse. Un moment très intime, pour toute femme. J'ai observé son visage pendant qu'elle y appliquait du fond de teint, traçait au crayon l'ourlet de ses paupières. Ses traits étaient déformés par la colère. C'était un visage aussi dur que du béton, où ne se lisait qu'une rage intense.

Il y a des instants dans la vie où tout l'édifice de votre existence s'effondre autour de vous, d'un seul coup. Vous vous retrouvez en face d'une réalité que vous avez soigneusement niée pendant des mois. Alors, il n'y a qu'une question qui importe : qu'est-ce que je fais ici ? Pourquoi est-ce que j'ai esquivé si longtemps la vraie nature de ce qui se passait ici ?

Je connaissais la réponse : parce que j'avais voulu aimer, et être aimé. Parce qu'elle m'avait donné de l'amour, et désiré celui que je lui donnais, tout en s'acharnant à ruiner les chances d'un bonheur futur. Je n'ai pourtant pas pensé que tout le blâme reposait sur elle. J'étais tout aussi fautif. Ne m'avait-elle pas mis en garde dès le début ? « Je pique... » J'avais choisi d'ignorer ce qu'elle ne connaissait que trop bien d'elle-même. Ce n'était pas elle qui s'était raconté des histoires, c'était moi.

Elle a terminé de se maquiller. L'image courroucée qu'elle avait laissé le miroir refléter en croyant que c'était pour elle seule avait été remplacée par un tendre sourire quand elle est revenue au salon. M'enlaçant de ses bras, elle m'a donné un baiser passionné.

– Maintenant, il va falloir que je retouche mon rouge à lèvres ! a-t-elle plaisanté. Mais tu en vaux la peine : l'homme de ma vie ! Je t'aime et je t'aime. A ce soir !

Et elle est sortie.

Elle avait à peine refermé la porte de l'appartement que je suis allé descendre ma valise de l'étagère supérieure de sa penderie. En dix minutes, j'avais réuni toutes mes affaires. Je me suis douché, j'ai enfilé mon costume. J'ai cherché un bout de papier, sur lequel j'ai écrit : « Ce matin, j'ai vu l'avenir et il m'a effrayé. Je te souhaite le meilleur. » J'ai signé le mot, que j'ai laissé avec mes clés de chez elle sur la table de la cuisine.

Et je suis sorti, moi aussi, ma valise dans une main, ma sacoche d'ordinateur dans l'autre.

*****

La semaine suivante, elle m'a bombardé d'emails désespérés, de messages éplorés sur ma boîte vocale. Elle allait changer, promis. Elle consulterait un spécialiste au sujet de ses accès de colère, promis. Elle ne dirait plus quoi que ce soit de blessant sur le compte de ma fille, promis.

Je n'ai pas réagi. Les emails sont devenus agressifs : comment avais-je pu tourner le dos à cet amour hors du commun qu'était le nôtre ? Laisser « quelques instants d'énervement » éclipser tout ce que nous partagions ? Avais-je été sincère dans toutes mes déclarations enflammées, ou l'avais-je induite en erreur depuis le début ?

J'ai médité une réponse, préférant finalement le silence. Qu'aurais-je pu dire, sinon : « Nous voulons tous ce que nous avons eu, ce qui était véritablement de l'amour. Mais tous, nous avons à lutter contre une force plus puissante que l'amour : la part d'ombre qui est en nous, qui nous définit. La manière dont cette lutte intérieure se développe détermine l'issue de toutes les histoires sentimentales. Tout dépend de comment nous arrivons à la contrôler ou de si c'est elle qui finit par prendre le dessus sur nous. »

Lui écrire tout cela aurait signifié renouer le contact avec elle. Et cette perspective m'effrayait. Parce que j'étais partagé. D'un côté, je la regrettais terriblement ; de l'autre, j'avais compris que si vous croyez que l'amour peut tout arranger, vous oubliez que nous tous, chacun à notre triste manière, nous entêtons à démentir cette idée.

Et il n'est pas étonnant que la même conclusion s'impose toujours à moi lorsque je considère cette immense pagaille qu'est la vie : nous sommes tous seuls, si seuls.

*****

Elle m'a tant appris. A commencer par ce que les dernières paroles de mon père avaient de pertinent : « Nous ne voyons que ce que nous voulons bien voir. »

Quand le torrent d'emails et de messages s'est arrêté, que j'ai réussi à l'éviter dans les mondanités liées à notre profession et que j'ai appris un jour qu'elle avait accepté d'intégrer l'antenne de sa société à Washington, je suis resté résolument solitaire. Toujours avide d'amour, toujours incertain de ma capacité à le laisser m'entrainer dans sa course passionnée s'il se présentait de nouveau.

Mais c'est encore une chose qu'elle m'a apprise : à courir. Quatre foulées, quatre respirations. L'ivresse stimulante du mouvement. Le moment précieux où tout ce qui encombre votre esprit, les peurs, les doutes, les souffrances cachées, les regrets qui reviennent au milieu de la nuit, tout cela s'efface et vous laisse temporairement libre. La route devant vous est dégagée, dépourvue d'obstacles, pleine de promesses imprécises.

Vous courez. Parfaitement bien dans la cadence de vos jambes. Les discordances de la vie sont couvertes par le balancement de métronome de votre avance.

Alors, vous vous dites : « Comme c'est bon, de courir ! »

Et aussi : « Si seulement je savais vers quoi je cours... » §

Douglas Kennedy, *né à Manhattan en 1955, s'exile à Dublin et travaille d'abord pour le théâtre. Installé à Londres, il devient ensuite journaliste et publie des récits de voyage.*

Son deuxième roman, L'Homme qui voulait vivre sa vie *(Belfond, 1998) connaît un succès international. Traduit en seize langues, il est porté à l'écran en 2010. D'autres succès suivront, dont* La Poursuite du bonheur *et* La Femme du Ve.

Douglas Kennedy vit désormais entre Londres, Paris, Berlin et les Etats-Unis.

Pionnier

« MES DÉBUTS EN TANT QU'HOMME DE LETTRES »

En janvier 1906, l'auteur de *Tom Sawyer* commence à dicter ses mémoires. Selon sa volonté, elles devaient être publiées cent ans après sa mort, laquelle se produisit le 21 avril 1910. L'autobiographie de Mark Twain, *Une Vie américaine*, paraîtra en France le 13 septembre 2012, aux éditions Tristram. Dans cet **extrait inédit,** le grand écrivain raconte ses souvenirs de journaliste en poste à Honolulu, l'incendie d'un clipper au large de l'Equateur, la survie des naufragés et leur arrivée aux îles Sandwich.

Par Mark Twain

TRADUCTION Bernard Hœpffner

L'une des îles *de l'archipel d'Hawaï, aussi appelé îles Sandwich, au XVIIIe siècle. Mark Twain y est correspondant de presse en 1866.*
© Heritage Images / Leemage

1ER *octobre 1898.* A mes débuts, j'avais déjà publié une petite chose («La Grenouille sauteuse») dans une revue de l'Est, mais je ne considérais pas que cela comptait. Selon moi, quelqu'un qui publiait des textes dans un simple journal ne pouvait pas vraiment demander à être reconnu en tant qu'Homme de lettres ; il doit s'élever au-dessus de cela ; il doit être publié dans une Revue. Il deviendrait alors un Homme de lettres ; il deviendrait également célèbre – sur-le-champ. Ces deux ambitions avaient beaucoup de force sur moi. C'était en 1866. Je préparai ma contribution, puis me mis à chercher la meilleure revue dans laquelle trouver la gloire. Je choisis le *Harper's Monthly*. La contribution fut acceptée. Je la signai « Mark Twain », car ce nom avait une réputation sur la côte Pacifique et mon idée était de le faire connaître dans le monde entier, maintenant, d'un seul bond. L'article fut publié dans le numéro de janvier – car celui-ci contiendrait la liste annuelle des contributeurs, mon nom s'y trouverait, je deviendrais célèbre et je pourrais annoncer le banquet que je pensais organiser.

Il n'y eut pas de banquet. Je n'avais pas écrit « Mark Twain » clairement ; c'était un nom nouveau pour les imprimeurs du *Harper's*, et ils mirent *Mike Swain* ou *MacSwain*, je ne me souviens plus duquel. En tout cas, je n'étais pas célèbre, et il n'y eut pas de banquet. J'étais un Homme de lettres, mais c'était tout – une personne enterrée ; enterrée vivante.

Mon article traitait de l'incendie du clipper *Hornet* à hauteur de l'Equateur, le 3 mai 1866. Il y avait alors trente et un hommes à bord, et j'étais à Honolulu lorsque les quinze survivants maigres et spectraux arrivèrent après un voyage de quarante-trois jours dans un canot, en ayant survécu à la chaleur brûlante des tropiques avec *dix jours de rations* de nourriture. Un voyage tout à fait remarquable ; mais il avait été dirigé par un capitaine qui était un homme remarquable, sinon, il n'y aurait pas eu de survivants. Il était originaire de la Nouvelle-Angleterre, de la meilleure souche maritime, un loup de mer des anciens temps – le capitaine Josiah Mitchell.

Je me trouvais dans les îles afin de rédiger des lettres pour l'édition hebdomadaire de *L'Union de Sacramento*, un journal riche et influent pour qui ces lettres n'étaient d'aucune utilité mais qui pouvait se permettre de dépenser vingt dollars par semaine pour rien. Les propriétaires étaient des hommes sympathiques et aimables ; morts depuis longtemps, sans doute, mais avec moi, ils ont au moins une personne qui garde toujours leur souvenir en vie avec reconnaissance, car j'avais un grand désir de voir les Iles, et ils m'écoutèrent et m'offrirent la possibilité de m'y rendre, alors qu'il n'y avait que peu de chance qu'ils puissent en profiter d'une quelconque façon.

Je me trouvais dans les Iles depuis plusieurs mois quand les survivants arrivèrent. J'étais couché dans ma chambre à l'époque, incapable de marcher. C'était là une magnifique occasion d'aider mon journal, et moi qui ne pouvais pas en profiter. J'étais nécessairement dans le pétrin. Mais j'eus de la chance car Son Excellence Anson Burlingame était là-bas à l'époque, en route pour prendre son poste en Chine, où il fit tant de bon travail pour les Etats-Unis. Il vint, me mit sur une civière et me fit transporter à l'hôpital où se trouvaient les naufragés, et je n'eus aucun besoin de poser une seule question. Il s'occupa lui-même de tout cela et je n'eus pour seule tâche que de prendre des notes. (...)

Les deux canots abîmés prenaient l'eau rapidement ; une partie des hommes écopaient, les autres réparaient les brèches du mieux qu'ils pouvaient

Nous terminâmes ce travail vers six heures du soir. Je laissai tomber le dîner, car je n'avais pas de temps à perdre si je voulais battre de vitesse les autres correspondants ; je passai quatre heures à mettre mes notes dans l'ordre correct, puis me mis à écrire toute la nuit et au-delà ; avec ce résultat : j'avais un long compte rendu détaillé de l'histoire du *Hornet* prêt à neuf heures du matin, tandis que les correspondants des journaux de San Francisco n'avaient rien qu'un rapport bref – car ils n'étaient pas restés éveillés.

La goélette irrégulière devait partir pour San Francisco vers neuf heures ; quand j'arrivai au quai, elle avait libéré sa proue et était en train de lâcher son aussière arrière. Ma grosse enveloppe fut lancée

***Le naufrage du* Hornet** *marquera durablement Mark Twain qui lui consacre un long chapitre de ses mémoires,* Une Vie américaine.

par une forte main et tomba en fait sur le pont, et ma victoire était certaine. Le navire atteignit San Francisco sans problème, mais ce fut mon compte rendu complet qui fit sensation et fut télégraphié aux journaux de New York. (...)

Les survivants du *Hornet* atteignirent les îles Sandwich le 15 juin. Ce n'étaient que de maigres squelettes; leurs vêtements pendaient sur leur corps et leur allaient aussi mal qu'un drapeau collé au mât de pavillon par temps calme. Mais ils étaient bien soignés à l'hôpital; les habitants de Honolulu leur fournissaient toutes les denrées dont ils avaient besoin; ils reprirent vite leurs forces et ne tardèrent pas à être comme des sous neufs.

En l'espace de quinze jours, la majorité d'entre eux embarquèrent pour San Francisco. Du moins si les dates ne se sont pas perdues dans ma mémoire... Je partis sur le même navire, un navire à voiles. Le capitaine Mitchell, du *Hornet*, était à bord; ainsi que les seuls passagers que le *Hornet* avait transportés.

Il s'agissait de deux jeunes gentlemen de Stamford, Connecticut – des frères : Samuel Ferguson, vingt-huit ans, diplômé de Trinity College, Hartford, et Henry Ferguson, dix-huit ans, étudiant dans le même collège et, au moment où j'écris ceci, professeur là-bas, un poste qui est le sien depuis de nombreuses années. Il a cinquante ans cette année – 1898. Samuel dépérissait depuis de nombreuses années, atteint de phtisie, et le long voyage autour du cap Horn lui avait été conseillé comme dernier espoir pour sa santé.

Le *Hornet* était un clipper de première classe et un navire rapide; les logements des jeunes gens étaient larges et confortables, bien remplis de livres, et aussi de conserves de viandes et de fruits pour agrémenter le régime du bord; et lorsque le navire quitta le port de New York la première semaine de janvier, on sentait qu'il allait rapidement parcourir les quatorze ou quinze mille miles devant lui. Dès qu'ils eurent abandonné les latitudes froides et que le navire pénétra dans les températures estivales, le voyage devint un pique-nique de vacances.

Le navire fonçait vers le sud poussé par un nuage de voiles qui n'avaient pas besoin d'aide, de modification ou du moindre changement pendant des jours entiers; les jeunes gens lisaient, se promenaient sur le large pont, se reposaient et sommeillaient à l'ombre des voiles, prenaient leurs repas avec le capitaine et, quand le jour s'achevait, ils jouaient au whist à trois avec lui jusqu'à l'heure du coucher. Après la neige, la glace et les tempêtes du Horn, le navire vira vers le nord, retrouva les températures estivales et le voyage redevint un pique-nique.

Jusqu'au petit matin du 3 mai. Position calculée du navire, 112° 10' de longitude ouest; latitude, deux degrés au-dessus de l'Equateur; pas de vent, pas de houle – calme plat; température de l'atmosphère, tropicale, torride, inimaginable pour quiconque n'y a pas été rôti. Il y eut un cri : incendie. Un marin désobéissant n'avait pas suivi les règles et était allé dans l'écoutille avec une flamme non protégée afin de tirer un peu de vernis d'un tonneau. Le résultat attendu ne se fit pas attendre et les heures du vaisseau étaient comptées.

Il n'y avait pas de temps à perdre, mais le capitaine en profita au maximum. Les trois canots furent lancés – une grande chaloupe et deux canots de sauvetage. Le temps était compté, ce qui explique la précipitation et l'excitation considérables car, pendant le lancement des bateaux, un trou fut fait dans le flanc de l'un d'eux après une sorte de collision, et une rame traversa le flanc d'un autre. La première tâche du capitaine fut de faire monter quatre marins malades et de les placer hors d'atteinte du feu sur le pont – parmi eux un « Portyghee ».

Cet homme n'avait pas fait une minute de travail, mais était resté couché dans son hamac pendant quatre mois à soigner un abcès. Alors que nous prenions des notes à l'hôpital de Honolulu et qu'un marin racontait cette histoire à Mr. Burlingame, le troisième officier, qui était couché à proximité, fit un effort pour lever la tête et fit cette correction d'une voix faible – solennellement et avec du ressentiment : « *A* élever *des abcès; il en avait toute une famille. Il a fait ça pour éviter d'être de quart.* »

Toutes les provisions à portée de main furent rassemblées par les hommes et les deux passagers, puis montées et entassées sur le pont où se trouvait le « Portyghee », puis ils allèrent en chercher davantage. Le marin qui racontait cela à Mr. Burlingame ajouta : « *Nous avons ainsi rassemblé trente-deux jours de rations pour les trente et un hommes.* »

Le troisième officier releva la tête et fit une autre correction – avec amertume : « *Le "Portyghee" en a bouffé vingt-deux pendant qu'il faisait le malade et personne l'a vu. Un sale cabot.* »

L'incendie gagnait très rapidement. La fumée et les flammes repoussaient les hommes et ils durent arrêter d'aller chercher des provisions sans pouvoir achever leur travail et se rendirent aux canots, sans avoir réuni plus de dix jours de rations.

Chaque canot avait une boussole, un quadrant, un exemplaire du *Navigateur de Bowditch* et un almanach nautique; les canots du capitaine et du second contenaient un chronomètre. Ils étaient trente et un hommes en tout. Le capitaine fit un état des provisions, et le résultat était le suivant : quatre jambons, presque trente livres de porc salé, une demi-boîte de raisins secs, cent livres de pain, douze boîtes de deux livres d'huîtres, de palourdes et de viandes diverses, un tonnelet contenant quatre livres de beurre, douze gallons d'eau dans un baril de quarante gallons, quatre bonbonnes d'un gallon pleines d'eau, trois bouteilles de cognac (propriété des passagers), des pipes, des allumettes et cent livres de tabac. Aucun médicament. Naturellement, les rations de la troupe furent réduites sur-le-champ.

Le capitaine et les deux passagers tinrent chacun un journal ; au cours de notre voyage vers San Francisco, nous nous trouvâmes encalminés au milieu du Pacifique, sans avancer pendant quinze jours ; ce qui me donna l'occasion de copier les journaux. Le plus complet était celui de Samuel Ferguson ; je vais m'en servir maintenant. Lorsque le paragraphe qui va suivre fut rédigé, le navire avait quitté son port depuis cent vingt jours et tous les membres d'équipage passaient le temps avec paresse, comme d'habitude, et personne ne prévoyait de catastrophe.

2 mai. *Latitude 1° 28' nord ; longitude 111° 38' ouest.* *Une autre journée chaude et paresseuse ; à un moment, toutefois, les nuages promettaient un peu de vent et il y a eu une légère brise – juste assez pour nous faire avancer. La seule chose à noter aujourd'hui est la quantité de poisson tout autour : neuf bonites ont été attrapées ce matin et nous avons vu quelques albacores. Après le dîner, le second a attrapé un animal qu'il ne parvenait pas à tenir, il a alors passé la ligne au capitaine, qui se trouvait à l'avant. Ce dernier l'a empoignée, a tiré très fort et la ligne s'est cassée, le poisson partant avec l'hameçon.*

Nous avons également vu à l'arrière, nageant paresseusement dans notre sillage, un énorme requin qui devait avoir au moins neuf ou dix pieds de long. Nous avons essayé de l'attraper avec toutes sortes de lignes et un morceau de porc, mais il refusait de se laisser prendre. Je suppose qu'il avait apaisé son appétit avec les têtes et autres abats de bonites que nous avions jetés par-dessus bord.

L'entrée pour le jour suivant fait part du désastre. Les trois canots s'éloignèrent et s'arrêtèrent à courte distance. Les deux canots abîmés prenaient l'eau rapidement ; une partie des hommes écopaient, les autres réparaient les brèches du mieux qu'ils pouvaient. Le capitaine, les deux passagers et onze hommes étaient dans la chaloupe, avec une partie des provisions et de l'eau, sans aucun espace libre, car la chaloupe n'avait que vingt et un pieds en longueur, six en largeur et trois en profondeur. Le second était dans un des plus petits canots avec huit hommes, le deuxième officier dans le second canot avec sept hommes.

Les passagers n'avaient que les vêtements qu'ils portaient, plus leur pardessus. Le navire, couvert de flammes et envoyant une immense colonne de fumée noire vers le ciel, était un magnifique spectacle dans la solitude de la mer et, heure après heure, les naufragés restèrent assis là à observer.

Entre-temps, le capitaine calculait l'immensité de la distance qui les séparait de la terre la plus proche, puis il réduisit les rations afin de faire face à l'urgence : un demi-biscuit au petit-déjeuner ; un biscuit et un peu de conserve de viande au dîner ; un demi-biscuit en fin d'après-midi ; quelques gorgées d'eau à chaque repas. Et ainsi la faim commença à les ronger alors que le navire brûlait encore.

Le capitaine et les deux passagers ne mangèrent ni lanières ni copeaux comme les marins mais raclèrent le cuir des bottes et le bois et transformèrent ces raclures en bouillie

4 mai. *Le navire a brûlé très fort toute la nuit* *; nous avons le vague espoir qu'un navire a pu voir la lumière et qu'il se détourne vers nous. Aucun, cependant, n'est en vue ce matin ; nous avons décidé de nous diriger vers le nord et un peu à l'ouest en direction de quelques îles – latitude 18° à 19° nord, longitude 114° à 115° ouest – avec l'espoir, entre-temps, d'être repérés par un navire. Le navire a coulé brutalement vers cinq heures du matin. Le soleil est très chaud et brûlant ; mais nous essayons tous de l'éviter le plus possible.*

Ils firent alors ce qui était naturel ; ils attendirent plusieurs heures au cas où un navire aurait vu la lumière et se serait approché lentement d'eux

Le port d'Honolulu, *vers 1850.*
Quand débarquent les survivants du Hornet, *Twain s'y trouve depuis plusieurs mois.*
© Mary Evans / Rue des Archives

pendant qu'il n'y avait presque pas de vent. Puis ils abandonnèrent et suivirent leur plan. Si vous regardez une carte, vous direz que leur trajectoire était facile à décider. L'île d'Albemarle (archipel des Galápagos) se trouve directement à l'est, à presque mille miles ; les îles mentionnées dans le journal, sans précision, comme « quelques îles » (îles Revillagigedo) se trouvent, comme ils le pensent, dans une région extrêmement incertaine à environ mille miles au nord et cent ou cent cinquante miles à l'ouest ; Acapulco, sur la côte mexicaine, se trouve au nord-est à un peu moins de mille miles.

Vous direz que quelques rochers perdus dans l'océan ne sont pas ce qu'il leur faut ; ils devraient faire route vers Acapulco et le continent. Cela paraît être la décision rationnelle, mais on finit par comprendre en lisant le journal qu'elle aurait été complètement irrationnelle – et en fait, suicidaire. Si les canots se dirigeaient vers Albemarle, ils resteraient dans le pot au noir – ce qui signifiait une perte certaine, avec des vents déments qui soufflent de toutes les directions de la boussole en même temps, et même perpendiculairement. Si les canots essayaient de rejoindre Acapulco, ils sortiraient du pot au noir à mi-chemin – au cas où ils parviendraient jusque-là – et ils seraient dans une situation désespérée, car ils rencontreraient les alizés du nord-est qui leur arriveraient dans les dents ; et ces canots étaient gréés de telle sorte qu'ils ne pouvaient pas remonter à moins de huit points du vent. De sorte qu'avec sagesse, ils se dirigèrent vers le nord, avec un léger biais vers l'ouest. Ils n'avaient que dix jours de rations réduites ; la chaloupe tirait les deux canots ; ils ne pouvaient pas être certains de beaucoup avancer dans le pot au noir et ils en avaient quatre ou cinq cents miles devant eux. C'est *là* le véritable équateur, une ceinture remuante, rugissante, pluvieuse de douze cents miles de largeur qui encercle le globe.

Il plut très fort la première nuit et ils furent tous trempés, mais ils remplirent leur baril d'eau. Les frères étaient à l'arrière avec le capitaine, qui tenait la barre. Ils étaient serrés ; personne ne dormait beaucoup. *« Gardé le cap jusqu'à ce que les bourrasques nous fassent dévier. »*

Orageux avec bourrasques le lendemain matin, avec des pluies torrentielles. Une dangereuse et lourde *« mer agitée »*. On s'émerveille de ce que de tels canots puissent y survivre. On parle de prouesse audacieuse et désespérée quand un homme et un chien traversent l'Atlantique dans un navire de la taille d'une chaloupe, et c'est bien une prouesse ; mais cette chaloupe était surchargée d'hommes et d'autres butins, et elle n'avait que trois pieds de profondeur. *« Bien sûr, nous pensions souvent à tous ceux qui étaient chez nous, nous étions contents de penser que c'était un dimanche de communion et que nos amis priaient pour nous, bien qu'ils n'aient pas été au courant du péril dans lequel nous nous trouvions. »*

Le capitaine ne put même pas faire un somme pendant les trois premiers jours et les trois premières nuits, mais il parvint à dormir un peu la quatrième nuit. *« La pire des mers jusqu'à présent. »* Vers dix heures du soir, le capitaine changea de cap et prit la direction est-nord-est, dans l'espoir d'atteindre le « Rocher Clipperton ». S'il le ratait, ce n'était pas grave, il serait en meilleure position pour trouver les autres îles. Je vais dire tout de suite qu'il ne trouva pas le Rocher.

Le capitaine vit à cet instant qu'ils dérivaient vers un écueil menaçant. Ils essayèrent de s'activer pour hisser la voile mais la force des hommes avait complètement disparu ; ils ne pouvaient même pas tirer sur une rame

Le 8 mai, pas de vent de toute la journée – le soleil torride. Ils se mettent aux rames. Beaucoup de dauphins, mais sans pouvoir en attraper un. *« Je crois que nous réalisons de plus en plus dans quelle terrible situation nous nous trouvons. » « Il faut parfois une semaine à un navire pour traverser le pot au noir – sans doute bien plus longtemps, donc, avec un vaisseau comme le nôtre. » « Nous sommes tellement serrés que nous ne pouvons pas nous étendre pour un sommeil profond, mais nous devons nous accommoder de ce que nous avons. »* A coup sûr, cet aspect va devenir de plus en plus éprouvant, mais c'est dans la nature humaine de cesser de le mentionner ; cela va encore durer cinq semaines – nous ne devons pas oublier que, pour celui qui rédige le journal, il nous fait comprendre à quel point nos lits sont douillets. (...)

A la date du 11 mai : *« Immobiles! ou pire; nous avons reculé davantage cette nuit que nous n'avons progressé hier. »* En fait, ils avaient perdu trois miles des trois cents qu'ils avaient eu tant de mal à parcourir. *« Le coq qui avait été sauvé et lancé dans le canot alors que le navire brûlait est toujours en vie et chante quand apparaît l'aube, ce qui nous réconforte beaucoup. »*

De quoi le coq se nourrit-il depuis une semaine ? Ces hommes affamés le nourrissaient-ils avec leur propre pauvreté ? *« Le canot du deuxième officier une fois de plus à court d'eau, ce qui montre qu'ils boivent plus que leur ration. Le capitaine leur a parlé avec dureté. »* C'est vrai; la remarque est notée dans mon vieux carnet; elle me vient du troisième officier, à l'hôpital d'Honolulu. Mais il n'y a pas la place pour ça ici, et la chose est bien trop combustible, de toute façon. En outre, le troisième officier l'admirait et, ce qu'il admirait, il avait des chances de vouloir l'améliorer. (...)

C'est une extraordinaire aventure. Il n'existe rien de ce type dans l'Histoire qui la surpasse en impossibilités rendues possibles. Pour un détail extraordinaire – la survie de *toutes les personnes* dans la chaloupe – elle est sans doute unique dans l'histoire des aventures de ce type.

D'habitude, seule une partie du groupe dans le canot parvient à survivre – surtout les officiers et d'autres hommes éduqués et élevés dans la douceur, peu habitués aux épreuves et à un travail dur –, les travailleurs manuels non qualifiés succombent. Mais dans le cas présent, même les plus rudes et les plus grossiers résistèrent aux privations et aux malheurs du voyage presque aussi bien que les jeunes frères sortant de l'université et le capitaine. Je veux dire, physiquement. L'esprit de la plupart des marins se brisa la quatrième semaine et subit un dommage temporaire mais, physiquement, ils se montrèrent d'une endurance étonnante.

Ces hommes ne survécurent pas du fait d'un mérite personnel, bien sûr, mais de celui du caractère et de l'intelligence du capitaine – ils survécurent grâce à la maîtrise de son esprit. Sans lui, ils auraient été des enfants sans nurse; ils auraient épuisé leurs provisions au bout d'une semaine, et leur courage n'aurait même pas duré aussi longtemps que ces provisions.

La chaloupe faillit se briser à la fin. Lorsqu'elle approcha de la rive, ils laissèrent tomber la voile et celle-ci s'abattit d'un seul coup; le capitaine vit à cet instant qu'ils dérivaient rapidement vers un écueil menaçant, et ils essayèrent de s'activer pour hisser la voile de nouveau, mais cela était impossible, la force des hommes avait complètement disparu; ils ne pouvaient même pas tirer sur une rame. Ce fut alors qu'ils furent aperçus par les deux Kanakas qui les sauvèrent. Ils nagèrent vers la chaloupe, prirent le canot en charge et le pilotèrent dans une brèche étroite et à peine visible dans le récif – l'unique brèche sur une longueur de trente-cinq miles! L'endroit où ils débarquèrent était le seul sur cette distance où il était possible de descendre sur la rive – partout ailleurs, des falaises descendaient directement dans quarante brasses d'eau. C'était également le seul endroit sur cette côte où vivait quelqu'un.

Dix jours après le débarquement, tous les hommes sauf un étaient debout et se traînaient dehors. A proprement parler, ils auraient dû mourir du fait de la « nourriture » des derniers jours – quelques-uns d'entre eux en tout cas – des hommes qui avaient chargé leurs estomacs de lanières de cuir prises dans

Il faut mettre à l'honneur de ces hommes le fait qu'ils n'aient pas tué le coq. Il vécut dix-huit jours, et puis il se dressa sur ses pattes, tendit le cou, fit un effort courageux pour faire une fois de plus son devoir et mourut

de vieilles bottes et avec des copeaux du baril à beurre, une cargaison qu'ils n'éliminèrent pas par la digestion mais par d'autres moyens. Le capitaine et les deux passagers ne mangèrent pas de lanières ni de copeaux comme les marins mais raclèrent le cuir des bottes et le bois et transformèrent ces raclures en bouillie en les humidifiant avec de l'eau. Le troisième officier me dit que les bottes étaient vieilles et pleines de trous; puis il ajouta pensivement *« mais c'étaient les trous qui se digéraient le mieux »*. A propos de digestion, voici une chose remarquable qui vaut la peine d'être notée : au cours de cet étrange voyage et encore quelque temps à terre, les intestins de certains des hommes cessèrent plus ou moins de fonctionner ; dans certains cas, il n'y eut aucun mouvement pendant vingt ou trente jours et, dans un cas, pendant quarante-quatre jours ! Dormir, aussi, était devenu rare. Pourtant les hommes s'en sortirent très bien sans sommeil. De nombreux jours, le capitaine ne dormit pas du tout – vingt et un jours d'affilée, je crois.

Une fois le débarquement terminé, tous les hommes furent protégés avec succès de la suralimentation, excepté le « Portyghee » ; il échappa à la surveillance et mangea une incroyable quantité de bananes ; cent cinquante-deux, me dit le troisième officier, mais c'était certainement une exagération ; je crois qu'il n'y en avait que cent cinquante et une. Il était déjà presque plein de cuir – il lui sortait par les oreilles. (Je ne déclare pas cela en me fondant sur le troisième officier, car nous avons vu le genre de personne qu'il était ; je le déclare sur ma propre autorité.) Le « Portyghee » aurait dû mourir, bien sûr, et aujourd'hui, il paraît dommage qu'il ne soit pas mort ; mais il s'en est sorti, et aussi rapidement que n'importe qui d'autre ; et tout rempli de cuir, en plus, comme il l'était, et de bois beurré, et de mouchoirs, et de bananes. Quelques hommes mangèrent vraiment des mouchoirs, les derniers jours, et aussi des chaussettes ; et il était l'un de ceux-là.

Il faut mettre à l'honneur de ces hommes le fait qu'ils n'aient pas tué le coq qui chantait si vaillamment le matin. Il vécut dix-huit jours, et puis il se dressa sur ses pattes, tendit le cou, fit un effort courageux pour faire une fois de plus son devoir et mourut en le faisant. C'est un détail pittoresque ; de même que cet arc-en-ciel – le seul qu'ils virent pendant les quarante-trois jours –, qui éleva son arche triomphale vers le ciel de sorte que ces robustes hommes puissent passer en dessous pour trouver la victoire et le secours.

Avec dix jours de provisions, le capitaine Josiah Mitchell réussit à mener jusqu'au bout un voyage de quarante-trois jours et huit heures dans un canot non ponté, parcourant quatre mille miles en réalité, trois mille trois cent soixante à vol d'oiseau, et il mena tous les hommes sains et saufs jusqu'à la terre. Un homme intelligent, au cœur simple, modeste, courageux et de très bonne compagnie. J'ai parcouru le pont avec lui pendant vingt-huit jours – lorsque je ne copiais pas les journaux – et je me souviens de lui avec révérence et honneur. S'il est vivant, il a quatre-vingt-six ans aujourd'hui.

Si je me souviens bien, Samuel Ferguson mourut peu de temps après notre arrivée à San Francisco. Je ne crois pas qu'il ait vécu assez longtemps pour rentrer chez lui ; sa maladie l'avait sans doute condamné avant qu'il en soit parti.

Quelque temps, l'espoir subsista que l'on puisse avoir des nouvelles des deux canots de sauvetage, mais cet espoir fut déçu. Ils coulèrent avec tous leurs passagers, sans doute. Même le chevaleresque second disparut.

Les auteurs des journaux désiraient les polir un peu avant de m'autoriser à les copier, mais ils n'eurent pas l'occasion de le faire, et je les persuadai de n'en rien faire. Ces journaux sont infiniment modestes et sans affectation et, avec un art inconscient et involontaire, ils s'élèvent vers l'apogée avec une force progressive, un rythme qui s'accélère et une intensité dramatique, ils vous entraînent en une ruée de plus en plus rapide, et quand, à la fin, monte le cri *« Terre en vue ! »*, votre cœur s'arrête et, pendant un instant, vous avez l'impression que c'est vous qui avez été sauvé. §

Mark Twain, *de son vrai nom Samuel Langhorne Clemens, naquit en 1835 à Florida (Missouri) et mourut en 1910 à Redding (Connecticut). Célèbre pour ses romans* Les Aventures de Tom Sawyer *et* Les Aventures de Huckleberry Finn, *il fut aussi pionnier, grand reporter et humoriste, réputé pour ses satires féroces. Ernest Hemingway le considérait comme le père de la littérature américaine.*

Des visites
de trois heures sont organisées dans certains quartiers de Baltimore, sur les lieux de tournage de la série.

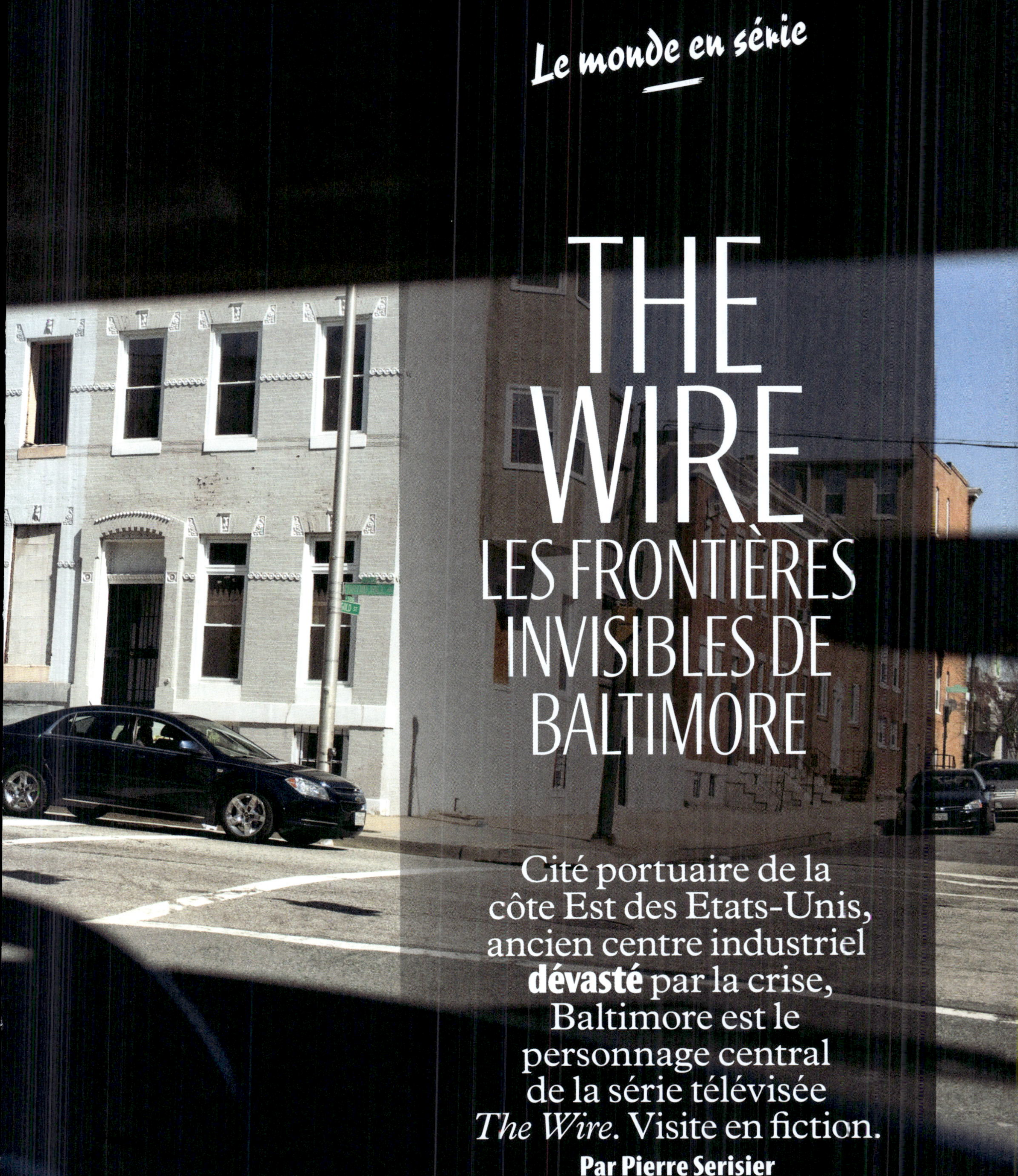

THE WIRE
LES FRONTIÈRES INVISIBLES DE BALTIMORE

Cité portuaire de la côte Est des Etats-Unis, ancien centre industriel **dévasté** par la crise, Baltimore est le personnage central de la série télévisée *The Wire*. Visite en fiction.

Par Pierre Serisier

West Baltimore. Au printemps, à l'angle de McAllister Street et de Guilford Avenue, l'herbe pousse entre les dalles disjointes du trottoir. Du chiendent ronge le pied des maisons de briques rouges, et court dans les allées qui mènent à des arrière-cours faméliques. Des rectangles de verdure maigre et sale, abandonnés et hésitants, côtoient des grillages éventrés, des barils dévorés par la rouille, une carcasse de voiture sans roues, des détritus. Des panneaux de contreplaqué cloués à la hâte cachent des portes ou ornent des fenêtres borgnes. Les maisons alignées comme des rangées de fantômes font penser aux logements ouvriers du Nord de la France. Les *projects*, ces groupes d'immeubles méchamment baptisés *lotissements*, autour d'une cour poussiéreuse, rappellent certains quartiers de la banlieue parisienne. De l'habitat bon marché, vite construit, pour accueillir des ouvriers noirs venus du sud chercher sur les chantiers navals ou dans les usines locales une vie qu'ils espéraient meilleure.

Avec les premiers rayons du soleil, les petits dealers se mettent à éclore en nombre à l'angle de la rue. Ils sont là. Ils attendent des heures entières. Plantés. Poussant sur le terreau d'une économie souterraine qui obéit aux règles d'un ultralibéralisme sauvage. Dans ce quartier pauvre, comme dans le reste de la ville, la seule loi qui vaille est celle du marché. Sans jamais avoir ouvert un livre, les gros trafiquants connaissent d'instinct les principes fondamentaux de l'économie de marché : disposer du meilleur produit pour écarter la concurrence. Et si cette dernière ne peut pas être vaincue, il convient alors de l'organiser de manière rationnelle et pacifique, car la guerre est l'impitoyable ennemi du business.

Vingtième ville des Etats-Unis par sa taille, Baltimore se dresse à la pointe de l'arc de la *Rust Belt*, ensemble d'agglomérations qui constituait le fleuron industriel du pays. Avec la crise des années quatre-vingt et quatre-vingt-dix, Detroit, Cleveland, Pittsburgh, Cincinnati ou Baltimore ont connu une lente et implacable agonie. Ce déclin de l'empire américain fut particulièrement spectaculaire à Detroit, organe névralgique de la production automobile. Comme sa cousine *Motown* (*Motor Town*, surnom de Detroit), Baltimore a vu sa population décliner de manière constante, passant de 733 000 habitants en 1993 à 621 000 en 2010. Le centre de la ville a perdu un tiers de ses occupants depuis les années cinquante. La cité portuaire était le deuxième point d'entrée des migrants européens à la fin du XIXe siècle. Elle s'est construite sur l'industrie des chantiers navals et des produits manufacturés. Après la Seconde Guerre mondiale, la part de sa population noire est passée de 23,8 % en 1950 à plus de 46 % en 1970, sous l'effet d'un besoin de main d'œuvre. La crise industrielle a touché en priorité cette population peu qualifiée.

C'est ce déclin et cette métamorphose que, jeune journaliste, David Simon a observé de manière quotidienne quand il était en charge de la rubrique des faits divers au *Baltimore Sun* de 1982 à 1995. David Simon et Ed Burns, autrefois enquêteur de la brigade criminelle attaché à la surveillance de quartiers « sensibles », ont créé ensemble la série télévisée *The Wire* (*Sur Ecoute* en français) en 2002.

Il y a chez Simon quelque chose de Balzac. Une ambition créatrice qui englobe l'espace et s'affranchit du temps. Le souci de produire une œuvre qui impose l'attention, force le respect et convoque la réflexion. *The Wire* n'est pas *La Comédie humaine*, mais l'une et l'autre obéissent à ce souci identique de restituer la réalité d'une époque, de laisser un témoignage aux allures de legs.

Avant de réaliser son chef-d'œuvre, David Simon avait accompli un lent et minutieux travail de préparation, d'élaboration d'une œuvre qui, avec le temps, se révèle d'une profonde cohérence. En 2000, David

Simon propose à la chaîne câblée HBO (Home Box Office) *The Corner*, adaptée d'un ouvrage paru en 1997 sous le titre *The Corner : A Year in the Life of an Inner-City Neighborhood*. Cette minisérie en six épisodes peut être considérée comme le brouillon ou mieux encore, comme le premier acte de *The Wire*, fresque sociale saluée comme la meilleure fiction jamais produite pour la télévision américaine.

Le pari fou de *Sur Ecoute* n'aurait jamais été possible sans la complicité de Chris Albrecht, génial découvreur de talents et charismatique patron de HBO, qui a fait de son entreprise le creuset de l'innovation en matière de séries télévisées, avec des succès comme *Les Soprano* ou *Sex and the City*.

Invité d'une conférence à la prestigieuse université de Harvard, Simon raconte : *« Beaucoup de choses nous ont été racontées par des proviseurs adjoints, des policiers, des trafiquants de drogue ou d'anciens trafiquants de drogue que nous rencontrions dans des*

Baltimore acquiert une identité forte et un caractère universel : elle devient la ville des villes, celle qui symbolise les problèmes auquels sont confrontés toutes les grandes métropoles américaines

bars ou sur des bancs dans des parcs. Je ne vis pas dans l'illusion que la série possède la rigueur d'un travail universitaire. The Wire *n'est pas non plus du journalisme, c'est une série qui a essayé de s'éloigner du divertissement. Nous savions que nous devions être distrayants pour attirer le public et nous savons où nous avons triché. Mais chaque personnage a une réalité urbaine et de nombreux événements montrés auraient pu arriver sous une forme voisine. Certains ne sont pas arrivés et d'autres sont prétendument arrivés mais personne n'a pu le prouver. »*

Simon et Burns ont découpé leur œuvre en cinq volets, cinq saisons, chacune correspondant à une composante de la ville de Baltimore. La saison 1 relate le combat de la police contre le trafic de drogue ou plutôt, une tentative de contingentement de ce commerce, afin qu'il ne contamine pas les quartiers résidentiels plus aisés. La saison 2 parle de l'activité économique sur les docks, qui tournent au rythme de la corruption croissant avec la crise industrielle. La saison 3 est celle du pouvoir municipal et de la lutte politique. Le cynisme est alors à son comble : les quartiers s'évaluent en statistiques électorales, et non comme les lieux de vie de citoyens auxquels il convient de présenter un programme. La saison 4 est la plus belle et la plus émouvante avec une plongée au sein de l'institution scolaire, ses échecs permanents et ses arrangements avec le système : les notes des élèves sont gonflées artificiellement pour ne pas subir un déclassement, synonyme de pertes de rentrées financières ; la triche sur les résultats, soutenue par l'administration, devient l'instrument de la survie. Enfin, la saison 5 aborde la dérive du métier de journaliste, sujet dont Simon fut un témoin direct. Le quatrième pouvoir ne joue plus son rôle, il ne pose plus les termes du débat démocratique et se contente de chasser des prix récompensant une information préoccupée par la sensation.

Les voix des femmes et des hommes prisonniers des quartiers pauvres des métropoles américaines, volontairement oubliés par le reste de la population, est rarement écoutée et encore plus rarement entendue. Semblable à bien d'autres villes, Baltimore ne possède pas l'attrait de Chicago, Boston, New York ou Miami. Elle se tient à l'écart des habituels circuits touristiques. Et quand on la repère enfin sur la carte, c'est parfois pour une mauvaise raison. La pauvreté et le crime possèdent un pouvoir unique de fascination. Le spectateur ressent le besoin de connaître le frisson que procure le contact avec le réel. Des programmes de téléréalité comme *COPS* (qui suit depuis vingt ans le quotidien de patrouilleurs de la police dans diverses localités des Etats-Unis) ont engendré une curiosité inquiète et une forme de voyeurisme. Depuis quelques années, s'est développé un « tourisme de ghetto », permettant à la classe moyenne effrayée par l'idée de son déclassement, de venir vérifier le fossé qui la sépare de la déchéance et de la disparition de l'*american way of life*, si cher à ses présidents successifs.

A Baltimore, des visites de trois heures sont organisées entre Collington Square Park et North Guilford Avenue, sur les différents lieux du tournage de *The Wire*. On revient dans le quartier tenu par le personnage du trafiquant Avon Barksdale et son neveu D'Angelo, on suit les traces de Marlo Stanfield, jeune Noir ambitieux qui rêve de devenir le nouveau maître de ces lieux, et on s'arrête devant le garage où Bubbles, toxicomane et indicateur de la police, trouve refuge et tente de survivre.

Série dite chorale en raison du nombre exceptionnel de personnages (environ deux cents), *The Wire* a été en partie tournée in situ avec des acteurs professionnels, mais également des figurants locaux. Les protagonistes s'inspirent d'habitants, à commencer par le plus célèbre et le plus emblématique, Omar Little (interprété par l'acteur et producteur noir Michael K. Williams), sorte de Robin des Bois urbain dont le caractère est un mélange de plusieurs individus ayant vécu dans le quartier. Autre figure essentielle de la série, le personnage de Snoop, interprété par Felicia Pearson, qui portait ce surnom dans la vraie vie. La jeune femme a passé six années dans un centre correctionnel pour femmes du Maryland, pour avoir abattu une jeune fille lorsqu'elle avait 14 ans. Sa chance fut de rencontrer dans un bar Michael K. Williams qui lui expliqua que la production de *The Wire* cherchait un personnage exactement comme elle. En mars 2011, elle a été de nouveau arrêtée pour possession de stupéfiants.

Tournée en milieu naturel, *The Wire* tente de montrer Baltimore à la fois *« d'une manière clinique et d'une manière intime »*, précise Simon. Les personnages sont présentés dans leur environnement grâce à des plans larges dans lesquels apparaissent les immeubles, les rues, les arrière-cours et tous les endroits qu'ils fréquentent dans la réalité. En ce sens, *The Wire* obéit à une démarche unique et novatrice qui tranche avec les séries policières traditionnelles comme *Les Experts* (*Las Vegas*, *Miami* ou *Manhattan*) ou avec des fictions plus anciennes telles que *NYPD Blue* ou *Deux Flics à Miami*. Dans ces fictions, la ville est une entité sublimée, lointaine et presque irréelle, seulement dévoilée à l'occasion de plans de coupe pris depuis le ciel. L'action est, elle, filmée en studio.

La conséquence d'une présentation géographique des lieux dans *The Wire* est que Baltimore acquiert une identité forte et une forme de caractère universel : elle devient la ville des villes, celle qui symbolise les problèmes auxquels sont confrontées toutes les grandes métropoles américaines. Tous les points de vue s'y expriment. Pas seulement celui des policiers comme cela est souvent le cas dans les séries télévisées. La majorité des personnages sont Afro-Américains et la parole est donnée à cette communauté, ce qui constitue un phénomène presque sans précédent à la télévision.

West Baltimore se présente sous l'apparence de ce qu'il est, un ghetto, une prison à ciel ouvert, dont les murs peuvent sembler invisibles pour ceux qui sont seulement de passage. Cet enfermement de fait s'exprime avec le plus de force et de justesse dans le personnage de Bubbles (Andre Royo), un toxicomane d'âge mal défini, qui circule dans le quartier en poussant un chariot de supermarché rempli d'objets de récupération, et qui accepte de jouer l'indic pour les flics de la brigade des stupéfiants qui ont placé sur écoute (d'où le titre) certains trafiquants, et qui les photographient depuis les toits d'immeubles voisins.

Avec *The Wire*, David Simon avait l'ambition de *« construire une ville »*, mais pas une *« ville de carte postale »*. Il y parvient en la montrant à travers le téléobjectif d'appareils photo ou les images pixélisées de caméras de surveillance. On l'aborde grâce à des cartes géographiques punaisées dans le bureau de la brigade criminelle ou par les découpages des bureaux de vote au moment des élections municipales. Le plus souvent, Bubbles se déplace à pied mais au cours de la première saison, il accomplit des déplacements en voiture qui modifient sa perception de la ville et donc, la nôtre. Dans l'une de ces scènes, l'enquêteur Jimmy McNulty (Dominic West) le conduit à un match de football que dispute son fils dans un quartier huppé. Le toxicomane paraît découvrir un territoire quasiment inconnu et inimaginable, qu'il n'aurait jamais pu rallier seul en marchant. Bubbles a franchi la frontière invisible et ce faisant, il nous la montre. Le principal mur qui entoure le quartier est celui du déclassement social, de la pauvreté et de l'exclusion, des facteurs presque plus solides que des enceintes de béton.

Cette représentation réaliste a suscité des grincements de dents et des froncements de sourcils parmi les officiels de la ville. En janvier 2011, le préfet de police de Baltimore, Frederick H. Bealefeld, estimait que *The Wire* constituait pour sa ville une *« tache qu'il faudrait des années pour effacer »*. L'image donnée était, selon lui, si négative qu'elle sapait les efforts entrepris pour améliorer les conditions d'existence dans les quartiers les plus défavorisés, qu'elle nuisait au travail de la police confrontée à une criminalité toujours forte. Pire, le *commissioner* jugeait que le traitement réservé à ses services par *The Wire* était injuste par rapport à celui que l'on pouvait voir dans d'autres séries.

La réponse de David Simon était venue franche, sans hésitation. *« D'autres pourraient avec raison contester* [cette idée selon laquelle Baltimore est une ville très violente], *mais ce ne sont pas soixante heures de* The Wire *que notre ville va mettre des décennies à surmonter, comme l'affirme le* commissioner. *Un problème bien plus persistant tient sans doute à deux décennies de mauvais travail accompli par un service de police plus obsédé par les chiffres que par le fond des choses, plus enclin à rassurer le pouvoir politique qu'à vraiment s'attaquer aux causes de la violence urbaine, plus prompt à accuser autrui qu'à endosser ses responsabilités. Laissez-moi dire publiquement que* The Wire *n'a pas à s'excuser ; en tout cas, pas pour le portrait qu'elle a fait de ces quartiers de Baltimore où nous avons placé notre histoire, pas pour avoir abordé la question des priorités économiques et politiques et de la pauvreté urbaine, pas pour avoir parlé du trafic de drogue et des dégâts provoqués par une prohibition qui se trompe de cible, et pas non plus pour avoir attiré l'attention sur cette pratique institutionnelle du " j'ouvre le parapluie " qui conduit les dirigeants de la police d'une grande ville à faire d'un récit fictionnel, plutôt que des réels problèmes urbains complexes, un sujet d'inquiétude légitime. »*

On ne compte plus les conférences, colloques, articles, thèses ou simples commentaires inspirés par les cinq saisons de cette fiction aux allures de manifeste politique avec lequel s'est ouvert notre siècle. La dernière initiative en date fut un séminaire organisé par l'université Paris X de Nanterre. De janvier à juin, à raison d'une journée par mois, des intellectuels, des chercheurs, des universitaires ont analysé, décortiqué et commenté le phénomène *The Wire*.

Dans un entretien au journal britannique *The Guardian* en septembre 2008, David Simon expliquait que sa série ne pouvait pas *« tout dire au sujet de Baltimore »*, mais qu'elle montrait qu'il existait *« deux Amériques, séparées et inégales »*.

Images extraites de la série The Wire. *Page précédente, l'inspecteur McNulty, l'un des personnages principaux. Ci-dessous à gauche, les petits dealers sur leur coin de rue. Ci-dessous à droite, Bubbles, un toxicomane entre deux âges.*

Pierre Serisier *anime le blog* Le Monde des Séries *sur la plateforme du* Monde *depuis janvier 2008. Auteur, traducteur, éditeur et directeur de collection, il a consacré vingt ans de son travail au genre noir. Il a publié un guide thématique intitulé* Sériescopie, *paru en novembre 2011 aux éditions Ellipses.*

Roman graphique

UNE SI JOLIE PETITE GUERRE

Marcelino Truong, peintre, illustrateur et auteur, est né à Manille en 1957, de père vietnamien et de mère malouine. Autodidacte du dessin, diplômé de Sciences-Po Paris et agrégé d'anglais, il se lance dans la vie d'artiste en 1983. Depuis, Marcelino Truong a dessiné de nombreuses couvertures de livres. Ses illustrations paraissent régulièrement dans les pages de Libération, *de* Marianne *ou de* Elle.

A l'été 1961, Truong Buu Khanh, attaché culturel de la République du Vietnam à Washington, est rappelé à Saigon. Il s'y installe avec sa famille : Yvette, sa femme et leurs trois enfants, Mireille, 9 ans, Dominique, 8 ans, et Marcelino (Marco), 5 ans. Le monde est alors en pleine guerre froide et les hostilités ont repris entre communistes et nationalistes vietnamiens…

Par Marcelino Truong

Ce chapitre est extrait du roman graphique de Marcelino Truong Une si jolie petite guerre, *qui paraît cet automne chez Denoël Graphic.*

En août, nous emménageâmes au 6e étage d'un immeuble récent, au 42 bd Nguyễn Huệ, en plein centre-ville.

Détail qui nous surprit, venant des USA : pas de vitres aux ouvertures du salon dans ce pays où il fait tout le temps chaud. De grands stores et des volets nous abritaient du soleil et de la pluie.

Seule la chambre de nos parents aurait la clim ?

Dans notre chambre, le brasseur d'air tournait comme une cuiller dans une casserole sur le feu.

Pour aider Maman, une jeune fille de 17 ans – Chi Hai – fut embauchée. Maman s'efforça d'initier la « bonne » (dans le parler de l'époque) aux usages français.

* On ne met pas de nước mắm dans le boeuf bourguignon !

* Tu veux bien jouer avec moi ? Tu t'appelles comment ?

Tous les après-midis après la sieste, Maman nous faisait la classe, inquiète de voir baisser notre niveau, en digne fille d'institutrice.

* C'était bien avant Françoise Dolto !

Dans une lettre d'août 61, adressée à nos grands-parents de France, Maman inséra un dessin de Domi. Le voici !

Missile, engin volant menaçant, voitures et ville en vrac... Ce dessin d'enfant de Domi (8 ans) témoigne de l'ambiance chaotique qu'il devinait derrière la façade paisible de Saigon.

Vers quatre heures, Maman nous sortait souvent au petit square devant l'Assemblée nationale, ancien Théâtre lyrique du temps des Français. Mireille avait appris la fable de La Fontaine « Le Loup et l'Agneau » à l'école Lamartine.

Nous ne passions pas inaperçus avec notre blonde maman...

Papa se rendait tous les jours au palais de l'Indépendance, car le président Diêm devait être secondé par un interprète pour les entretiens avec des interlocuteurs anglophones.

Cette femme est la photographe de guerre Dickey Chapelle, qui fut tuée en 1965 lors d'une opération militaire.*

Papa finit par être nommé directeur de l'Agence Viêtnam-Presse. Sa nomination fut annoncée dans le journal.

Un jour d'octobre nous apprîmes une nouvelle surprenante.

*Dickey Chapelle fut la première femme correspondante de guerre à tomber au Viêtnam, le 4 novembre 1965, au cours de l'Opération Black Ferret (furet noir).

Fin octobre, pour soulager Maman fatiguée par sa grossesse, un deuxième « serviteur » fut recruté.

Chú Ba nous venait de l'oncle Lâm et de sa femme Elvira, qui habitaient au 9e étage.

*Oncle troisième. Se prononce Tiou Ba.

*Voici l'école Lamartine!

C'est avec Chú Ba que nous partions nous plonger dans le grand bain de vapeur de la ville.

* « Mustapha », le hit du Libanais Bob Azam, était sur toutes les lèvres. Les Vietnamiens poussent volontiers la chansonnette.

* Vous voulez manger un pho, les enfants?

Maman écrivait régulièrement à ses parents en France. Ils conservèrent toutes ses lettres. C'est grâce à ces lettres que j'ai pu, cinquante ans plus tard, reconstituer notre quotidien. En octobre 1961, ça allait mal...

« Soyez rassurés, je me porte bien avec la grossesse, mais je n'en mène pas large, car l'état d'urgence a été déclaré avec son corollaire, la mobilisation générale. Je me suis rongé les sangs, car Khánh était mobilisable, mais jugé indispensable à son poste, il n'a pas été inquiété. On craint des attentats et les rues sont pleines de soldats... »

Un jour de décembre 61, je flânais avec Chú Ba, quand nous vîmes surgir un énorme porte-avions américain. Le U.S.C.V.* CORE nous livrait à domicile le cadeau de Noël de Kennedy : du matériel...

*United States Carrier Vessel.

...sophistiqué pour muscler notre armée. Un plan d'aide nommé «Project BEEF-UP»*. Les hélicos «bananes» - revêtus d'une enveloppe protectrice - avaient l'allure d'étranges chrysalides.

* BEEF-UP : donner du muscle.

© Julien Roussel / Du Travail !
TOUS LES SAMEDIS À 20.35
ÉCHAPPÉES BELLES
À la rentrée sur France 5
5
francetélévisions
france5.fr

À LA RECHERCHE DU PIMENT PERDU

Olivier Rœllinger *est l'un des premiers cuisiniers français à marier produits locaux et épices, rappelant le lien entre Saint-Malo et la route des Indes. Propriétaire et chef des* Maisons de Bricourt, *à Cancale, il consacre une partie de sa vie aux voyages, à la recherche des meilleures épices pour ses entrepôts.* epices-rœllinger.com

L'an dernier, j'ai passé cinq semaines au Mexique, en compagnie du chef Michel Bras, à la recherche des « piments perdus ». On cultive le *capsicum* dans le monde entier, mais sait-on qu'il est né au Mexique ? Appelé *chile*, il correspond au tempérament mexicain – entre l'amour, la mort et la Vierge. Son goût n'est pas synonyme de violence, mais plutôt d'énergie passionnelle.

Toutes ces nuances entre piments frais et séchés me fascinent. Sur le marché de Mexico, on peut les voir à leurs différents stades. Il y a deux cent cinquante variétés de *chile* dans le pays. Leurs noms changent en fonction de leur taille et des régions. Un vrai casse-tête. Je me sentais ignare dans cet univers de fragrances.

Nous sommes allés dans le Chiapas, à Puebla, à Oaxaca, à la frontière du Guatemala. Tous les matins, à l'aube, je me rendais sur un marché. C'est là que je peux sentir et comprendre un pays. Hommes et femmes viennent y chercher une chose capitale : la nourriture. C'est un lieu sacré, un peu comme le point d'eau pour les animaux.

Nous avons achevé notre tour dans le « temple des piments », une sorte de Rungis en banlieue de Mexico. Un lieu irrespirable mais inouï. On y trouve toutes les variétés du pays : *habanero*, *poblano*, *ancho roco*... Parmi ceux que j'ai rapportés, le *chile de arbol*, pointu, tranchant, brûlant comme une lame d'acier sortie du feu ; le *chile piquin*, très puissant, adoré des Aztèques, idéal pour un court-bouillon de crustacés. J'ai une affection particulière pour le *chipotle meco*, peu piquant, à la saveur étrange, légèrement fumée ; il ressemble à une mandragore, entre morille et algue. Dans la vaste famille du *guajillo*, ancêtre du piment d'Espelette, on retrouve toute la chaleur du peuple mexicain. Le *mole*, plat à base de piments brûlés, de fèves de cacao et de cannelle, est une illustration parfaite de la cuisine mexicaine, qui se caractérise par ses sauces.

Le *chile* était l'un des trésors des Mayas et des Aztèques. Après la conquête du pays par Cortés, l'Amérique centrale est devenue le garde-manger du monde. Mais curieusement, le piment est arrivé en Europe comme plante ornementale (les ecclésiastes en décoraient les cloîtres). A la différence des autres épices, appréciées des élites, les paysans se sont approprié le piment en Espagne et au Pays basque. Il a poursuivi sa route vers l'est, devenant *paprika* en Hongrie, envahissant l'Asie du Sud. Les Portugais l'ont apporté au Japon en même temps que leurs *tempuras*. Le piment a fait le tour du monde, dans le sens inverse du poivre, né en Inde du Sud. J'aime ce genre de dénominateur commun entre les hommes. Le monde est un grand village. §

Piri 2

Arbeitsheft in Druckschrift

Autorinnen:
Angelika Birk
Susanne Löffler
Silke Meggendorfer
Yvonne Zimmermann

Ernst Klett Verlag GmbH
Stuttgart · Leipzig · Dortmund

Inhalt

Vorkurs

Ankommen und lernen

Lesen und informieren

Wünschen und träumen

Reisen und entdecken

Fühlen und beschreiben

Sprechen und Zuhören · Lesen – mit Texten und weiteren Medien umgehen · Schreiben · Sprachgebrauch und Sprache untersuchen und reflektieren

Zuhören und erzählen

Das Jahr erleben und gestalten

VORKURS
Laute hören und schreiben

○ **1** Was klingt am Anfang gleich? Kreise ein.

○ **2** Welcher Laut klingt am Anfang? Schreibe.

○ **3** Hörst du A, a im Wort? Kreuze an.

VORKURS
Könige hören

○ **1** Welchen König hörst du? Schreibe.

○ **2** Welche Könige hörst du? Schreibe.

○ **3** Verbinde.

 Pal – ne / me

Bie – me / ne 

 Wür – fel / tel

Ga – del / bel 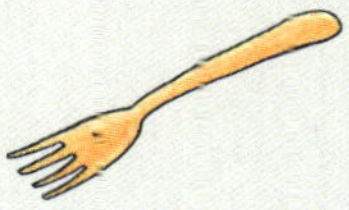

 Wol – le / ke

Ham – mel / mer 

VORKURS
Wörter schreiben

○ **1** Schwinge und schreibe. Markiere die Könige.

Hase

○ **2** Was gehört zusammen? Schreibe auf.

Ta	pe
Rau	mer
Son	fel
Ei	ne

Tafel

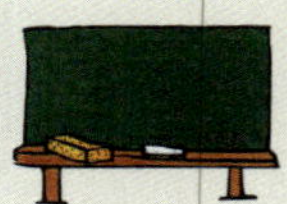

○ **3** Schreibe die Wörter auf. Markiere die Könige.

Hose

VORKURS
Sätze schreiben

○ **1** Bilde sinnvolle Sätze. Schreibe sie auf.

Die Kinder	steigt.
Lotta	spielen.
Der Drachen	schreibt.

○ **2** Lies die Sätze. Setze die passenden Wörter ein.

Auf der Wiese ist ein ________.

An dem Baum steht eine ________.

Lotta pflückt eine schöne ________.

○ **3** Wer tut was? Verbinde. Schreibe Sätze.

zwitschern — Die Vögel zwitschern.

klettern

hoppeln

schwimmen

VORKURS
Genau lesen (1)

○ **1** Was macht Lotta? Lies und kreuze an.

☐ Lotta spielt mit Maro.
☐ Lotta bastelt einen Drachen.
☐ Lotta lässt den Drachen steigen.
☐ Lotta fährt mit dem Roller.

○ **2** Schreibe den richtigen Satz aus Aufgabe 1 ab.

○ **3** Lies die Sätze. Unterstreiche das passende Wort.

Lotta spielt im *Garten/Hof*.

Mama steht auf der *Leiter/Treppe*.

Maro füttert einen *Hasen/Hund*.

Papa fährt mit dem *Roller/Auto*.

Piri liegt unter dem *Baum/Dach*.

○ **4** Schreibe drei Sätze aus Aufgabe 3 auf.

VORKURS
Genau lesen (2)

○ **1** Lies die Sätze. Verbinde die passenden Satzteile.

Die Katze	liest	mit dem Auto.
Lotta	klettert	in der Luft.
Papa	fährt	auf den Baum.
Der Vogel	fliegt	ein neues Buch.

○ **2** Schreibe zwei Sätze aus Aufgabe 1 auf.

○ **3** Schreibe einen Unsinnsatz mit den Satzteilen aus Aufgabe 1 auf.

○ **4** Was ist richtig? Kreuze die richtigen Sätze an.

- ☐ Die Katze fängt eine Maus.
- ☐ Die Katze schläft.
- ☐ Die Katze ist auf dem Dach.
- ☐ Die Katze ist auf dem Baum.

- ☐ Piri liegt im Bett.
- ☐ Piri liegt auf der Wiese.
- ☐ Piri liebt Eis.
- ☐ Piri liest ein Buch.

Abc (1)

Abc-Spielereien

Das Abc hat 26 Buchstaben. Wenn ein Buchstabe (z. B. a, b) oder mehrere Buchstaben (sch, ch) gesprochen werden, so sind dies Laute. Die Laute **a, e, i, o, u** klingen allein und heißen **Selbstlaute** oder **Vokale** (**Könige**). Alle anderen Laute im Abc (z. B. b, k, x) klingen nicht allein und heißen **Mitlaute** oder **Konsonanten**.

○ **1** Verbinde die Buchstaben nach dem Abc.
Beginne mit den großen Buchstaben. Mache mit den kleinen weiter.

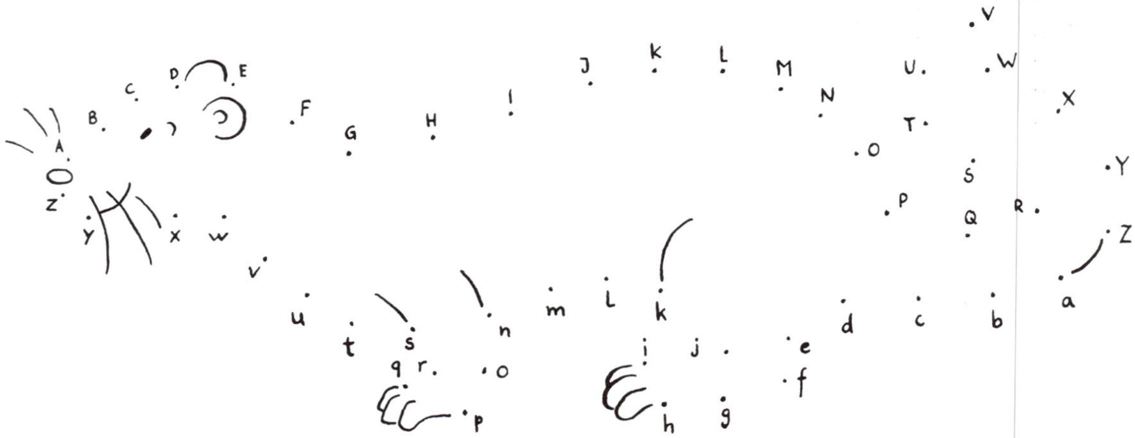

Dieses Tier entsteht:

____

◒ **2** Suche die Wörter in der Wörterliste ab Seite 89.
Welches Wort steht genau darüber? Schreibe es auf.

S			
sprechen	ja	Tomate	
M			
Mai	laufen	Geschenk	zwei
P			
Pony	Schmetterling	Sohn	haben

○ **3** Welche Sätze sind in Aufgabe 2 entstanden? Lies vor.

 → SB S. 16

Abc (2)
Ein Abc-Gedicht

1 Bringe die Zeilen des Abc-Gedichts in die richtige Reihenfolge.

1	A B C D E –		er hüpft so furchtbar schnell.
	J und K und L –		und freut sich wie noch nie.
	F G H und I –	1	ein Pinguin hüpft im Schnee.
	W X Y und Z –		ein zweiter kommt dazu.
	R S T U V –		und das ist seine Frau.
	M N O P Q –		zu zweit hüpft es sich nett.

2 Schreibe das Gedicht geordnet auf.

A B C D E – ein

→ SB S. 16

Silben

Wörter bestehen aus **Silben**.
In jeder Silbe steht mindestens ein **Vokal** (**König**).
Der **Silben-Test** hilft dir, Wörter richtig zu schreiben:
1. Sprich das Wort und schwinge die Silben.
2. Kontrolliere, ob in jeder Silbe mindestens ein Vokal steht.

Diese Strategie hilft dir: **Silben schwingen**.

○ **1** Schreibe die Wörter auf. Zeichne die Silbenbögen ein.
Markiere die Vokale.

◒ **2** Ist hier alles richtig? Überprüfe. Verbessere, falls nötig.

Hose		Gemüse	
suchn		Telfon	
Aufgabe		Tisch	
trinkn		sieben	

 → SB S. 17

Nomen (Substantive) 1 Aa?

Tierische Nomen

○ **1** In diesem Haus verstecken sich zehn Tiere. Umrahme die Tiernamen.

Menschen, Tiere, Pflanzen und Dinge haben Namen.
Das sind **Nomen** (**Substantive**). Sie gehören zu den **Wortarten**.
Nomen schreibst du immer **groß**.
Diese Strategie hilft dir: **Groß oder klein?**
Nomen können in der **Einzahl** oder in der **Mehrzahl** stehen.
Einzahl: Tier Mehrzahl: Tiere

○ **2** Schreibe die Nomen aus dem Tierhaus auf.

◒ **3** Setze die Nomen von Aufgabe 2 in die Mehrzahl. Überprüfe: Welche Nomen sind in der Einzahl und in der Mehrzahl gleich? Unterstreiche.

◒ **4** Welche Nomen hast du bei Aufgabe 3 nicht unterstrichen? Schreibe sie in der Mehrzahl auf.

→ SB S. 18

Nomen (Substantive) 2

Rätselspaß mit Nomen

Nomen (Substantive) haben **Begleiter**. Man nennt sie Artikel.
Es gibt die bestimmten Artikel **der, die, das**: der Mann, die Frau, das Kind
und die unbestimmten Artikel **ein, eine**: ein Mann, eine Frau.

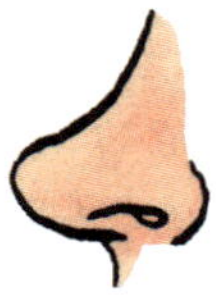

○ **1** Suche die Nomen in der Wörterliste. Trage sie in die Tabelle ein.

der/ein	**die/eine**	**das/ein**
der		

● **2** Ergänze die Tabelle mit weiteren Wörtern.

◒ **3** Überprüfe mit dem Nomen-Test: Welche Wörter sind Nomen?
Kreise sie ein.

TISCH KANN MUSIK LIEB GEMÜSE HOCH WOCHE TÜR

 → SB S. 19

Aussagesätze
Lotta mag Max

Aus Wörtern kannst du **Sätze** bilden.
Am Satzanfang schreibst du immer groß.
Sätze enden immer mit einem **Satzzeichen**.
Aussagesätze enden mit einem **Punkt**.
Diese Strategie hilft dir: **Groß oder klein?**

Lotta steht am Fenster sie schaut
zum Spielplatz auf der Schaukel
sitzt Max sie würde gerne mit ihm
spielen sie traut sich aber nicht, ihn
zu fragen

1 Setze die fehlenden Punkte.

2 Verbessere die Satzanfänge.

3 Schreibe den Text richtig auf.

Denke an die Abschreib-Tipps!

4 Was würdet ihr Lotta raten? Tauscht euch aus. Schreibe auf.

→ SB S. 24

Wörter mit -el und -en

Bei Wörtern mit **-el** und **-en** am Wortende kannst du das **e** schlecht hören.
Wenn du nicht sicher bist, ob du ein Wort am Ende richtig geschrieben hast, mache den **Silben-Test.**

○ **1** Schreibe die passenden Wörter zu den Bildern mit Artikel auf. Überprüfe mit dem Silben-Test.

○ **2** Markiere **-el** und **-en** in Aufgabe 1 mit zwei unterschiedlichen Farben.

◒ **3** Suche dir Wörter aus Aufgabe 1 aus. Schreibe sinnvolle Sätze.

◒ **4** Finde die Reimwörter. Schreibe sie auf.

Gabel	danken	sagen
Schn	fl	
N	r	
K	t	

 → SB S. 25

Bildern Informationen entnehmen
Wiesel

1 Welche Sätze stimmen nicht? Streiche sie durch.

Wiesel haben einen schlanken Körper und kurze Beine. L
Wiesel haben einen schlanken Körper und lange Beine. E

Ihr Fell ist am Rücken und am Bauch braun. D
Ihr Fell ist am Rücken braun und am Bauch weiß. E

Im Winter bekommen Wiesel ein weißes Fell. S
Im Winter bekommen Wiesel ein weiches Fell. A

Wiesel sind Haustiere. H
Wiesel sind Raubtiere. E

Wiesel haben keine Zähne. C
Wiesel haben scharfe Zähne. I

Wiesel sind flink und können schnell laufen. W
Wiesel sind dick und können schnell laufen. S

2 Schreibe die Buchstaben hinter den richtigen Sätzen von unten nach oben auf.

Lösungswort: _ _ _ _ _ _

→ SB S. 32

Mit Sprache spielen
Lustige Sätze und Reime

○ **1** Markiere Wörter mit dem gleichen Anfangsbuchstaben in der gleichen Farbe.

◒ **2** Schreibe alle Wörter mit der gleichen Farbe in einem Satz auf.

nasse	kleine	hungrige
Katzen	Hirsche	Nashörner
holen	naschen	kraulen
keine	heimlich	nachts
Himbeeren	Nüsse	Kängurus

Nasse Nashörner

◒ **3** Was reimt sich? Ergänze die Sätze.

im Hühnerhaus ist es zu **eng**.

bei den Hühnern ist es gar so **nett**.

und das bleibt so, wie es **ist**.

Hahn Heinrich will noch nicht ins **Bett**,

Doch Bauer Friedrich ist ganz **streng**,

Der Hahn schläft draußen auf dem **Mist**,

→ SB S. 33

Textbegriffe kennen
Aus dem Tierlexikon

1 Lies den Text.

Was ist eigentlich ein Tier?

Das ist eine schwierige Frage.
Fast alle Tiere können laufen,
fliegen oder schwimmen.
Das können Pflanzen nicht.

Tiere ernähren sich von Lebewesen.
Das sind entweder andere Tiere
oder Pflanzen. Pflanzen bekommen
ihre Energie von der Sonne.

Tiere atmen und haben
Sinnesorgane. Damit finden sie
sich in der Umwelt zurecht.
Forscher glauben heute, dass
Pflanzen das auch können. Aber
sie können es noch nicht beweisen.

Tiere kann man also daran
erkennen, dass sie sich bewegen,
Lebewesen fressen und atmen.

2 Unterstreiche die Überschrift.

3 Wie viele Zeilen hat der Text? Zähle.
Der Text hat ☐ Zeilen.

4 Wo beginnt ein neuer Absatz?
Male jeweils vor das erste Wort einen blauen Punkt.

5 Kreise die Spalten mit verschiedenen Farben ein.

6 Wo stehen diese Wörter?
Beschreibe mit den Begriffen **Spalte** und **Zeile**.

Energie ______________________

Forscher ______________________

atmen ______________________

→ SB S. 38/39

Lernwörter-Check

1

die Klasse singen rechnen sagen – sagt die Aufgabe schreiben – schreibt können – kann machen das Buch lernen spielen – spielt laut der Name die Schere das Ei die Tomate

2

malen die Schule die Katze das Kind – die Kinder üben – übt die Blume die Pflanze das Bild – die Bilder der Esel der Pinsel die Wurzel der Hase die Nadel der Tisch dunkel frisch

○ **1** Lass dir die Lernwörter der Wörterkisten 1 und 2 diktieren.

◒ **2** Kontrolliere. Verbessere Fehler.

◒ **3** Welche Lernwörter haben eine schwierige Stelle? Unterstreiche.

○ **4** Markiere die gleichen schwierigen Stellen mit der gleichen Farbe.

● **5** Welche der Strategien haben dir beim Richtigschreiben geholfen? Erkläre.

◒ **6** Schätze dich selbst ein: Wie sicher konntest du deine Lernwörter schreiben?

● **7** Entscheide, wie du weiterüben möchtest.

Das nehme ich mir vor: ______________________

____

◒ **8** Ergänze deine Wörterkartei. Nimm Wörter auf, die du in diesem Kapitel falsch geschrieben hast oder die dir besonders wichtig sind. Übe sie.

S. 2–11

Bist du fit?

1 Welche Hobbys haben Lotta und Maro? Bilde Sätze.

spielt | liest gern

2 Unterstreiche alle Nomen im Text.

Das Hobby von Anna ist spannend. Sie hat eine Lupe und schaut sich alles genau an. Ein Käfer wird plötzlich ganz groß. Die Blume und der Finger sehen so anders aus. Anna denkt: Wie verzaubert!

3 Kreise die Artikel der Nomen in Aufgabe 2 farbig ein.

4 Schreibe die Nomen aus dem Text nach dem Abc geordnet auf.

5 Schreibe die ersten beiden Sätze des Textes aus Aufgabe 2 ab.

6 Schreibe die Wörter zu den Bildern auf. Markiere die Vokale.

Wörter nach dem Abc ordnen

In der Klassenbücherei

1 Was gehört zusammen? Male in der gleichen Farbe aus.

In Kochbüchern	findest du Geschichten über Hexen.
In Tierfilmen	kannst du Wörter nachschlagen.
In Märchenbüchern	stehen viele Rezepte.
In Bilderbüchern	erfährst du etwas über Tiere.
In Wörterbüchern	gibt es viele Bilder.

2 Welches Buch möchtest du gerne lesen?
Begründe deine Meinung.

Wenn du Wörter mit gleichen Anfangsbuchstaben nach dem Abc ordnen willst, musst du den zweiten, dritten, ... Buchstaben vergleichen.

M a dita	Pi p pi	Ri e se
M i chel	Pi r aten	Ri t ter

3 Ordne die Wörter nach dem Abc. Kontrolliere mit der Wörterliste.

lachen	lernen	Lexikon	lustig	lesen

Figur	Fee	fragen	Familie	Ferien

→ SB S. 46

Kurz oder lang gesprochene Vokale (Selbstlaute)

Die Silbenhexe

Vokale (Selbstlaute) können kurz (Apfel) oder lang (Dose) gesprochen werden. Ein Vokal vor mindestens zwei Konsonanten (Mitlauten) wird immer kurz gesprochen: Wolke, Birne, Frosch.

○ **1** Welche neuen Wörter entstehen?
Trage die fehlenden Vokale ein.

Aus Puma macht sie P___mpe,

aus Esel macht sie ___nte,

aus Hase macht sie H___mster,

aus Oma macht sie ___nkel,

aus Gabel macht sie G___rten.

◒ **2** Schreibe alle Nomen auf. Zeichne die Silbenbögen ein.
Markiere die Vokale.

◒ **3** Ordne vier der Nomen richtig in die Tabelle ein. Schreibe sie mit Artikel auf.

langer Vokal –	kurzer Vokal •

→ SB S. 47

Merkwörter mit C/c, Qu/qu, X/x, Y/y (M)

Teddy im Chaos

Ein kleiner Teddy mit einem Zylinder auf dem Kopf ist der Held in einem Comic. Er macht eine weite Reise mit einem Hexenbesen zu den Pyramiden in Ägypten. Doch auf dem Flug macht der Teddy Quatsch und es folgt ein großes Chaos. Nur mithilfe seines Handys kann er gerettet werden. Aber er bekommt noch einmal eine Chance und darf mit einem Flugzeug über die Länder der Erde fliegen.

Bei einigen Wörtern gibt es für die schwierige Stelle keine Regel.
Dazu gehören Wörter mit **C/c**: Computer, circa,
Qu/qu: Qualle, quer,
X/x: Xylofon,Text,
Y/y: Yak, Handy.
Diese Strategie hilft dir: **Merken.**

Die Wörterliste und das Wörterbuch helfen dir.

1 Unterstreiche alle Wörter mit **C/c**, **Qu/qu**, **X/x** und **Y/y** im Text.

2 Markiere die schwierige Stelle.

3 Schreibe einige der unterstrichenen Wörter von Aufgabe 1 auswendig auf.

4 Schreibe einen sinnvollen Satz mit möglichst vielen Wörtern von Aufgabe 3.

5 Suche weitere Wörter mit **C/c**, **Qu/qu**, **X/x** und **Y/y** in der Wörterliste oder im Wörterbuch. Schreibe sie auf.

 → SB S. 52 MK

Wörter mit -er

Rätselberufe mit -er

Im Deutschen enden nur wenige Wörter auf **-a**.
Hörst du am Wortende ein kurzes **a**, so musst du meist **-er** schreiben.

1 Löse die Rätselsätze. Ein Wörterbuch hilft dir.
Trage in jedes Feld einen Buchstaben ein.

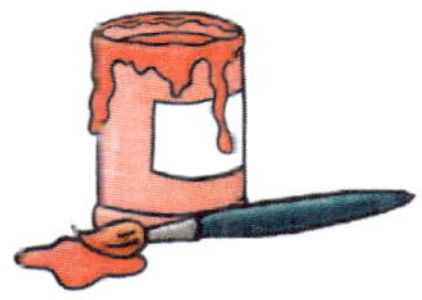

Welchen Beruf hat ein Mann, der ...

... Zaubertricks vorführt? □□□□□□□□

... mit Pinsel und Farbe arbeitet? □□□□□

... Schuhe herstellt und repariert? □□□□□□□□

... Kleider entwirft und näht? □□□□□□□□□

... einen Bauernhof besitzt? □□□□□

... Geige in Konzerten spielt? □□□□□□

2 Schreibe die Wörter von Aufgabe 1 nach dem Abc geordnet auf. Markiere **-er**.

3 Finde mindestens drei weitere Berufe, die auf **-er** enden. Notiere.

4 Erfinde zwei neue Berufe, die auf **-er** enden. Schreibe sie auf.

→ SB S. 53

Nachschlagen
Texte korrigieren

Lara schreibt einen Text auf Mamas Computer:

Mein Buchdipp:

Am liebsten lese ich Bücher über Tiere. Zum Geburtstag habe ich das Buch *Rennschwein Rudi Rüssel* geschenkt begommen. Das ist zwar ein sehr dickes Buch, aber es ist wirklich sehr lustig. Es handelt von einer Vamilie, die ein Schwein bei einem Feuerwehrfest gewinnt und dann bei sich in der Wohnung hält. Das gleine Schweinchen macht fiele Streiche wie ein Klown.

Falsch geschriebene Wörter hat der Computer markiert. Lara muss sie korrigieren.

So schlägst du schwierige Wörter richtig nach:
Für Laute, die gleich klingen, können manchmal unterschiedliche Buchstaben stehen, z. B. bei **F/f** und **V/v** oder **C/c** und **K/k**.
Manche Buchstaben klingen ähnlich, z. B. **B/b** und **P/p**, **D/d** und **T/t** oder **G/g** und **K/k**.
In diesen Fällen musst du bei allen möglichen Buchstaben nachschlagen.
Diese Strategie hilft dir: **Nachschlagen**.

1 Schlage die markierten Wörter aus Laras Text im Wörterbuch nach. Schreibe die Wörter richtig auf.

2 Schreibe Laras Text nun noch einmal richtig auf.

3 Schreibe einen eigenen Text auf dem Computer. Schlage markierte Wörter nach. Verbessere sie.

→ SB S. 56 MK

Wörter mit ie

Tim schreibt Lara viele Briefe.
Aber sie antwortet nie.
Tim ist sehr traurig.
Heute will er es wieder probieren.
Ob Lara dieses Mal antwortet?

1 Glaubst du, dass Lara antwortet? Begründe.

2 Unterstreiche im Text alle Wörter mit **ie**.

3 Schreibe die unterstrichenen Wörter von Aufgabe 2 in Silben getrennt auf. Markiere **ie**.

Hörst du einen langen i-Laut am Ende einer Silbe, schreibst du meist **ie**: Fl**ie**-ge, l**ie**-gen.
Hörst du einen kurzen i-Laut in der Mitte einer Silbe, schreibst du **i**: K**i**s-te, f**i**n-den.

4 Sprich die Wörter in Silben. Schreibe sie geordnet auf.

Wörter mit **ie**:

Wörter mit **i**:

5 Überprüfe mit der Wörterliste oder mit dem Wörterbuch.

→ SB S. 57

Genau lesen
Klassenpost

In der Klasse 2b wird der Klassenbriefkasten geleert. Heute verteilt Lisa die Post. Hanna freut sich. Sie bekommt eine Karte mit einem großen Herz. Sie hat Elena einen Brief geschrieben. Lukas packt ein kleines Päckchen aus. Frau Schulz tröstet Tom. Er hat heute keine Post bekommen.

1 Schreibe die Namen der Kinder unter die Bilder.

_______ _______ _______ _______ _______

2 Hanna hat Elena eine geheime Botschaft geschrieben.
Kannst du sie entschlüsseln? Erkläre.

loHal naleE,
lenwol wir uns in der sePau auf dem hofSchul
bei der peTrep fentref ?
teBit beschrei mir rückzu.
neDei naHan

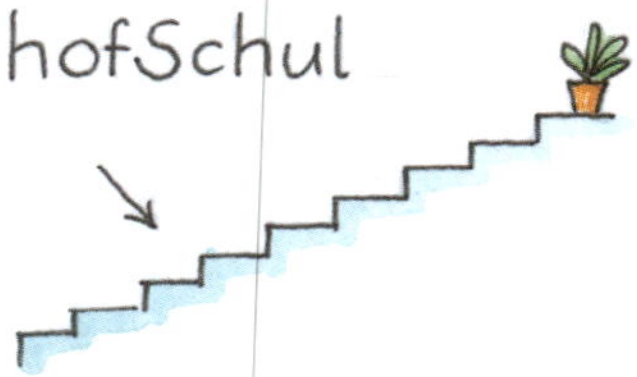

3 Wo ist der Treffpunkt? Notiere.

4 Erkläre jemandem den Trick der geheimen Botschaft.

5 Erfinde auch eine geheime Botschaft. Schreibe sie auf.

→ SB S. 57

Vor dem Lesen / Nach dem Lesen

1 Mache dir Gedanken zum Text.
Achte auf die Textform, die Überschrift und das Bild.
Was weißt du schon? Was vermutest du? Was erwartest du?

So war das! Nein, so! Nein, so!

Der Dachs sagt: „So war das: Ich habe mit meinem Freund Bär einen riesig hohen Steinturm gebaut. Dann hat Fuchs den Turm kaputt gemacht. Da habe ich gebrüllt, Fuchs hat mich gebissen, und mein Freund Bär hat mir geholfen. Genau so war das.“
Der Fuchs sagt: „Nein, das war so: Dachs und Bär haben einen schiefen Steinturm gebaut. Ich wollte ihnen zeigen, wie das geht. Aber plötzlich ist der Turm zusammengekracht. Da hat Dachs mir in die Ohren geschrien. Das hat wehgetan. Bär hat mich gehauen. Das hat noch mehr wehgetan. So war das. Genau so“.
Der Bär sagt: „Nein, das war so: Ich habe mit meinem Freund Dachs einen Steinturm gebaut und Fuchs hat einfach mitgemacht. Dann hat er den Turm umgehauen. Dachs ist wütend geworden und er hat gebrüllt. Fuchs hat Dachs ins Bein gebissen und ich habe Dachs geholfen. Ganz genau so war das.“
Das Eichhörnchen ruft: „Aufhören!“ Es nimmt die Steine und fängt an, das Wasser zu stauen. Da sind Bär, Fuchs und Dachs gern dabei. Und miteinander spielen ist ohnehin schöner.

Kathrin Schärer

2 Gehe den Text im Kopf noch einmal durch.
Waren deine Vermutungen und Erwartungen richtig? Begründe.

3 Markiere im Text die Figuren mit unterschiedlichen Farben:
Erzähler, Dachs, Fuchs, Bär, Eichhörnchen.

4 Lest den Text mehrmals.
Verstellt die Stimme für die verschiedenen Tiere.

5 Gestaltet eine Hörspielaufnahme.

Genau lesen
In der Bibliothek

1 Verbinde die passenden Satzteile. Markiere die schwierigen Stellen in den Wörtern. Schreibe die Sätze richtig auf. Kontrolliere.

In der Bibliothek gibt es	ordnet neue Bücher ein.
Man kann	Bücher, Zeitschriften und Hörbücher.
Die Bibliothekarin	Bücher ausleihen.

Lisa ruft in der Bibliothek Kunterbunt an.
Sie stellt der Bibliothekarin Frau Müller einige Fragen.

Bibliothek Kunterbunt

Öffnungszeiten
Montag bis Freitag
9.00 – 17.00 Uhr

Auswahl aus über 800 Büchern!

2 Ergänze die passenden Antworten in ganzen Sätzen.

Lisa: Wann hat die Bibliothek geöffnet?

Frau Müller:

Lisa: Wie viele Bücher gibt es in der Bibliothek?

Frau Müller:

3 Wo befindet sich eine Bibliothek in deiner Nähe?
Suche im Internet. Schreibe auf.

 → SB S. 60/61 MK

Unbekannte Wörter klären
Texte verstehen

○ **1** Lies den Text.

Jedes Jahr verschicken wir viele Briefe, Postkarten und Pakete rund um den Globus. Diese legen dabei oft lange Strecken von Kontinent zu Kontinent zurück. Von Fernreisen schreiben wir gerne Ansichtskarten. Diese musst du in der Landeswährung bezahlen. Zu Hause freuen sich die Menschen über die Grüße aus der Ferne.

○ **2** Welche Wörter verstehst du nicht? Unterstreiche sie mit Lineal.

So klärst du unbekannte Wörter:
- Frage eine andere Person: Kind, Lehrkraft, Eltern ...
- Schaue in einem Lexikon nach.
- Suche mit einem Erwachsenen im Internet.

◒ **3** Finde die Bedeutung der unterstrichenen Wörter heraus.

● **4** Schreibe die Bedeutung der folgenden Wörter auf:

Globus:

Kontinent:

Fernreise:

Landeswährung:

◒ **5** Lies den Text noch einmal. Verstehst du ihn jetzt besser? Begründe.

Lernwörter-Check

3
geben – gibt gut der Computer der Clown der Cent
das Quadrat der Quatsch das Baby die Hexe das Telefon

4
das Mädchen leben – lebt zwei der Onkel die Feder
das Pferd – die Pferde der Bruder die Schwester das Fenster
der Füller der Winter der Hund – die Hunde

5
liegen die Ziege sieben lieben die Kiste die Wiese der Kopf
die Oma der Opa der Nebel das Salz das Gemüse

○ **1** Lass dir die Lernwörter der Wörterkisten 3, 4 und 5 diktieren.

◒ **2** Kontrolliere. Verbessere Fehler.

◒ **3** Welche Lernwörter haben eine schwierige Stelle? Unterstreiche.

○ **4** Markiere die gleichen schwierigen Stellen mit der gleichen Farbe.

● **5** Welche der Strategien haben dir beim Richtigschreiben geholfen? Erkläre. Aa? M

◒ **6** Schätze dich selbst ein:
Wie sicher konntest du deine Lernwörter schreiben?

● **7** Entscheide, wie du weiterüben möchtest.

Das nehme ich mir vor: ______________________

____

◒ **8** Ergänze deine Wörterkartei. Nimm Wörter auf, die du in diesem Kapitel falsch geschrieben hast oder die dir besonders wichtig sind. Übe sie.

S. 12–14

Bist du fit?

1 Ordne die Buchtitel nach dem Abc. Nummeriere.

- [ ] Räuber Hotzenplotz
- [ ] Ronja Räubertochter
- [ ] Rätsel und Natur
- [ ] Post für den Tiger
- [ ] Ritter und Burgen
- [ ] Pippi Langstrumpf
- [ ] Piratengeschichten
- [ ] Pilze

2 Kurzer oder langer Vokal?
Schreibe die Wörter in die richtige Zeile. Setze die Silbenbögen.

Engel | Gurke | Leiter | Blume | Pflanze | Schere | Dose

kurzer Vokal • :

langer Vokal – :

3 Verbessere die falsch geschriebenen Wörter.
Schlage im Wörterbuch nach.

Hekse:

Bieber:

Brif:

überkweren:

4 Was ist ein Yak? Erkundige dich und erkläre.

Satzgrenzen erkennen/Wörter mit ng und nk

Ich wünsche mir eine Schlange vielleicht schenkt mein Onkel mir eine

Im Traum sitze ich auf einer Bank ein frecher Junge streckt mir die Zunge raus

Ich hätte gerne eine Angel dann könnte ich einen großen Fisch fangen

1 Suche in den Gedankenblasen alle Wörter mit **ng** oder **nk**. Markiere **ng** und **nk** mit verschiedenen Farben.

2 In den Gedankenblasen fehlen die Satzzeichen. Setze Punkte.

3 Wo entstehen nun Satzanfänge? Kreise ein.

4 Schreibe die Sätze richtig auf.

→ SB S. 77

Verben

Verben drücken aus, was Menschen, Tiere, Pflanzen und Dinge tun.
Sie gehören zu den **Wortarten**. Verben schreibst du **klein**.
Alle Verben haben eine **Grundform**: singen, malen, lachen, machen.

○ 1 Unterstreiche alle Verben im Text.

Traumberufe
Mehmed und Anja sprechen über ihre Traumberufe.
Bäcker backen Brote und Brötchen.
Feuerwehrleute löschen gefährliche Brände.
Sängerinnen und Sänger singen schöne Lieder.
Lehrkräfte unterrichten Kinder.
Ärztinnen helfen bei einer Krankheit.

○ 2 Schreibe die Verben aus dem Text auf.
Was haben alle Verben gemeinsam? Markiere.

◒ 3 Hier verstecken sich vier Verben und vier Nomen. Schreibe sie geordnet auf. Achte auf den ersten Buchstaben.

BAUEN	DAUMEN	KATZEN	LAUFEN
BESEN	FAHREN	BODEN	HELFEN

Nomen:

Verben:

Verben verändern sich

Verben können sich verändern.
Der **Wortstamm** bleibt oft gleich: ich **träum**e, du **träum**st ...

○ **1** Unterstreiche alle Verben im Text.

Haustierwünsche
Die Kinder malen ihr Lieblingshaustier.
Tian malt einen Hund. Tina malt eine Katze.
„Was malst du, Anna?“ „Ich male eine Schildkröte.“
„Und was malt ihr, Mehmed und Tom?“
„Wir malen ein Aquarium mit vielen Fischen.“

◒ **2** Schreibe die Formen der Verben **malen** und **schreiben** geordnet auf.
Markiere, was gleich bleibt.

Grundform: **malen**	Grundform: **schreiben**
ich	
du	
er/sie/es	
wir	
ihr	
sie	

◒ **3** In der Wörterschlange haben sich fünf Verben versteckt.
Trenne sie durch Striche.

◒ **4** Schreibe zwei Verben in der Form mit **ich|du|er/sie/es|wir|ihr|sie** auf.

→ SB S. 81

Wortbausteine

Wörter bestehen aus **Wortbausteinen:** ab | fahr | en.
Ein wichtiger Wortbaustein ist der **Wortstamm.**
Wörter mit gleichem oder ähnlichem Wortstamm bilden eine **Wortfamilie.** Sie sind miteinander **verwandt.**
Diese Strategie hilft dir: **Wortbausteine.**

○ **1** Markiere in allen Verben den Wortbaustein **-en**.

spielen	arbeiten	fahren	zählen	malen
lesen	helfen	öffnen	fliegen	sprechen

◒ **2** Was passiert, wenn du **-en** durch **-er** ersetzt? Überlege.

◒ **3** Schreibe die Wörter mit **-er** von Aufgabe 2 richtig auf.

◒ **4** Was passt? Verändere die Verben von Aufgabe 1 durch vorangestellte Wortbausteine.

ab- aus- vor- ver- er- nach-

◒ **5** Schreibe die Verben geordnet auf.
Schreibe so: abspielen, ausspielen, …

○ **6** Markiere die vorangestellten Wortbausteine farbig.

→ SB S. 82/83

Eine Geschichte fortsetzen

Es ist Nacht und alles ist still.
Anja schläft tief und fest.
Da! Plötzlich wird sie durch ein Geräusch geweckt. Als sie die Augen öffnet, sitzt ein kleines Männchen auf ihrer Bettdecke. Es sagt: „Ich bin der Traumwunscherfüller und bringe dich an jeden Ort der Welt.
Was kann ich für dich tun?"

1 Wohin wünscht sich Anja? Was erlebt sie?

2 Wie könnte die Geschichte weitergehen? Erzählt.

3 Schreibe deine Fortsetzung auf.

4 Welche Überschrift passt zu deiner Geschichte? Schreibe sie auf.

→ SB S. 84/85

Zwielaute

Wörter mit Ei/ei und Eu/eu

Bei Ei/ei und Eu/eu hörst du etwas anderes als du schreiben musst:
Ei/ei: Du hörst **ai**, aber du schreibst **Ei/ei**.
Eu/eu: Du hörst **oi**, aber du schreibst **Eu/eu**.
Diese Strategie hilft dir: **Silben schwingen.**

1 Hast du scharfe Augen wie eine Eule?
Kreise die Wörter im Buchstabengitter ein.

K	E	R	G	X	H	E	U	T	E
T	I	U	R	E	I	S	E	N	T
R	S	H	Q	W	N	E	U	R	S
A	U	T	E	Z	V	Y	Z	U	E
I	P	L	E	I	S	E	M	T	I
K	Z	M	U	Y	N	D	H	G	F
L	N	S	R	C	E	P	O	I	E
E	B	D	O	P	T	E	U	E	R
I	A	I	F	R	Z	M	N	O	X
N	S	O	L	E	U	T	E	A	X

reisen	teuer
Eis	Euro
leise	Leute
klein	neu
Seife	heute

2 Ordne die Wörter aus Aufgabe 1 nach dem Abc.
Ergänze bei Nomen den bestimmten Artikel.

3 Wie heißen die Wörter? Setze **Eu/eu** oder **Ei/ei** ein.

B_____le zw _____ Am_____se _____le

schr_____ben Z_____gnis F_____er Kr_____z

4 Wähle je drei Wörter mit **Ei/ei** und **Eu/eu** aus.
Schreibe mit jedem Wort einen Satz.

→ SB S. 86

Fragesätze

Wenn du etwas wissen willst, stellst du Fragen.
Dazu verwendest du **Fragesätze**. Am Satzanfang schreibst du groß.
Am Ende eines Fragesatzes steht immer ein **Fragezeichen**.
Diese Strategie hilft dir: **Groß oder klein?**

○ **1** Unterstreiche alle Fragesätze farbig.

Die Hexe Traumini

Kennst du die Hexe Traumini?
Wenn nicht, hast du sicher noch nie böse Träume gehabt.
Traumini kann nämlich schlimme Träume einfangen.
Die Hexe hat einen riesigen Traumstaubsauger.
Was kann sie damit machen?
Sie saugt die schlimmen Träume einfach weg.
Wird Traumini auch zu dir kommen?

○ **2** Lest euch gegenseitig die Sätze betont vor.

◒ **3** Setze Piris Wörter passend ein.

__________ schläfst du am liebsten?

__________ träumst du oft?

__________ träumst du besonders schlecht?

__________ kommt in deinen Träumen vor?

__________ passiert in deinen Träumen?

__________ stellst du dir einen schönen Traum vor?

◒ **4** Stellt euch gegenseitig die Fragen von Aufgabe 3. Beantwortet sie.

 → SB S. 87

Ableiten: Wörter mit au und äu

Bei manchen Nomen wird der Zwielaut **au** in der Mehrzahl zu **äu**: die M**au**s – die M**äu**se. Diese Strategie hilft dir: **Ableiten**.

○ **1** Löse das Kreuzworträtsel. Schreibe nur Großbuchstaben.

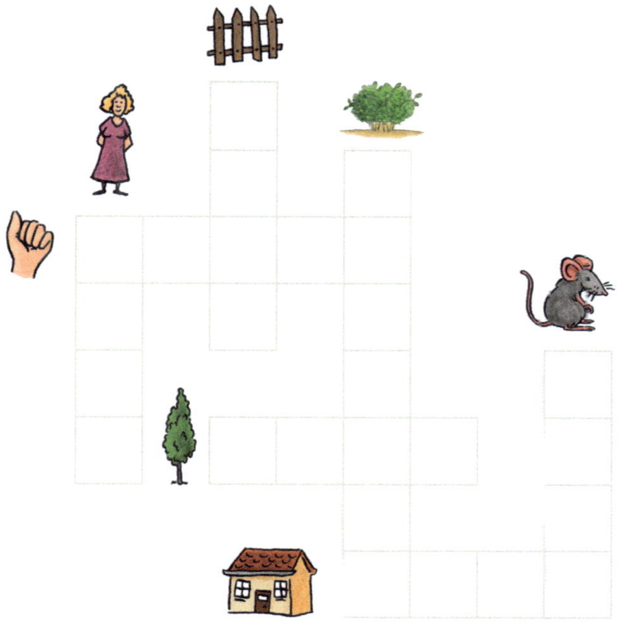

○ **2** Trage alle Nomen aus dem Rätsel mit Artikel in die linke Spalte ein.

◒ **3** Bilde zu jedem Nomen die Mehrzahl. Markiere farbig, was sich ändert.

Einzahl	Mehrzahl

○ **4** Bei welchem Nomen verändert sich **au** nicht? Schreibe auf.

→ SB S. 89

Markierungen nutzen

○ **1** Lies die Überschrift des Textes.
Was weißt du schon über dieses Thema?

Spieltag in der Bundesliga
Wenn **RB Leipzig** ein **Spiel** hat,
dann gibt es einen **genauen Zeitplan**.
Die **Nacht vor dem Spiel** verbringen
die Spieler und Betreuer in einem **Hotel**.
Am Spieltag **frühstücken** alle schon um **8 Uhr**.
Zum **Mittagessen** bekommen die Spieler immer **Nudeln**.
Nudeln geben den Fußballern **Kraft**,
denn im Spiel müssen sie **lange und viel laufen**.
Nach dem Essen treffen sich alle zu einer **Besprechung**.
Anschließend bringt ein **Bus** die Mannschaft ins **Stadion**.
Dort **besichtigen** die Spieler den **Platz** und **ziehen sich um**.
Dann beginnt das **Aufwärmen** auf dem Platz.
Das ist wichtig, damit sich niemand verletzt.
Gemeinsam mit den **Schiedsrichtern**
laufen die **Spieler beider Mannschaften ins Stadion** ein.
Jetzt kann das Spiel beginnen.

○ **2** Lies den Text Satz für Satz.

◒ **3** Erzählt euch mithilfe der Markierungen gegenseitig, was ihr gelesen habt.

◒ **4** Markiere im Text farbig, welche Informationen neu für dich waren.

❀ **5** Willst du noch mehr wissen?
Schreibe auf, was du einen Spieler gerne fragen würdest.

→ SB S. 95

Fragen zu einem Text beantworten

Minas Luftballon

Heute müssen sich Mina, Zahra und Rami besonders beeilen. Ihre Mutter ist krank und kann Rami nicht in den Kindergarten bringen. In Mütze und Schal eingepackt bringen Mina und Zahra ihren kleinen Bruder Rami in den Kindergarten. Dafür müssen sie einen Umweg fahren. Es ist nun kurz nach acht. Die Schule hat schon begonnen. Mina ist ein bisschen mulmig, weiß sie doch, dass der Unterricht immer pünktlich im Morgenkreis startet. Minas Herz pocht. Sie klopft. Ihre freundliche Lehrerin Frau Friedrich fragt: „Mina, was ist passiert? Du bist doch sonst immer so früh da?“ „Ich musste Rami noch in den Kindergarten bringen. Meine Mutter ist krank“, erklärt Mina leise. „Komm erst einmal herein. Da bin ich ja beruhigt, dass dir nichts passiert ist!“, sagt ihre Lehrerin.

1 Lest euch den Text gegenseitig vor.

2 Beantworte die Fragen:
Warum kommen Mina und Zahra zu spät in die Schule?

Warum ist es Mina mulmig? Markiere im Text.
Wie reagiert Minas Lehrerin? Schreibe auf.

3 Bist du auch einmal zu spät gekommen? Wie ging es dir? Erzählt.

→ SB S. 96/97

Lernwörter-Check

6

denken der Ring die Bank der Junge krank trinken danken bringen finden haben fragen – fragt eng warten der Löwe die Tante die Woche die Tasche

7

leise klein die Seife der Hai der Kaiser der Mai der Euro fein die Leute die Maus – die Mäuse der Baum – die Bäume neu das Gras – die Gräser laufen – läuft schlafen – schläft wünschen – wünscht der Apfel – die Äpfel die Raupe

○ **1** Lass dir die Lernwörter der Wörterkisten 6 und 7 diktieren.

◒ **2** Kontrolliere. Verbessere Fehler.

◒ **3** Welche Lernwörter haben eine schwierige Stelle? Unterstreiche.

○ **4** Markiere die gleichen schwierigen Stellen mit der gleichen Farbe.

● **5** Welche der Strategien haben dir beim Richtigschreiben geholfen? Erkläre.

Aa? M

◒ **6** Schätze dich selbst ein: Wie sicher konntest du deine Lernwörter schreiben?

● **7** Entscheide, wie du weiterüben möchtest.

Das nehme ich mir vor: ____________________

____

◒ **8** Ergänze deine Wörterkartei. Nimm Wörter auf, die du in diesem Kapitel falsch geschrieben hast oder die dir besonders wichtig sind. Übe sie.

S. 15–18

Bist du fit?

Lottas Traum

○ **1** Finde einen Fragesatz zum Bild.

◒ **2** Unterstreiche alle Verben im Text. Der Verben-Test hilft dir.

Lotta geht an diesem Abend freiwillig ins Bett. Sie flüstert ihren Eltern zu:
„Hoffentlich träume ich wieder von diesem weißen Pferd."
Die Eltern lächeln.

◒ **3** Setze die Verben von Aufgabe 2 in die Grundform.
Schreibe sie auf.

◒ **4** Bilde die fehlenden Formen.

reiten ich ____________ du ____________ Lotta ____________

◒ **5** Setze **ei** und **eu** passend ein.

H____te hat Lotta einen schlechten Traum. Der T____fel hat ____n großes F____er gemacht. Lottas Pferd hat Angst. Es geht nicht w____ter. „Mach es aus!", schr____t Lotta wütend. Was wird passieren?

◒ **6** Schreibe die Wörter richtig auf.

Ein Rondell schreiben

Verreisen

Heute reisen wir in ein fremdes Land.
Ich freue mich so sehr.
Abenteuer erwarten mich.
Heute reisen wir in ein fremdes Land.
Ich werde neue Dinge kennenlernen.
Gemeinsam werden wir viel erleben.
Heute reisen wir in ein fremdes Land.
Ich freue mich so sehr.

○ **1** Kreist gleiche Sätze mit derselben Farbe ein.
Was fällt euch auf? Erklärt.

◒ **2** Schreibe selbst ein Rondell zum Verreisen.

○ **3** Lest euch das Rondell gegenseitig vor.

→ SB S. 108

Doppelte Konsonanten (Mitlaute)

Auf dem Flohmarkt

1 Trage jeweils zwei Wörter mit doppelten Konsonsanten geordnet ein.

ff

ll

mm

nn

pp

ss

tt

2 Schreibe alle Wörter mit doppelten Konsonanten in dein Heft.
Trenne sie so: Tassen: Tas-sen, …

→ SB S. 109

Wörter mit r

1 Setze die Silben zusammen. Schreibe die Wörter auf.

Bir ne
ant ten
wor nen
Part nen
ner ler
Gar tur ten

2 Lies die Wörter laut vor. Markiere das **r**.

schwarz der kurz dir her hinter

oder aber über wer weiter wir

3 Übt alle Wörter aus Aufgabe 1 und 2 als Partnerdiktat.

4 Finde das Gegenteil. Schreibe die Wörter auf.

unter –

vor –

weiß –

lang –

5 Schreibe die Sätze richtig auf.

ein – der – steht – hinter – Gartenmauer – Birnbaum

wir – an – kurzen – nicht – dürfen – Ästen – turnen – seinen

→ SB S. 112

Fachbegriffe Sprache

Abc	Man nennt es auch das *Alphabet*. Es besteht aus 26 Buchstaben.
Adjektiv	Adjektive sagen, **wie** Menschen, Tiere, Pflanzen und Dinge sind. Adjektive schreibst du klein.
Artikel (Begleiter)	Artikel (Begleiter) stehen vor einem Nomen bzw. Substantiv. (Bestimmte Artikel: **der** Mann, **die** Frau, **das** Kind. Unbestimmte Artikel: **ein** Mann, **eine** Frau, **ein** Kind.)
Ausruf	Sätze, in denen jemand etwas ausruft, heißen Ausrufe. Am Ende steht ein Ausrufezeichen (**!**).
Aussagesatz	Die meisten Sätze sind Aussagesätze. Am Ende steht ein Punkt (**.**).
Buchstabe	Laute, die du in einem Wort hörst, schreibst du als Buchstaben auf. Es gibt Großbuchstaben (E) und Kleinbuchstaben (e).
Einzahl	Nomen (Substantive) können in der **Einzahl** (der Hase, die Blume) oder in der **Mehrzahl** (die Hasen, die Blumen) stehen.
Fragesatz	Wenn du etwas wissen willst, stellst du Fragen. Am Ende eines Fragesatzes steht ein Fragezeichen (**?**).
Grundform	Verben in der Wörterliste und im Wörterbuch stehen in der Grundform. Sie endet meistens auf **-en** (lauf**en**).
Konsonant (Mitlaut)	Laut, bei dem ein Vokal (Selbstlaut) mitklingt, z. B. **k**a, **d**e, **t**e, e**m**.
Laut	Wenn ein Buchstabe (z. B. a, b) oder mehrere Buchstaben (sch, ch) gesprochen werden, so sind dies Laute. Buchstaben kann man sehen, Laute kann man hören.
Mehrzahl	→ siehe Einzahl
Nomen (Substantive)	Menschen, Tiere, Pflanzen und Dinge haben Namen. Nomen (Substantive) schreibst du immer groß. Sie können in der Einzahl und in der Mehrzahl stehen.

Satz	Ein Satz besteht aus mehreren Wörtern, die gemeinsam einen Sinn ergeben. Satzanfänge schreibst du groß.
Satzschluss-zeichen	Punkt (.), Fragezeichen (?) und Ausrufezeichen (!) sind Satzschlusszeichen und stehen am Ende eines Satzes.
Silbe	Wörter bestehen aus Silben. Du hörst sie beim langsamen Sprechen. In jeder Silbe steht mindestens ein Vokal (Selbstlaut), Umlaut oder Zwielaut.
Strategie	Eine Strategie ist ein Vorgehen, das dir hilft, ein bestimmtes Ziel zu erreichen. Rechtschreibstrategien helfen dir beim richtigen Schreiben.
Umlaut	Ä, ö, ü heißen Umlaute. Sie sind veränderte Vokale (Selbstlaute).
Verb	Verben drücken aus, was Menschen, Tiere, Pflanzen und Dinge tun. Verben schreibst du klein. Sie haben einen Wortstamm und können sich verändern.
Vokal (Selbstlaut)	A, e, i, o, u heißen Vokale (Selbstlaute). Sie klingen beim Sprechen selbst. Vokale können kurz oder lang gesprochen werden.
Wortart	Adjektive, Artikel (Begleiter), Nomen (Substantive) und Verben gehören zu den Wortarten.
Wortbaustein	Wörter bestehen aus Wortbausteinen. Mit vorangestellten oder nachgestellten Wortbausteinen kannst du neue Wörter bilden. Ein wichtiger Wortbaustein ist der Wortstamm (ver-**lauf**-en).
Wortstamm	Jedes Wort hat einen Wortstamm. Wörter mit dem gleichen Wortstamm nennt man verwandte Wörter (**Les**ebuch – vor**les**en – **les**erlich).
Zwielaut	Au, ei, eu und äu heißen Zwielaute. Sie bestehen aus **zwei** Vokalen (Selbstlauten).

Zur ISBN: 978-3-12-300602-9 Piri 2 Arbeitsheft, Fachbegriffe Sprache

Fachbegriffe Lesen

Absatz Ein Absatz ist ein zusammenhängendes Textstück. Nach einer Unterbrechung wird in einer neuen Zeile weitergeschrieben. Ein Text kann aus mehreren Absätzen bestehen. Bei Sachtexten hat jeder Absatz ein eigenes Thema.

Autor/Autorin Autorinnen und Autoren sind Personen, die sich einen Text ausdenken und schreiben. Sie heißen auch Schriftstellerinnen und Schriftsteller.

Buchillustration Illustrationen sind gezeichnete Bilder in Büchern. Besonders viele Illustrationen gibt es in Bilderbüchern. Bilder können helfen, einen Text besser zu verstehen.

Einband Der Umschlag oder auch die Umschlagklappe eines Buches heißt Einband. Auf diesem ist zum Beispiel der Titel zu lesen. Er schützt das Buch und hält die Seiten zusammen.

Elfchen Elfchen sind kurze Gedichte, die sich nicht reimen. Sie bestehen aus fünf Zeilen mit insgesamt elf Wörtern.

Inhaltsverzeichnis Im Inhaltsverzeichnis stehen die Kapitelüberschriften und dazugehörigen Seitenzahlen.

Kapitel Bücher bestehen oft aus mehreren Kapiteln. Jedes Kapitel hat meist ein anderes Thema. Eine Übersicht der Kapitel und die Kapitelüberschriften stehen im Inhaltsverzeichnis.

Klappentext Der Klappentext steht auf der Umschlagklappe oder auf der Rückseite eines Buches. Der Text fasst den Inhalt des Buches kurz zusammen und soll neugierig machen, das Buch zu lesen.

Reim Wörter mit ähnlichem Klang reimen sich oftmals (z. B. Kind – Wind, liegen – siegen, alt – kalt).

Rondell Ein Rondell ist ein Gedicht mit acht Verszeilen.

Spalte	Texte können auf einer Seite in mehrere Spalten aufgeteilt sein. Die Spalten stehen nebeneinander. Texte in Zeitungen und Zeitschriften sind meist in Spalten angeordnet.
Strophe	Ein Abschnitt in einem Lied oder in einem Gedicht heißt Strophe.
Titel	Bücher haben einen Namen. Dieser Name ist so etwas wie die Überschrift. Oft soll der Titel auf ein Buch neugierig machen.
Überschrift	Die Überschrift steht über einem Text. Sie soll neugierig auf den Text machen.
Verlag	In einem Verlag werden zum Beispiel Zeitschriften und Bücher geschrieben und erstellt. Autorinnen und Autoren, Illustratorinnen und Illustratoren arbeiten für Verlage.
Vers	Die einzelnen Zeilen eines Gedichtes heißen Verse. Mehrere Verse bilden eine Strophe.
Zeile	Eine Reihe von Wörtern in einem Text heißt Zeile.

Zur ISBN: 978-3-12-300602-9 Piri 2 Arbeitsheft, Fachbegriffe Lesen

Satzanfänge

1 Setze die passenden Satzanfänge ein.

zunächst	zum Schluss	dann
anschließend	danach	schon

Lotta und Maro waren angeln. Sie haben viele Fische gefangen.

______ machen sie ein Lagerfeuer.

______ legen sie die Fische auf ein Gitter über dem Feuer.

______ duftet es lecker.

______ sind die Fische gebraten.

______ legt Maro einen Fisch auf seinen Teller und isst.

______ sagt Lotta: „Sieh mal, Maro, der Fisch schaut mich an.“

2 Nummeriere die Kärtchen in der richtigen Reihenfolge.

☐ Bach	☐ Übernachtung auf dem Zeltplatz	☐ Feuer
☐ Funken	☐ ?	☐ Lagerfeuer

3 Schreibe eine Geschichte dazu auf.

→ SB S. 113

Genau lesen
Vermischte Bilder

○ **1** Lies die Sätze genau.

1. Die beiden Mädchen heißen Lisa und Anna.
2. Das Mädchen mit den braunen Haaren steht nicht am Rand.
3. Das blonde Mädchen am Rand hat seine Schultasche dabei.
4. Das Kind links hat keine Schultasche.
5. Die Mädchen tragen blaue Schuhe.
6. Das Kind rechts heißt nicht Tim.
7. Die beiden Kinder am Rand tragen blaue Hosen.
8. Das Kind mit der Schultasche hat einen roten Schal um den Hals.
9. Der Junge hat blonde Haare und trägt schwarze Schuhe.
10. Das Mädchen mit der Schultasche heißt nicht Anna.
11. Anna trägt ein grünes Kleid.
12. Zwei Kinder haben einen bunten Pullover an.

◒ **2** Male nun die Kinder richtig an.
Ergänze, was fehlt.
Schreibe den Namen zu jedem Kind.

→ SB S. 117

Zusammengesetzte Nomen (Substantive)

Mit **zusammengesetzten** Nomen (Substantiven) kannst du etwas genauer beschreiben. Der **Artikel** richtet sich nach dem **zweiten Wort**.
Beispiel: das Haus + die Tür = die Haustür.
Diese Strategie hilft dir: **Wortbausteine**.

Aus zwei mach eins

Saft
Marke
Schuh
Kuchen
Kasten
Tasche
Baum

1 Bilde zusammengesetzte Nomen. Schreibe sie mit Artikel auf.

der Apfelkuchen,

2 Zerlege die zusammengesetzten Nomen. Schreibe die Nomen mit Artikel auf.

Tischdecke | Baumhaus | Sonnenschirm | Butterkekse

die Tischdecke: der Tisch, die Decke

→ SB S. 118

Wörter mit St/st und Sp/sp

Du hörst **scht**. Du schreibst aber **St/st**.
Du hörst **schp**. Du schreibst aber **Sp/sp**.

So ein Unsinn

○ **1** Vervollständige die Wörter mit **St/st** und **Sp/sp**. Schreibe auf.

◒ **2** Schreibe mit den Wörtern Sätze zu den Zeichnungen.

der ___ rumpf

___ olpern

der ___ ein

der ___ uhl

___ reicheln

der ___ orch

der ___ atz

___ uken

der ___ iegel

der ___ ortler

___ ringen

die ___ aghetti

◒ **3** Schreibe weitere Unsinnsätze in dein Heft. Diese Wörter können dir helfen:

der Stürmer | der Stock | stürzen | der Sprecher | stehen

→ SB S. 119

Merkwörter mit Dehnungs-h (M)

Bei Tom und Betty

1 Unterstreiche die Wörter mit **-ah-**, **-eh-**, **-ih-**, **-oh-** und **-uh-** im Text. Markiere die schwierigen Stellen farbig.

Jedes Jahr fahren Tom und Betty mit ihren Eltern zum Wandern. Oft darf Tom seinen Freund Nick mitnehmen. Nick wohnt nebenan und ist der Sohn von Toms Lehrerin. Beim nächsten Mal nimmt Betty ihre Freundin Anne mit. Anne ist sehr gespannt und hat sich schon feste Schuhe und eine Uhr gekauft. Am meisten freuen sich alle auf die Übernachtung im Zelt. Einmal wurden sie schon von einer Kuh geweckt.

2 Schreibe die unterstrichenen Wörter auf.

____

____

____

3 Setze das passende Wort ein: ihm – im, ihn – in, ihnen – innen.

Zu ihrem Geburtstag bekam Betty einen Hamster geschenkt.

Sie nannte ________ Joe und stellte ihn ________ ihr Zimmer.

Der Hamster Joe fühlte sich sofort wie zu Hause.

Am besten gefiel ________ das Häuschen,

das Tom für ________ gebaut hatte.

________ Häuschen fühlte Joe sich wohl.

________ war es schön ausgepolstert.

Alle liebten Joe und spielten gern mit ________.

→ SB S. 120

Satzarten

Ein Brief vom Schulausflug

Liebe Oma,

wie geht es dir   Wir haben gestern einen Ausflug gemacht   Es war toll   Ich habe im Bus neben Caroline gesessen

Sie hatte Schokobrötchen mit

Die waren super

Leider hat es die ganze Zeit geregnet

Meine Socken waren klatschnass

Kommst du uns bald mal wieder besuchen

Liebe Grüße

Betty

1 Setze die fehlenden Satzschlusszeichen ein.

2 Unterstreiche die Aussagesätze (.) rot, die Fragesätze (?) blau und die Ausrufe (!) grün.

3 Schreibe die Sätze richtig auf. Setze die passenden Satzzeichen ein.

ist Heute sonnig es

du getreten mich Aua hast

mein Schirm Wo ist

? ! .

lecker ist Das

Essen schmeckt gut Das

war Ausflug der Wie

→ SB S. 121

Ortsbeschreibung
Tims Reisetagebuch

Samstag: Heute sind wir mit dem Auto über die Autobahn nach Berlin gefahren.
Sonntag: Nach dem Frühstück in unserem Hotel haben wir uns besondere Plätze in Berlin angesehen. Sehr beeindruckend fand ich das Brandenburger Tor.
Montag: Beim Fernsehturm mussten wir heute lange anstehen. Die Aussicht war toll. Danach haben wir an der Weltzeituhr am Alexanderplatz eine Pause eingelegt.
Dienstag: Es gibt auch ein Wachsfigurenkabinett. Dort haben wir viele Persönlichkeiten aus Sport, Film und Politik gesehen.
Mittwoch: An unserem letzten Tag waren wir im Zoo. Die gemütlichen Pandas haben mir am besten gefallen.

1 Schreibe die passenden Wochentage unter die Bilder.

2 Finde die Antworten im Text. Schreibe sie auf.

	Antwort	gefunden in Zeile
In welcher Stadt hat Tim Urlaub gemacht?		
Auf welchem Weg ist Tim dorthin gekommen?		
Wo hat man eine tolle Aussicht?		
Welches Tier hat Tim am besten gefallen?		

→ SB S. 124

Lernwörter-Check

8

reisen das Auto der Himmel blau die Sonne die Quelle das Wasser das Schaf scheinen der Sommer rollen die Zeit das Eis suchen

9

dürfen – darf der Garten die Birne turnen schwarz der Partner grün das Ende arbeiten hoch rufen

10

der Sport die Stunde der Wind – die Winde der Frühling die Zahl zahlen die Uhr der Zahn – die Zähne brauchen die Hose sparen der Stein der Stern sprechen – spricht

○ **1** Lass dir die Lernwörter der Wörterkisten 8, 9 und 10 diktieren.

◒ **2** Kontrolliere. Verbessere Fehler.

◒ **3** Welche Lernwörter haben eine schwierige Stelle? Unterstreiche.

○ **4** Markiere die gleichen schwierigen Stellen mit der gleichen Farbe.

● **5** Welche der Strategien haben dir beim Richtigschreiben geholfen? Erkläre.

Aa? M

◒ **6** Schätze dich selbst ein:
Wie sicher konntest du deine Lernwörter schreiben?

● **7** Entscheide, wie du weiterüben möchtest.

Das nehme ich mir vor: ____________________

____

◒ **8** Ergänze deine Wörterkartei. Nimm Wörter auf, die du in diesem Kapitel falsch geschrieben hast oder die dir besonders wichtig sind. Übe sie.

S. 19–24

Bist du fit?

1 Setze die Konsonanten richtig ein.

ll l ss s tt t nn n ff f

to____, re____en, wi____en, ho____en, Ho____,

ru____d, ho____en, ra____en, Wie____el, re____en

2 Finde die passenden Wörter. Trage sie ein.

Lisa ist traurig. Sie sagt kein einziges ____________.

Maro kommt zu spät. Die anderen Kinder müssen auf ihn ____________.

Lottas Mama ____________ in London Englisch.

Im ____________ wachsen viele schöne Blumen.

3 Bilde zusammengesetzte Nomen.
Schreibe sie mit Artikel auf.

die Sonne das Wasser die Hand der Keks

die Dose das Glas der Schuh die Blume

4 Setze **St/st** und **Sp/sp** ein.

Maros Eltern treiben gerne ____ort. Maro dagegen ____ielt lieber.

Am Sonntag macht die Familie einen Ausflug in die Berge.

Maro zieht seine Wander____iefel an.

Die ____recke ist ____einig und ____eil.

Sachtexte schreiben
Ein Sachtext über Katzen

1 Unterstreiche wichtige Informationen auf dem Plakat.

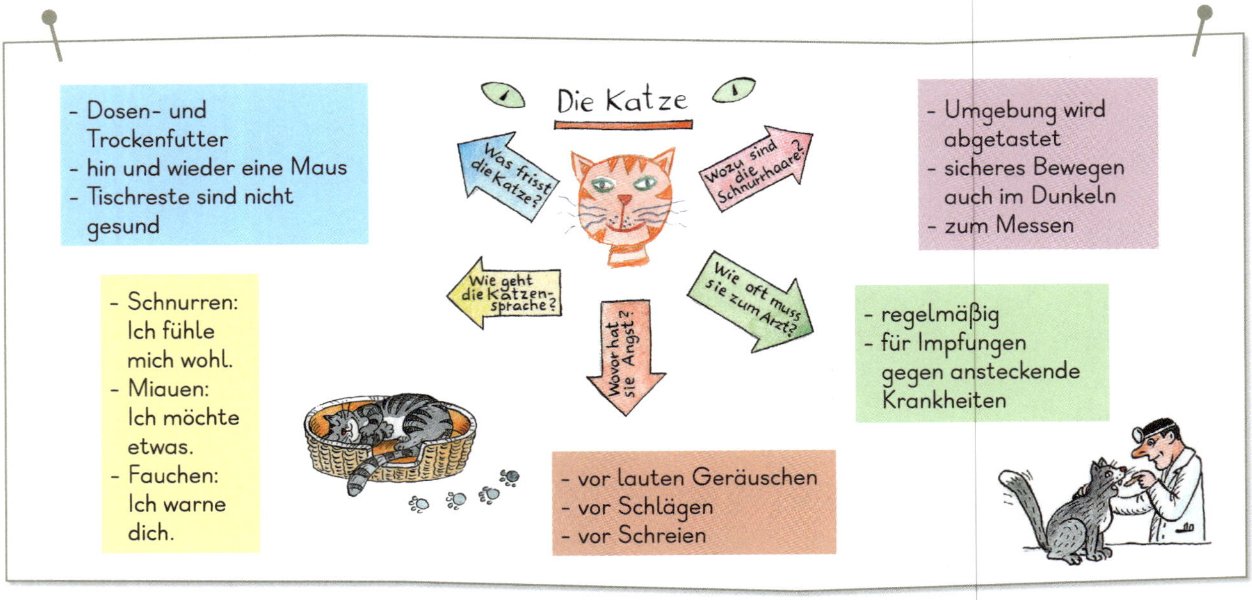

So schreibst du einen Sachtext:

1. Sammle Informationen zu deinem Thema.
2. Wähle die wichtigsten Informationen aus.
3. Schreibe sachlich:
   - Beschreibe keine Gedanken und Gefühle.
   - Lass die Menschen nicht sprechen.
4. Verwende Fachbegriffe.

2 Schreibe mithilfe des Plakates einen Sachtext über Katzen.

3 Habt ihr alle Punkte beachtet? Überprüft eure Texte.

→ SB S. 138

Fehler finden und berichtigen
Fehlern auf der Spur

○ **1** Elena hat in jedem Satz einen Fehler gemacht.
Finde die vier Fehler im Text. Unterstreiche sie rot.

So bin ich

Mein name ist Elena.

Ich mag am liebsten Eiss.

Mein Hobby ist mallen.

Ich fare oft mit Lisa Rad.

◒ **2** Suche die unterstrichenen Wörter von Elenas Text im Wörterbuch.
Schreibe sie richtig in die Schreibzeilen daneben.

So bin ich

Ich bin der Max.

Gerne ese ich Spargetti mit Domadensoße und fiel Käse.

Am liebsten swime ich.

Jeden Mondag schbiele ich Fusball.

Ich finde mich dol.

○ **3** Max hat viele Fehler gemacht.
Welche findest du? Unterstreiche sie rot.

◒ **4** Schlage die unterstrichenen Wörter im Wörterbuch nach.
Schreibe sie auf.

❀ **5** Gestalte ein Plakat oder eine Seite über dich.

→ SB S. 139

Adjektive

○ **1** Male das Bild aus.

Mit den Augen sehen

Wiese
Himmel
Wolken
Sonne
Bank
Baum
Blumen
Weg

grün
blau
weiß
gelb
braun
groß
bunt
lang

Adjektive sagen dir, wie Menschen, Tiere, Pflanzen und Dinge sind.
Sie gehören zu den Wortarten.
Adjektive schreibst du **klein:** Der **runde** Ball; der Ball ist **rund**.

◒ **2** Beschreibe das Bild so, wie du es ausgemalt hast.
Die Wörter neben dem Bild helfen dir dabei.

Denke an den Adjektiv-Test!

Auf meinem Bild siehst du

✲ **3** Male ein Bild. Beschreibe es möglichst genau.
Ein anderes Kind malt nach deiner Beschreibung ein möglichst ähnliches Bild. Vergleicht eure Bilder.

→ SB S. 140

Mit Adjektiven beschreiben
Mein Steckbrief

• **1** Beschreibe dich mit einem Steckbrief.
Die Wörter können dir dabei helfen.

braun	blond	lang	grün	groß	bunt	klein
blau	glatt	lockig	kurz	gestreift	gelb	rot
Hose	Pullover	T-Shirt	Kleid	Jacke	Schuhe	Rock

Mein Name:

Mein Alter:

Meine Haarfarbe:

Meine Augenfarbe:

Das habe ich heute an:

Das mache ich besonders gern:

→ SB S. 140

Mit Verben abwechslungsreich schreiben (1)

Verben mit gleicher oder ähnlicher Bedeutung helfen dir, dich abwechslungsreich auszudrücken. So kannst du interessante Geschichten schreiben und Wiederholungen vermeiden.
Beispiele für **gehen**: laufen, springen, trippeln, stampfen, schlendern.

1 Setze die Verben sinnvoll ein.

hinken | laufen | stampfen

Was meine Beine alles können

Lang sind schon meine Beine wach,

will schnell mit ihnen ______.

Sie ______ und das macht viel Krach.

Dann wollen sie verschnaufen.

Und sind sie krank, dann ______ ich,

kann nur noch sitzend singen.

Verben verändern sich:
laufen – sie läuft
stampfen – sie stampft
hinken – sie hinkt

2 Was können deine Füße?
Markiere alle Verben farbig.

m	h	a	s	t	e	n	v	w	b
r	ü	s	w	t	q	x	q	a	c
s	p	a	z	i	e	r	e	n	s
t	f	l	a	u	f	e	n	d	a
r	e	n	n	e	n	f	z	e	u
c	n	k	y	l	b	m	g	r	s
b	s	p	r	i	n	g	e	n	e
s	c	h	l	e	i	c	h	e	n

3 Schreibe alle Verben aus dem Rätsel auf.

______ ______ ______

______ ______ ______

______ ______ ______

4 Schreibe zu jedem Verb einen Satz auf.

 → SB S. 144

Mit Verben abwechslungsreich schreiben (2)

1 Markiere in der gleichen Farbe, was zusammenpasst.

- ärgerlich sprechen
- leise sprechen
- laut sprechen

schreien, brüllen, schluchzen, mahnen, jammern, schimpfen, grunzen, stöhnen, flüstern, knurren

2 Gibt es manchmal mehrere Möglichkeiten? Diskutiert.

3 Ergänze den Text. Setze Verben aus Aufgabe 1 in der richtigen Form ein.

Katrin und Tian sitzen in der Schule nebeneinander.

Plötzlich ________________ Tian: „Das ist mein Lineal!
Gib es sofort zurück!“

Die Lehrerin ________________ Katrin: „Warum bittest
du Tian nicht um das Lineal?“

Katrin ________________: „Entschuldigung.“

Tian ________________: „Schon in Ordnung.“

4 Ergänze den Text noch einmal. Nimm andere Verben aus Aufgabe 1.

Katrin und Tian sitzen in der Schule nebeneinander.

Plötzlich ________________ Tian: „Das ist mein Lineal!
Gib es sofort zurück!“

Die Lehrerin ________________ Katrin: „Warum bittest
du Tian nicht um das Lineal?“

Katrin ________________: „Entschuldigung.“

Tian ________________: „Schon in Ordnung.“

5 Vergleiche die beiden Texte miteinander. Was hat sich verändert?

→ SB S. 144

Geschichten beginnen und beenden

1 Schreibe einen ganz normalen Anfang für die folgende Geschichte.

Plötzlich wird es dunkel. Es fängt an zu rauschen und zu summen. Ich zittere vor Angst am ganzen Körper. Da bebt die Erde unter mir. Meine Hände sind zu Fäusten geballt und ich beiße die Zähne fest aufeinander. Mit einem gewaltigen Krachen wird es wieder hell. Ich stehe vor einem kreisrunden Loch. Direkt vor mir, in der Erde, ist eine nicht sehr große Öffnung, aus der es grünlich schimmert. Ein seltsamer, süßlicher Geruch breitet sich aus und ich muss husten. Es ist nun wieder ganz still. Ich lege mich auf die Erde und schaue neugierig, aber ängstlich über den Rand des Lochs.

2 Finde eine Überschrift und schreibe sie in die Zeile ganz oben.

3 Schreibe die Geschichte weiter. Finde einen Schluss.

4 Lest euch die Geschichten gegenseitig vor. Gebt euch Rückmeldung.

→ SB S. 146

Ein Gedicht auswendig lernen
Gedichte lernen – leicht gemacht

○ **1** Lies das Gedicht mehrmals laut.

Trinken

Mich laust der Affe:
Mein Hund trinkt Kaffee!
Ist das gesund
für einen Hund?

Mich tritt ein Schwein:
Mein Pferd säuft Wein!
Für so ein Pferd
ist das doch verkehrt!

Die beiden sollten sich was schämen,
die Katze sich zum Beispiel nehmen.
Denn die ist schlau,
sagt leis Miau
und schlürft Kakao.

Jürgen Brater

2 Male zu jeder Strophe ein Bild.

3 Lies jeden Abschnitt mehrmals laut.
Sage ihn mithilfe der Bilder auswendig auf.

4 Sage alle Abschnitte mehrmals nacheinander auswendig auf.

5 Was hilft dir am besten beim Lernen von Gedichten?
Tauscht euch aus.

6 Schreibe das Gedicht ab. Gestalte es ansprechend.

→ SB S. 147

Bilder nutzen
Die Zunge der Schlange

1. Schlangen fressen meist kleine Tiere wie Mäuse, Würmer und Insekten.

2. Einige Schlangen können aber auch größere Tiere wie Kaninchen verschlingen.

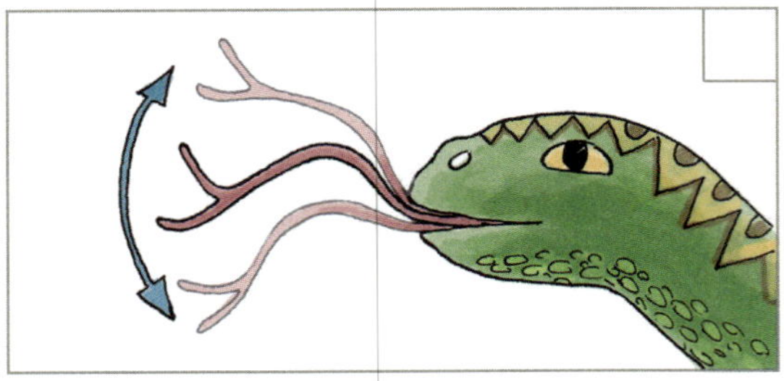

3. Schlangen haben besondere Zungen. Ihre Zungen sind lang, dünn und gespalten.

4. Bei der Schlange erfüllt die Zunge auch die Aufgabe der Nase. Deshalb ist sie bei der Jagd besonders wichtig. Schlangen riechen mit ihr die Beute.

5. Darum strecken sie die Zunge ständig aus dem Maul und bewegen sie hin und her. Man sagt, sie züngeln.

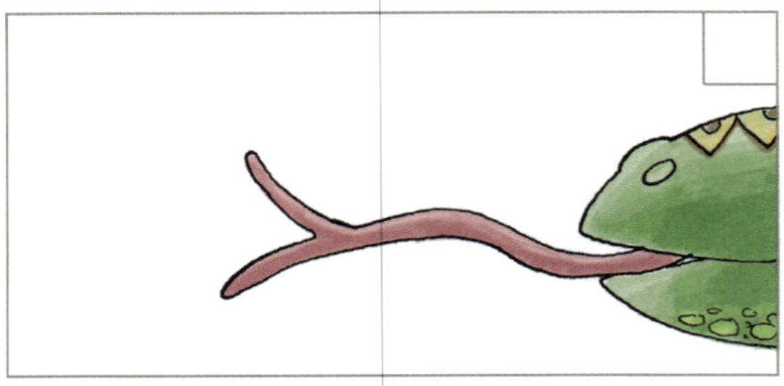

○ **1** Lies den Text.
Was hast du dir gemerkt? Erkläre es einem anderen Kind.

◒ **2** Ordne die Bilder. Nummeriere in der richtigen Reihenfolge.

◒ **3** Schau dir alle Bilder an. Was weißt du jetzt über die Zunge der Schlange?
Tauscht euch aus.

● **4** Schreibe Fragen zum Text auf.

◒ **5** Beantwortet gegenseitig eure Fragen.

→ SB S. 150

Ein Rezept schreiben
Frischkäse-Dip für 6 Personen

○ **1** Lies die Anleitung. Vergleiche mit den Bildern.

- ☐ Danach hackt man die Kräuter und reibt den Apfel.
- ☐ In einer Schüssel mischt man den Frischkäse mit dem Joghurt.
- ☐ Am Ende wird mit Salz und Pfeffer abgeschmeckt.
- ☐ Nun gibt man die Kräuter und den Apfel zum Frischkäse mit Joghurt.
- ☐ Zuerst stellt man alles bereit:
  eine Schüssel, einen Löffel, eine Reibe, 200 Gramm Frischkäse,
  100 Gramm Joghurt, gewaschene Kräuter (Petersilie und Schnittlauch),
  ein Stück Apfel, Pfeffer und Salz.
- ☐ Mit Brot kann man den Frischkäse dippen.

◒ **2** Bringe die Sätze in eine sinnvolle Reihenfolge.
Schreibe die Nummern in die Kästchen.

○ **3** Schreibe das Rezept in der richtigen Reihenfolge
in dein Heft.

○ **4** Stelle selbst einen Frischkäse-Dip her.

→ SB S. 160

Lernwörter-Check

11

wollen sollen müssen das Wort das Auge der Fuß bunt groß dick backen antworten

12

gehen – geht die Ameise der Satz – die Sätze sitzen – sitzt zeigen – zeigt leicht die Biene alle tun die Gabel die Dose

○ **1** Lass dir die Lernwörter der Wörterkisten 11 und 12 diktieren.

◒ **2** Kontrolliere. Verbessere Fehler.

◒ **3** Welche Lernwörter haben eine schwierige Stelle? Unterstreiche.

○ **4** Markiere die gleichen schwierigen Stellen mit der gleichen Farbe.

● **5** Welche der Strategien haben dir beim Richtigschreiben geholfen? Erkläre.

Aa? M

◒ **6** Schätze dich selbst ein: Wie sicher konntest du deine Lernwörter schreiben?

● **7** Entscheide, wie du weiterüben möchtest.

Das nehme ich mir vor: ______________________

____

◒ **8** Ergänze deine Wörterkartei. Nimm Wörter auf, die du in diesem Kapitel falsch geschrieben hast oder die dir besonders wichtig sind. Übe sie.

S. 25–26

Bist du fit?

1 Male die Kästchen mit den Adjektiven aus.

BRAUN	PFERD	WARM	BALL	BUNT
NASE	BLAU	PUPPE	FRISCH	ALLE
HART	GEHEN	LAUT	DEZEMBER	DUNKEL
DIENSTAG	FEIN	BÄLLE	SCHWARZ	SEHEN
ALT	WARUM	LEICHT	SCHAUEN	STILL
STRAUCH	LEISE	LAUFEN	WEIT	HALTEN

2 Schreibe auf, wie Tiere sein können.

Wiesel	putzig	das flinke Wiesel
Biene	leise	
Dackel	flink	
Eule	dick	
Schnecke	groß	
Käfer	langsam	
Spatz	fleißig	

3 Beschreibe die Hexe mit möglichst vielen Adjektiven ganz genau.
Schreibe so:

Das ist eine fürchterliche,

Hexe.

Wörter verlängern

Märchenspuk mit b/p, d/t und g/k

Stehen **b**, **d** und **g** am Ende eines Wortes, hörst du meist **p**, **t** und **k**.
Wenn du nicht weißt, wie ein Wort am Wortende geschrieben wird, verlängere es.

Nomen: Bilde die Mehrzahl, z. B. Ta**g** – Ta**ge**.
Verben: Bilde die Grundform, z. B. sa**g** – sa**gen**.
Adjektive: Ergänze ein passendes Nomen, z. B. frem**d** – die frem**de** Frau.

Diese Strategie hilft dir: **Verlängern**.

1 Was fehlt: **b** oder **p**, **d** oder **t**, **g** oder **k**?
Schreibe zuerst zu jedem Wort die Verlängerung auf.
Setze dann den richtigen Buchstaben ein.

Es war Nach___. Leise schlich ein Die___

mit einem großen Kor___ voll Gel___ durch den Wal___.

Plötzlich knackte ein Zwei___.

Er sah vor einem kleinen Hügel einen

Zwer___ stehen. Der hob drohend die Han___

und rief: „Du Lum___,

was hast du aus meinem Ber___ gestohlen?"

Der Die___ war so erschrocken, dass er eine Gänsehau___ bekam.

Schnell warf er den Kor___ weg und lief nach Hause.

→ SB S. 168/169

Verben mit ver- und vor-

1 Schreibe passende Wörter auf.

2 Suche in der Wörterliste Verben, zu denen die Wortbausteine **ver-** und **vor-** noch passen. Schreibe so: arbeiten – verarbeiten, …

ver-

vor-

3 Suche dir ein Wortpaar aus Aufgabe 2 aus. Bilde mit jedem Verb einen Satz. Vergleiche.

→ SB S. 173

Silbentrennung
Märchen in Silben

1 Schreibe die Wörter in Silben getrennt auf.

Hexenhaus

He – xen – haus

Lebkuchen

Rapunzel

Zauberin

Schneewittchen

Stiefmutter

Geißlein

Uhrenkasten

2 Wo kannst du die Wörter trennen?
Zeichne Trennstriche ein.

Die Mär|chen|er|zäh|ler|in

Das Vortragen von Märchen und Geschichten ist eine uralte Kunst. Eine Märchenerzählerin hat es gelernt, schön und zugleich spannend zu erzählen. Sie zieht alle Zuhörer in ihren Bann. Diese hören von guten und bösen Feen, sehen Ritter kämpfen und fühlen die Ängste von Zauberern und Hexen. Für kurze Zeit lebt das Publikum in Königsfamilien oder in verwunschenen Schlössern.

→ SB S. 174

Einen Text planen
Mein eigenes Märchen

1 Plane dein eigenes Märchen. Welche „Zutaten" wählst du aus? Schreibe sie in die Gläser.

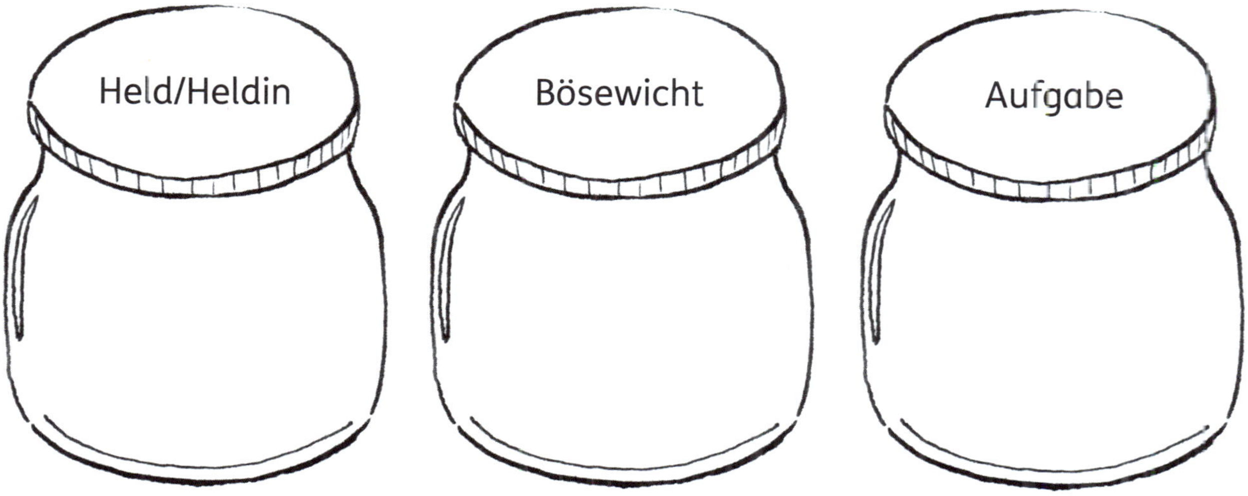

2 Wie sehen deine Märchenfiguren aus? Beschreibe oder zeichne sie.

Mein Held/Meine Heldin:	Mein Bösewicht:

3 Was passiert in deinem Märchen? Mache dir Notizen.

Aufgabe
↓
Lösung
↓
Belohnung

→ SB S. 175

Schreibkonferenz
Frau Holle

1 Erzählt euch das Märchen „Frau Holle“ gegenseitig.

2 Ergänze die fehlenden Textstellen.

Es war einmal eine Witwe, die hatte zwei Töchter. Ihre Lieblingstochter war faul und hässlich, die andere fleißig und schön. Die Fleißige musste jeden Tag am Brunnen spinnen. Einmal fiel ihr die Spindel in den Brunnen.

Auf einer Wiese erwachte sie. Sie half einem Backofen und einem Apfelbaum. Dann kam sie zu Frau Holle. Dort schüttelte sie fleißig die Betten, so dass es auf der Erde schneite. Als sie wieder nach Hause ging, kam sie durch ein Tor.

Die andere Tochter wollte nun das gleiche Glück haben. Weil sie aber faul war, erfüllte sie die Bitten des Ofens und des Baumes nicht. Auch bei Frau Holle arbeitete sie wenig. Erwartungsvoll blieb sie auf dem Rückweg unter dem Tor stehen.

Dieses blieb für immer an ihr kleben.

3 Besprecht eure Märchen in einer Schreibkonferenz. Gebt euch gegenseitig Rückmeldung.

4 Überarbeite dein Märchen. Lies es anschließend einem anderen Kind vor.

→ SB S. 175

Rechtschreibstrategien
Richtigschreiben ist keine Hexerei

Maro geht gerne in die Schule. Aber mit einer Sache hat er zu kämpfen: Wenn er etwas aufschreibt, macht er so viele Fehler. „Gib dir doch mal mehr Mühe!“, rät sein Vater. „Wo ein Wille ist, da ist auch ein Weg!“, meint die Mutter. Leichter gesagt als getan! Es ist wie verhext: Die anderen Kinder scheinen immer genau zu wissen, welche Buchstaben sie nacheinander zu einem Wort verbinden müssen. Bei Maro jedoch ist es wie ein Taifun im Kopf. Die Lehrerin beruhigt Maro: „Alle machen Fehler! Der eine noch mehr, die andere schon weniger. Ich kann es dir versichern: Mit unseren Rechtschreibstrategien ist das auch für dich bald keine Hexerei mehr!“

1 Ergänze die Tabelle. Tausche dich mit einem anderen Kind aus.

Symbol	Strategie	Wortbeispiel aus dem Text
Aa?		
M		

Fragen und Antworten zu einem Text

Die Brüder Grimm

○ **1** Lies den Text.

Jakob und Wilhelm Grimm waren Brüder. Sie lebten vor mehr als 200 Jahren. Damals gab es kein Fernsehen und kein Telefon. Abends saßen die Leute bei Kerzenlicht zusammen und erzählten sich Märchen von Zwergen, Hexen und Zauberern. Die Brüder Grimm liebten diese Geschichten. Aber sie befürchteten, dass die Menschen die Märchen vergessen könnten. Denn sie wurden nicht aufgeschrieben. Darum beschlossen sie, die Märchen, die sie hörten, zu sammeln. Sie reisten umher und schrieben alle Märchen auf. So entstand ein Buch. Dieses Buch gibt es seit dem Jahr 1812. Es heißt „Kinder- und Hausmärchen“. Man nennt die Geschichten darin auch „Grimms Märchen“. Sie werden noch heute erzählt und gelesen.

◒ **2** Unterstreiche die Antworten zu den Fragen im Text:
Was unternahmen damals die Leute am Abend?
Was machten die Brüder mit den Märchen, die sie hörten?

◒ **3** Stelle passende Fragen zu den Antworten. Schreibe sie auf.

Frage: ______________________

Antwort: Sie lebten vor mehr als 200 Jahren.

Frage: ______________________

Antwort: Sie wurden nicht aufgeschrieben.

Frage: ______________________

Antwort: Das Buch heißt „Kinder- und Hausmärchen“.

→ SB S. 178

Genau lesen
Rotkäppchen, Hänsel und Gretel

1 Lies den Text. Was fällt dir auf? Erkläre.

Rotkäppchen war auf dem Weg zur Großmutter.
Hänsel und Gretel sammelten Holz im Wald.
Plötzlich verliefen sie sich.
Es wollte ihr Wein und Kuchen bringen.
Da kamen sie zu einem kleinen Haus aus Lebkuchen.
Aber der Wolf brachte das Mädchen vom Weg ab.
Während Rotkäppchen Blumen für die Großmutter pflückte, lief er zur Großmutter.
Hungrig aßen sie davon.
Er fraß die Großmutter und legte sich in ihr Bett.
Kurze Zeit später stand auch Rotkäppchen an deren Bett.
Auf einmal sprach eine Stimme: „Wer knuspert an meinem Häuschen?"
Es fragte: „Warum hast du so einen großen Mund?"
Hänsel und Gretel antworteten: „Der Wind, der Wind, das himmlische Kind."
Der Wolf antwortete: „Damit ich dich besser fressen kann!"
Die Hexe lockte die Kinder ins Haus.
Gretel musste für sie arbeiten und Hänsel sperrte sie ein.
Er stürzte sich auf das Rotkäppchen und fraß es auf.
Zum Glück kam ein Jäger vorbei.
Am Ende konnten sich die Kinder jedoch befreien.
Mit dem Gold der Hexe gingen sie nach Hause.
Er befreite die beiden aus dem Bauch des Wolfes.

2 Markiere die Sätze der beiden Märchen mit unterschiedlichen Farben.

3 Wähle eines der beiden Märchen aus.
Lies es einem anderen Kind vor.

→ SB S. 179

Lesetraining

Der kleine Drache Kokosnuss – Mein Lesetraining

1 Schaut euch die Tabelle an. Besprecht, worum es geht.

Woche vom ______ bis ______	1. Tag	2. Tag	3. Tag	4. Tag	5. Tag
1. Lesetempo Wie viel Zeit hast du für das Lesen des Textes gebraucht?	______ min ______ s	______ min ______ s	______ min ______ s	______ min ______ s	______ min ______ s
2. Lesegenauigkeit Wie viele Fehler sind passiert?					
Bewertung deines Partners					

2 Starte heute dein Lesetraining:
Du liest die Geschichte laut vor. Ein anderes Kind stoppt die Zeit.
Es notiert die Anzahl deiner Lesefehler.

Der kleine Drache Kokosnuss

Nach der Schule geht Kokosnuss an den Rand des großen Dschungels, um für das Abendessen Bananen zu pflücken. Am Dschungel wachsen die besten Bananen der ganzen Insel. Plötzlich hört er seltsame Stimmen ganz in der Nähe: „Sechs!“ – „Nee, acht!“ – „Nee, sechs!“ – „Nee, acht!“ Vorsichtig folgt Kokosnuss dem Klang der Stimmen. Unter einem Mammutbaum erkennt er den kleinen Fressdrachen von gestern wieder. Darüber sitzt auf einem Ast ein Affe. „Quatsch!“, ruft der Affe. „Zwei und vier macht sechs!“ „Nee, acht!“, beharrt der kleine Fressdrache. „Du hast doch keine Ahnung!“, mault der Affe beleidigt. „Aber sechs stimmt bestimmt nicht!“, sagt der kleine Fressdrache.

Ingo Siegner

3 Lest euch täglich die Geschichte vor.

4 Hast du dich verbessert? Schätze dich ein:

5 Sprich mit deiner Lehrerin oder deinem Lehrer über deine Lesefortschritte.

→ SB S. 184

Informationen aus Texten entnehmen

Der Mondscheindrache

1 Lies den Text.

Wunderschön sah er aus. Genau so, wie Philipp sich immer einen Drachen vorgestellt hatte. Nur dass der hier kaum größer war als ein Marmeladenglas. Die Seiten des Buches bewegten sich wieder. Und jetzt hörte man plötzlich das Klappern von Hufen und das Klirren von Eisen. Der Drache zuckte zusammen. „Er kommt!“, flüsterte er entsetzt. „Er hat meine Spur. Ich muss mich verstecken. Aber wo? Wo?“ Verzweifelt wendete er seinen langen Hals hin und her. Da entdeckte er Philipps Spielburg in der dunkelsten Ecke des Zimmers. „Ja!“, rief er. „Das ist gut.“ Er breitete seine silbernen Flügel aus, aber mehr als ein Flattern brachte er nicht zustande.

Cornelia Funke

2 Lies den Text noch einmal.
Unterstreiche alle Wörter, die du nicht verstehst.

3 Kläre die Wörter. Frage eine andere Person, schaue im Lexikon oder im Internet nach.

4 Unterstreiche die Antworten im Text farbig.
Gib die Zeilen an, in denen du sie gelesen hast.

Wie groß ist der Drache? Zeilen ___ / ___

Wo will sich der Drache verstecken? Zeilen ___ / ___

Welche Farbe haben seine Flügel? Zeile ___

5 Lies die Geschichte einem anderen Kind möglichst spannend vor.
Dazu musst du an manchen Stellen deine Stimme verstellen.

→ SB S. 184 MK

Lernwörter-Check

13
gelb – gelbe bleiben – bleibt das Kleid – die Kleider
gesund – gesunde der Tag – die Tage legen – legt der
Wolf der Weg – die Wege rot hören schön

14
das Jahr der Vogel der Vater viel vor die Vase die Mutter
holen das Brot böse der Regen das Haus – die Häuser
die Wolke die Frau die Ente der Freund – die Freunde zählen

15
der Zwerg – die Zwerge acht bunt reden weit der Rabe
schneiden die Blüte braun baden

○ **1** Lass dir die Lernwörter der Wörterkisten 13, 14 und 15 diktieren.

◒ **2** Kontrolliere. Verbessere Fehler.

◒ **3** Welche Lernwörter haben eine schwierige Stelle? Unterstreiche.

○ **4** Markiere die gleichen schwierigen Stellen mit der gleichen Farbe.

● **5** Welche der Strategien haben dir beim Richtigschreiben geholfen? Erkläre.

◒ **6** Schätze dich selbst ein:
Wie sicher konntest du deine Lernwörter schreiben?

● **7** Entscheide, wie du weiterüben möchtest.

Das nehme ich mir vor:

◒ **8** Ergänze deine Wörterkartei. Nimm Wörter auf, die du in diesem Kapitel falsch geschrieben hast oder die dir besonders wichtig sind. Übe sie.

S. 27–31

Bist du fit?

◒ **1** Was ist richtig: **b** oder **p**, **d** oder **t**, **g** oder **k**? Ergänze.
Bilde zur Kontrolle die Mehrzahl.

das Ban___, der As___, der Köni___, die Ban___, der Die___, der Lum___

○ **2** Entscheide richtig: **F/f** oder **V/v**. Schreibe auf.

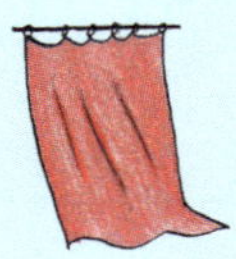

○ **3** Kontrolliere die Wörter von Aufgabe 2 mit dem Wörterbuch.

○ **4** Schreibe die Wörter richtig auf.

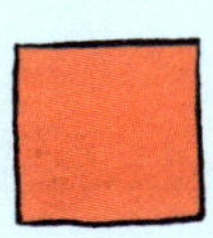

○ **5** Kontrolliere die Wörter von Aufgabe 4 mit dem Wörterbuch.

Die Jahreszeiten

○ **1** Welche Jahreszeit passt?
Schreibe sie zu jedem Satz auf.

Die Tulpen und Narzissen blühen.

Das Eichhörnchen versteckt Nüsse.

Jetzt ist es in Deutschland am wärmsten.

Wir feiern Karneval, Fasching oder Fastnacht.

Der Osterhase kommt.

Im Garten steht ein Schneemann.

Die Obstbäume blühen.

Die großen Ferien beginnen.

Die Birnen und Äpfel sind reif.

Viele Menschen feiern Weihnachten.

Die Bäume bekommen bunte Blätter.

Der See ist zugefroren.

In dieser Jahreszeit habe ich Geburtstag.

→ SB S. 196/197

Nikolaus

○ **1** Was könnte der Nikolaus in deinen Stiefel legen?
Male nur diese Felder aus.

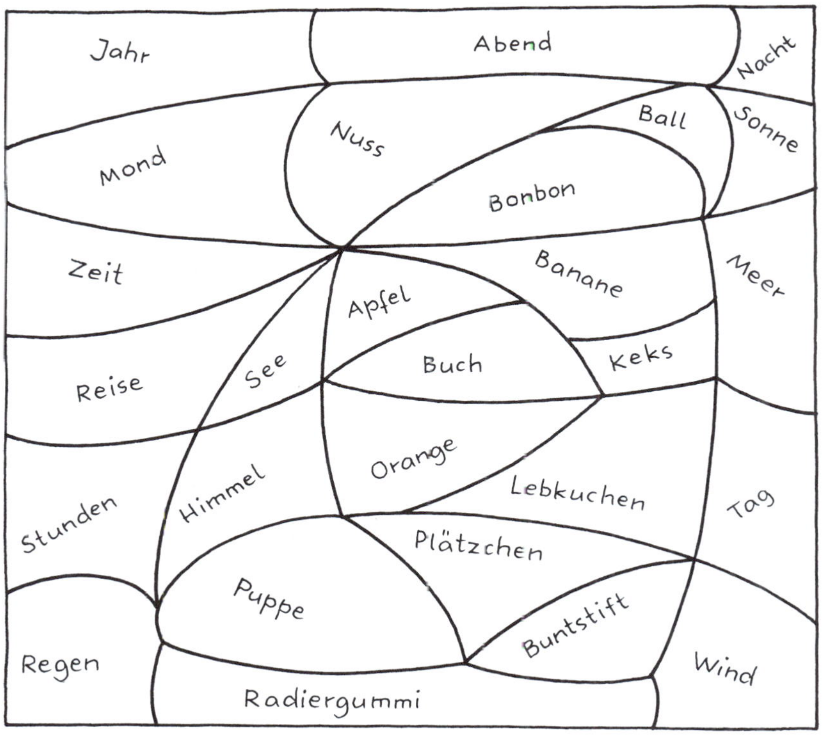

◒ **2** Schreibe die Namen für die Geschenke in der Einzahl
und in der Mehrzahl mit Artikel auf.

→ SB S. 203

Glücksnüsse für Silvester

Die Klasse 2a bastelt heute Glücksbringer für Silvester. Frau Wagner hat eine große Tüte Walnüsse, Farben und Pinsel, kleine Papierzettel und Schnur mitgebracht. Sie erklärt, was zu tun ist. Jedes Kind bekommt eine Walnuss. Es muss die Schale vorsichtig halbieren und die Nüsse aus den Schalenhälften herausholen. Frau Wagner hilft den Kindern beim Öffnen der Schalen. Danach darf jeder seine beiden Schalenhälften schön bunt anmalen. Jetzt verteilt die Lehrerin die kleinen Zettel. Gemeinsam sammeln die Kinder Ideen für schöne Sprüche. Maros Vorschlag ist: „Ich wünsche dir ein gesundes neues Jahr!“ Jedes Kind schreibt einen Spruch auf seinen Papierstreifen und rollt das Papier zusammen. Dann legen die Kinder das Papier in die Schalen. Sie binden beide Hälften mit der Schnur zusammen.

1 Lies die Sätze und vergleiche sie mit dem Text.
Markiere die Wörter, die verändert sind.

Die Klasse 2b bastelt im Dezember Glücksbringer für Silvester.
Jedes Kind bekommt eine Nuss.
Gemeinsam sammeln die Kinder Vorschläge für schöne Verse.
Dann legen die Kinder die Sprüche in die Schalen.

2 Was brauchst du, um Glücksnüsse zu basteln?

3 Nummeriere die Arbeitsschritte.

- ☐ Schalenhälften zusammenbinden
- ☐ Papierröllchen in die Schale legen
- ☐ Spruch auf den Papierstreifen schreiben
- ☐ Schalen bemalen
- ☐ Papier zusammenrollen
- ☐ Walnussschale halbieren

→ SB S. 205

Silbenrätsel rund um das Jahr

1 Löse das Silbenrätsel.

Ok- | De- | Fe- | Ja- | Ju- | Ju- | Sep-

-to- | -bru- | -nu- | -tem- | -zem-

-ar | -ar | -ber | -ber | -li | -ni | -ber

Der kürzeste Monat des Jahres: ______________________

Ein Monat mit einem O am Anfang: ______________________

Der erste Monat des Jahres: ______________________

Dieser Monat folgt dem August: ______________________

In diesem Monat feiern wir Silvester: ______________________

Diese beiden Monate unterscheiden sich nur in einem Buchstaben:

______________________ und ______________________

2 Verbinde die Monatsnamen in der richtigen Reihenfolge.
Das Lösungswort heißt:

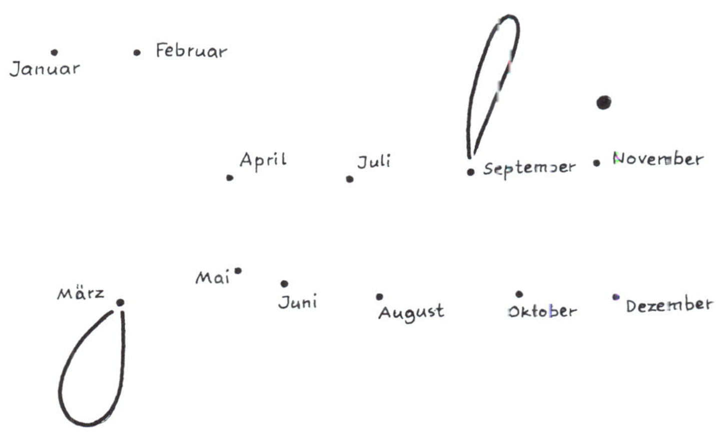

→ SB S. 206/207

Schnee im April

1 Lies das Gedicht. Setze die Reimwörter ein.

April – auf einmal schneit es wieder.
Aus den Wolken schwebt es __________.
Frösche, die am Weiher hocken,
sehn erstaunt die weißen __________.
Sind das wohl besond're Fliegen,
weiße zwar, doch leicht zu __________?
Und die sitzen still und faul,
Augen zu, weit auf das __________.
Doch was reinfliegt – eins, zwei, drei
wird's zu Wasser, __________!
Zu leerem Wasser, das nichts nutzt.
Man sieht sich an. Man ist __________.
„Dies ist", der Dickste spricht's,
„ein Aprilscherz, weiter __________.
Nichts als Unfug sozusagen.
Ich, Genossen, ich geh __________!"
Platsch!- „Ich auch!" – „Ich auch!" – „Ich auch!"
Platsch! Platsch! Platsch!
klatscht Bauch um __________.

Josef Guggenmos

verdutzt
kriegen
Maul
nieder
Zauberei
nichts
baden
Bauch
Flocken

2 Markiere die Reimwörter in der gleichen Farbe.

3 Schreibe das Gedicht auf ein Blatt. Gestalte es.

→ SB S. 209

Die Hecke im Frühling

1 Lies die beiden Texte.

Im Frühling werden Hecke und Wiese wieder grün.
Die Knospen an den Heckensträuchern
und Wiesenpflanzen entfalten sich.
Bienen und Hummeln holen
den süßen Nektar aus den Blüten.
Überall summt es.
Vögel bauen ihre Nester in der Hecke
und legen ihre Eier hinein.
Unter den Büschen leben Mäuse mit ihren Jungen.

Im Frühling werden die Hecke und die Wiese endlich wieder grün.
Die Knospen an den Sträuchern und Wiesenpflanzen blühen auf.
Bienen und Hummeln holen den leckeren Nektar
aus den Blumen und Blüten.
Überall summt und brummt es.
Vögel bauen ihre Nester in den Zweigen
und legen ihre Eier hinein.
Unter den Büschen hausen Mäuse
mit ihren vielen, kleinen Jungen.

2 Vergleiche die Texte.
Unterstreiche im zweiten Text, was sich verändert hat.

→ SB S. 210/211

Sommer

Hier siehst du eine Wortwolke zum Thema Sommer.

○ **1** Welche Wörter gehören zu dieser Wortwolke?
Lies sie laut vor.

◒ **2** Sammelt eigene Sommerwörter.
Schreibt sie auf. Kontrolliert mit dem Wörterbuch.

❀ **3** Gestalte eine eigene Wortwolke zum Thema Sommerferien.

→ SB S. 214

Wörterliste

A

aber
acht
alle
als
also
die Ameise, die Ameisen
die Ampel, die Ampeln
antworten, antwortet
der Apfel, die Äpfel
der April
arbeiten, arbeitet
auf
die Aufgabe, die Aufgaben
das Auge, die Augen
der August
aus
das Auto, die Autos

B

das Baby, die Babys
backen, bäckt/backt
baden, badet
der Ball, die Bälle
das Band, die Bänder
die Bank, die Bänke
der Bär, die Bären
der Bauch, die Bäuche
der Baum, die Bäume
bei
der Berg, die Berge
der Biber, die Biber
die Biene, die Bienen
das Bild, die Bilder
die Birne, die Birnen
das Blatt, die Blätter
blau
bleiben, bleibt
die Blume, die Blumen
die Blüte, die Blüten
böse
brauchen, braucht
braun
der Brief, die Briefe
bringen, bringt
das Brot, die Brote
der Bruder, die Brüder
das Buch, die Bücher
die Bücherei, die Büchereien
bunt

C

der Cent, die Cents, 20 Cent
der Christbaum, die Christbäume
der Clown, die Clowns
der Computer, die Computer

D

da
das Dach, die Dächer
danken, dankt
das
decken, deckt
denken, denkt
der
des
der Dezember
dich
dick
die
der Dieb, die Diebe

der Dienstag
dir
doch
der Donnerstag
die Dose, die Dosen
drei
du
dunkel
durch
dürfen, darf

E

das Ei, die Eier
der Eimer, die Eimer
eins
das Eis
der Elefant, die Elefanten
elf
das Ende, die Enden
eng
der Engel, die Engel
die Ente, die Enten
er
es
der Esel, die Esel
essen, isst
die Eule, die Eulen
der Euro, die Euros, 20 Euro

F

fahren, fährt
die Familie, die Familien
der Februar
die Feder, die Federn
die Fee, die Feen
fein
das Feld, die Felder
das Fenster, die Fenster
die Ferien
der Fernseher, die Fernseher
das Feuer, die Feuer
die Figur, die Figuren
finden, findet
der Finger, die Finger
der Fisch, die Fische
die Fliege, die Fliegen
fliegen, fliegt
fließen, fließt
das Floß, die Flöße
der Fluss, die Flüsse
fragen, fragt
die Frau, die Frauen
der Freitag
fremd
die Freude, die Freuden
der Freund, die Freunde
die Freundin, die Freundinnen
frisch
der Frühling
der Füller, die Füller
fünf
für
der Fuß, die Füße
der Fußball, die Fußbälle

G

die Gabel, die Gabeln
der Garten, die Gärten
geben, gibt
der Geburtstag, die Geburtstage
gefallen, gefällt
gehen, geht

gelb, gelbe
das Geld, die Gelder
das Gemüse
gern
das Geschenk, die Geschenke
gesund, gesunde
die Giraffe, die Giraffen
das Glück
das Gras, die Gräser
groß
grün
gut

H

haben, hat
der Hai, die Haie
die Hand, die Hände
das Handy, die Handys
der Hase, die Hasen
das Haus, die Häuser
die Hecke, die Hecken
heiß
heißen, heißt
helfen, hilft
her
der Herbst
die Hexe, die Hexen
der Himmel, die Himmel
hinter
hoch
das Hockey
holen, holt
hören, hört
die Hose, die Hosen
der Hund, die Hunde

I

ich
der Igel, die Igel
im
immer
in
die Insel, die Inseln
das Internet
ist

J

ja
das Jahr, die Jahre
der Januar
der Juli
der Junge, die Jungen
der Juni

K

der Kaiser, die Kaiser
der Käfer, die Käfer
der Kalender, die Kalender
kämpfen, kämpft
die Katze, die Katzen
das Kind, die Kinder
die Kirche, die Kirchen
die Kiste, die Kisten
die Klasse, die Klassen
das Kleid, die Kleider
klein
das Knie, die Knie
der Knochen, die Knochen
der Koffer, die Koffer
kommen, kommt
der König, die Könige
können, kann

der Kopf, die Köpfe
der Korb, die Körbe
krank
das Kraut, die Kräuter
der Kuchen, die Kuchen
die Kugel, die Kugeln

L

lachen, lacht
laufen, läuft
die Laus, die Läuse
laut
leben, lebt
legen, legt
der Lehrer, die Lehrer
die Lehrerin, die Lehrerinnen
leicht
leise
die Leiter, die Leitern
der Lenker, die Lenker
lernen, lernt
lesen, liest
die Leute
das Lexikon, die Lexika
lieb
lieben, liebt
das Lied, die Lieder
liegen, liegt
die Liste, die Listen
der Löffel, die Löffel
der Löwe, die Löwen
lustig

M

machen, macht
das Mädchen, die Mädchen
der Mai
malen, malt
das Märchen, die Märchen
der März
die Maus, die Mäuse
das Messer, die Messer
mit
der Mittwoch
möchten, möchte
der Montag
der Mund, die Münder
die Musik
müssen, muss
die Mutter, die Mütter

N

nach
die Nacht, die Nächte
die Nadel, die Nadeln
der Name, die Namen
die Nase, die Nasen
der Nebel, die Nebel
nein
neu
neun
nicht
der November
nun

O

oder
offen
der Oktober
die Oma, die Omas
der Onkel, die Onkel
der Opa, die Opas

P

der Partner, die Partner
das Pferd, die Pferde
die Pflanze, die Pflanzen
das Pflaster, die Pflaster
der Pinsel, die Pinsel
die Pizza, die Pizzas oder die Pizzen
die Pommes
das Pony, die Ponys
der Pudel, die Pudel
der Pullover, die Pullover
die Puppe, die Puppen

Qu

das Quadrat, die Quadrate
quaken, quakt
die Qualle, die Quallen
der Quatsch
die Quelle, die Quellen
quer
quieken, quiekt

R

der Rabe, die Raben
die Raupe, die Raupen
rechnen, rechnet
reden, redet
der Regen
reisen, reist
rennen, rennt
der Riese, die Riesen
der Ring, die Ringe
der Ritter, die Ritter
der Rock, die Röcke
rollen, rollt
rot
rufen, ruft
ruhig
rund
der Rüssel, die Rüssel

S

sagen, sagt
das Salz
sammeln, sammelt
der Samstag
der Satz, die Sätze
das Schaf, die Schafe
scheinen, scheint
die Schere, die Scheren
der Schirm, die Schirme
schlafen, schläft
die Schlange, die Schlangen
schlecht
schließen, schließt
der Schlitten, die Schlitten
schmecken, schmeckt
der Schmetterling, die Schmetterlinge
der Schnabel, die Schnäbel
schneiden, schneidet
schnell
schon
schön
der Schrank, die Schränke
schreiben, schreibt
schreien, schreit
der Schuh, die Schuhe
die Schule, die Schulen
die Schulter, die Schultern
schwarz

schwer
die Schwester, die Schwestern
schwimmen, schwimmt
sechs
sehen, sieht
die Seife, die Seifen
der September
sie
sieben
sind
singen, singt
sitzen, sitzt
so
der Sohn, die Söhne
sollen, soll
der Sommer
die Sonne, die Sonnen
der Sonntag
die Spaghetti
sparen, spart
der Spaß, die Späße
spät
der Spiegel, die Spiegel
das Spiel, die Spiele
spielen, spielt
der Sport
sprechen, spricht
der Stab, die Stäbe
die Stadt, die Städte
stehen, steht
der Stein, die Steine
stellen, stellt
der Stern, die Sterne
der Stiefel, die Stiefel
der Stift, die Stifte
still
der Stock, die Stöcke
die Straße, die Straßen
der Strauch, die Sträucher
der Streit
der Stuhl, die Stühle
die Stunde, die Stunden
suchen, sucht
die Suppe, die Suppen
süß

T

die Tafel, die Tafeln
der Tag, die Tage
die Tante, die Tanten
die Tasche, die Taschen
die Tasse, die Tassen
das Taxi, die Taxis
der Teddy, die Teddys
das Telefon, die Telefone
der Teller, die Teller
das Tennis
der Text, die Texte
tippen, tippt
der Tisch, die Tische
die Tochter, die Töchter
toll
die Tomate, die Tomaten
das Tor, die Tore
tragen, trägt
der Traum, die Träume
träumen, träumt
trinken, trinkt
tun, tut
die Tür, die Türen
turnen, turnt

U

üben, übt
über
überqueren, überquert
die Uhr, die Uhren
um
und

V

die Vase, die Vasen
der Vater, die Väter
verbrennen, verbrennt
viel, viele
vier
der Vogel, die Vögel
vor

W

der Wald, die Wälder
warten, wartet
was
das Wasser
der Weg, die Wege
weil
weiß
weit
weiter
wer
werden, wird
die Wiese, die Wiesen
das Wiesel, die Wiesel
der Wind, die Winde
der Winter
wir
wo
die Woche, die Wochen
der Wolf, die Wölfe
die Wolke, die Wolken
wollen, will
das Wort, die Wörter
der Wunsch, die Wünsche
wünschen, wünscht
die Wurzel, die Wurzeln
wütend

X

das Xylofon, die Xylofone

Y

das Yak, die Yaks

Z

die Zahl, die Zahlen
zahlen, zahlt
zählen, zählt
der Zahn, die Zähne
die Zange, die Zangen
der Zaun, die Zäune
zehn
zeigen, zeigt
die Zeit, die Zeiten
die Zeitschrift, die Zeitschriften
die Zeitung, die Zeitungen
die Ziege, die Ziegen
das Ziel, die Ziele
die Zunge, die Zungen
zusammen
zwei
der Zwerg, die Zwerge
die Zwiebel, die Zwiebeln
zwölf

Verfasser- und Quellennachweis

29 Kathrin Schärer: So war das! Nein, so! Nein, so!, Atlantis Verlag 2007; **43** Christina Köpp: Minas Luftballon. Ernst Klett Verlag GmbH, Stuttgart 2018; **65** Jürgen Brater: Trinken. Aus: Uwe-Michael Gutzschhahn (Hg.): Sieben Ziegen fliegen durch die Nacht. Hundert neue Kindergedichte. dtv 2018.; **78** Ingo Siegner: Der kleine Drache Kokosnuss. Aus: Ingo Siegner: Der kleine Drache Kokosnuss kommt in die Schule. cbj Verlag 2004; **79** Cornelia Funke: Der Mondscheindrache. Loewe Verlag 1996, 7. Auflage 2011; **86** Josef Guggenmos: Schnee im April. Aus: Sonne, Mond und Luftballon, Beltz und Gelberg, Weinheim 1984

Quellennachweis

Ablang, Friederike, Berlin, **A23.1**; **A23.4**; **A41.3**; **L3.2**; **L3.5**; **L3.6**; **L3.7**; Burghart-Vollhardt, Martina, Kamenz, **A28.4**; **A28.5**; **A36.2**; **A64.1**; Fröhlich, Anke, Leipzig, **A3.1**; **A4.4**; **A4.6**; **A4.7**; **A4.8**; **A4.9**; **A4.10**; **A4.11**; **A4.12**; **A4.15**; **A4.16**; **A4.18**; **A4.21**; **A4.22**; **A4.23**; **A4.26**; **A4.27**; **A5.1**; **A5.2**; **A5.3**; **A5.4**; **A5.5**; **A5.6**; **A5.9**; **A5.11**; **A5.12**; **A5.13**; **A5.14**; **A5.15**; **A5.16**; **A5.18**; **A6.1**; **A6.2**; **A6.3**; **A6.4**; **A6.6**; **A6.8**; **A6.9**; **A6.10**; **A6.11**; **A6.13**; **A6.16**; **A7.1**; **A7.2**; **A7.3**; **A7.4**; **A7.5**; **A8.1**; **A8.2**; **A9.1**; **A9.2**; **A9.3**; **A10.1**; **A10.2**; **A11.1**; **A12.2**; **A12.3**; **A12.4**; **A12.5**; **A12.8**; **A14.1**; **A14.2**; **A14.3**; **A14.5**; **A14.6**; **A14.7**; **A14.8**; **A15.2**; **A17.1**; **A17.2**; **A18.1**; **A18.2**; **A19.1**; **A19.2**; **A19.3**; **A19.4**; **A19.5**; **A19.6**; **19.7**; **21.1**; **21.3**; **21.4**; **21.5**; **21.6**; **A22.1**; **A23.2**; **A23.3**; **A24.1**; **A25.1**; **A25.3**; **A26.1**; **A27.1**; **A27.2**; **A27.3**; **A27.4**; **A27.5**; **A27.6**; **A27.7**; **A27.8**; **A27.9**; **A27.10**; **A31.1**; **A33.1**; **A33.3**; **A33.4**; **A34.1**; **A34.2**; **A34.3**; **A35.2**; **A35.1**; **A36.1**; **A37.1**; **A38.2**; **A39.1**; **A40.1**; **A40.2**; **A41.1**; **A41.2**; **A41.4**; **A41.5**; **A41.6**; **A41.7**; **A41.8**; **A45.1**; **A45.2**; **A46.1**; **A46.2**; **A46.3**; **A47.1**; **A47.2**; **A49.1**; **A49.2**; **A50.1**; **A51.1**; **A51.2**; **A51.3**; **A53.1**; **A57.1**; **A59.1**; **A60.2**; **A61.1**; **A62.1**; **A67.3**; **A70.1**; **A74.1**; **A74.2**; **A74.3**; **A76.1**; **A78.1**; **A79.1**; **A81.1**; **A81.2**; **A81.4**; **A81.5**; **A81.8**; **A81.9**; **A81.10**; **A81.11**; **A81.12**; **A81.13**; **A81.14**; **A81.15**; **A83.2**; **A85.4**; **A87.1**; **A87.2**; **A88.2**; **A95.1**; **L29.1**; **L17.1**; **L13.1**; **L9.1**; **L7.1**; **L6.1**; **L5.1**; **L3.1**; **L1.1**; **U1.1**; **L18.2**; **L17.2**; **L13.2**; **L9.2**; **L7.2**; **L5.2**; **L18.3**; **L17.3**; **L13.3**; **L7.3**; **L5.3**; **L3.3**; **L18.4**; **L17.4**; **L9.4**; **L7.4**; **L5.4**; **L3.8**; **L3.11** Graupner, Sylvia, Annaberg, **A29.1**; Greune, Mascha, München, **A46.4**; Klett-Archiv, Stuttgart, **L3.4**; Kurze, Cleo-Petra, **A16.1**; **A28.6**; **A38.1**; **A42.1**; **A50.4**; **A52.1**; **A52.2**; **52.3**; **52.4**; **54.1**; **58.1**; **58.2**; **58.3**; **60.1**; **A62.2**; **A63.5**; **A63.6**; **A63.8**; **A63.9**; **A63.10**; **A67.2**; **A69.1**; **A72.1**; **A77.1**; **A78.2**; **A81.3**; **A81.6**; **A82.1**; **A82.2**; **A82.3**; **A82.4**; **A83.1**; **A85.2**; **A85.3**; **A86.1**; Mair, Jörg, München, **A88.1**; Merkle, Helga, Albershausen, **A55.1**; Nicolai, Axel, Sönnebüll, **A12.6**; Oertel, Katrin, Münster, **L9.3**; Oser, Liliane, Hamburg, **A55.2**; **L3.9**; Vogel-Jaich, Anja, Berlin, **A13.4**; **A15.1**; **A43.1**; **A55.3**; **A66.1**; **A66.2**; **A66.3**; **A66.4**; **A66.5**; **A73.1**; **A75.1**; **A84.1**;

A = Arbeitsheft
L = Lernwörterheft